가장 많이 연주되는 밴드 곡을 단계별로 연주한다!

미치도록
쉬운 드럼
밴드 곡 모음 편
김요한 저
KB235698

samhoETM

머릿말

『미치도록 쉬운 드럼』 시리즈에 이어, 이번에는 '밴드 곡 모음 편'을 출간하게 되었습니다.
드럼을 처음 시작하는 분들부터 밴드 연주를 꿈꾸는 분들까지, 누구나 실용적이고 즐겁게 연습할 수 있도록
구성하였습니다.

이 책은 다음과 같은 특징을 담고 있습니다.

첫째, 『미치도록 쉬운 드럼』 1, 2, 3권의 내용을 한 권에 담아 밴드 음악과 함께 드럼을 체계적으로 학습할
수 있도록 구성하였습니다. 기존 시리즈와 병행해 보시면 더욱 효과적입니다.

둘째, 각 곡마다 QR코드를 통해 연주 영상과 필요한 부분의 강의 영상을 볼 수 있도록 하여, 악보만으로 이
해하기 어려운 부분도 쉽게 따라할 수 있도록 도왔습니다.

셋째, 드럼의 기본기와 워밍업, 보강 연습을 함께 구성하여, 단순한 곡 연습을 넘어 실력 향상을 위한 기반
을 다질 수 있도록 했습니다.

넷째, 실제 드러머가 연주한 음원을 기반으로 한 밴드 음악을 수록했습니다. 컴퓨터로 구현한 소리가 아닌,
드러머의 자연스러운 리듬을 듣고 따라 하며, 진짜 연주의 감각을 익힐 수 있도록 하였습니다.

다섯째, 마지막 챕터에서는 악센트, 더블 스트로크, 파라디들 등 필수 드럼 테크닉을 다루어, 기초를 넘어
한 단계 더 나아가고자 하는 분들에게 실질적인 도움이 되도록 하였습니다.

이 책을 통해 연주할 수 있는 곡들이 하나씩 늘어가는 기쁨을 느껴보시고, 드럼을 배우는 과정에 작은 힘이
되어드릴 수 있기를 바랍니다.

2025년 7월
저자 김요한

책 활용 가이드

이 책은 여러분의 실력에 맞는 교재와 함께 체계적으로 학습할 수 있도록 '초급 → 중급 → 고급 → 테크닉'의 4단계로 구성되어 있습니다.
아래 가이드를 참고하여, 『미치도록 쉬운 드럼』 시리즈 교재와 함께 병행하면 더욱 효과적으로 드럼을 연주할 수 있습니다.

Chapter

1. 초급 편 드럼의 기초를 익히는 초급자						2. 중급 편 다양한 리듬과 곡 연주를 시작하는 중급자						3. 고급 편 완성도 높은 연주를 추구하는 고급자								4. 테크닉 편 실전 테크닉을 위한 마스터

Level

1	2	3	4	5	6	7	8	9	10	11	12	13	14	15	16	17	18	19	20	그 이상

왕 초보 드럼

미치도록 쉬운 드럼
1권 – 성인가요(7080) 편 – CCM 편

미치도록 쉬운 드럼 2권

미치도록 쉬운 드럼 3권

미치도록 쉬운 드럼
밴드 곡 모음 편

차례

드럼세트의 이름과 기보법 · · · · · · · · · 6

Chapter. 1 초급 편

Level. 1~2 리듬과 필인 · · · · · · · · · · · · 10
1. 티라미수 케익 – 위아더나잇 … 12

Level. 3 리듬의 변형과 당김음 · · · · · · · · 15
2. Supersonic – Oasis … 18

Level. 4 하이햇 오픈 & 클로즈 · · · · · · · 20
3. EVERYTHING – 검정치마 … 22
4. Livin' on a prayer – Bon Jovi … 24
5. 별일 없이 산다 – 장기하와 얼굴들 … 27
6. Sweet Child O Mine – Guns N' Roses … 30
7. Animal – Def Leppard … 33
8. Hysteria – Def Leppard … 36

Level. 5 더블타임과 하프타임 · · · · · · · · 40
9. Follow You – Imagine Dragons … 42

Level. 6 3박자 리듬 · · · · · · · · · · · · 44

Chapter. 2 중급 편

Level. 7 스네어 변형 리듬 · · · · · · · · · · 48
10. Drowning – WOODZ … 50
11. Antifreeze – 백예린 … 53

Level. 8 빠른 8비트 리듬 · · · · · · · · · · 56
12. Star – 엔플라잉 … 60

Level. 9 다양한 리듬 · · · · · · · · · · · · 63
13. Viva La Vida – Coldplay … 64
14. 폭망 – 엔플라잉 … 67

Level. 10 연음의 변화 · · · · · · · · · · · · 70
15. 뜨거운 여름밤은 가고 남은 건 볼품없지만 – 잔나비 … 72
16. 투게더! – 잔나비 … 76
17. By The Way – Red Hot Chili Peppers … 78
18. Sorry – 더로즈 … 82

Level. 11 12비트 리듬 · · · · · · · · · · · 84
19. Bed of Roses – Bon Jovi … 86

Level. 12 양손 16비트 리듬 · · · · · · · · · · 90
20. Adventure Of A Lifetime – Coldplay … 92
21. 옥탑방 – 엔플라잉 … 95

Chapter. 3 고급 편

Level. 13 한 손 16비트 리듬 · · · · · · · · 100
22. Love Bites – Def Leppard ··· 102

Level. 14 8비트 리듬 심화 · · · · · · · · 106
23. 오래된 노래 – 스탠딩 에그 ··· 108
24. Lying From You – Linkin Park ··· 110
25. Wind of Change – Scorpions ··· 112
26. 여전히 이곳에 – 너드커넥션 ··· 114
27. Smells Like Teen Spirit – Nirvana ··· 120
28. Flashback – 엔플라잉 ··· 123
29. Still Loving You – Scorpions ··· 126
30. She's gone – Steelheart ··· 128
31. Discord – QWER ··· 132

Level. 15 양손 16비트 리듬 심화 · · · · · · 134
32. NO PAIN – 실리카겔 ··· 137

Level. 16 4비트 리듬 · · · · · · · · · · · · 140
33. No One Like You – Scorpions ··· 144
34. Ignorance – Paramore ··· 147
35. 눈물참기 – QWER ··· 152
36. 고민중독 – QWER ··· 155
37. Marion – 너드커넥션 ··· 158

Level. 17 8분의 6박자 리듬 심화 · · · · · 162
38. From The Inside – Linkin Park ··· 164
39. Sage – FT아일랜드 ··· 168
40. That's What You Get – Paramore ··· 172

Level. 18 8비트 셔플리듬 · · · · · · · · · · ·176
41. Believer – Imagine Dragons ··· 178

Level. 19 16비트 셔플리듬 · · · · · · · · · 182
42. Whatever – Oasis ··· 184
43. ONCE – 유다빈밴드 ··· 188

Level. 20 8분의 6박자 셔플리듬 · · · · · 190
44. The Only Exception – Paramore ··· 192

Chapter. 4 테크닉 편

싱글 스트로크 · · · · · · · · · · · · · · · · 196
싱글 악센트 패턴 · 고스트 노트 · 파라디들
45. Somewhere I Belong – Linkin Park ··· 199
46. Stand By Me – Oasis ··· 202
47. 슬픔이여안녕 – 잔나비 ··· 204
48. Shiver – Coldplay ··· 206
49. Welcome To The Jungle – Guns N' Roses ··· 209
50. 내 이름 맑음 – QWER ··· 213
51. Misery Business – Paramore ··· 216

더블 스트로크 · · · · · · · · · · · · · · · · · 220
더블 스트로크 · 드래그와 러프 · 더블 스트로크와 6연음
52. Otherside – Red Hot Chili Peppers ··· 221
53. Can't Stop – Red Hot Chili Peppers ··· 226
54. 박하사탕 – YB ··· 229
55. TOMBOY – 혁오 ··· 232
56. Californication – Red Hot Chili Peppers ··· 234
57. 개화 – LUCY ··· 237
58. 주저하는 연인들을 위해 – 잔나비 ··· 240
59. 피었습니다 – 엔플라잉 ··· 242
60. 난춘 – 새소년 ··· 244
61. Smoke On The Water – Deep Purple ··· 247

드럼세트의 이름과 기보법

드럼세트의 이름 아래의 사진과 같은 5기통 드럼세트가 기본적으로 많이 쓰입니다.
사진을 보며 각 부분의 이름을 기억합니다.

기보법 드럼을 오선 위에 표기하는 방법입니다.
오선의 각 칸과 줄은 드럼세트의 특정한 부분을 뜻합니다. 아래의 악보를 보고 기억합니다.

 오선은 세로줄로 마디를 구분하고 세로줄은 노래의 박자를 카운트(count)하기 쉽게 해줍니다.
박자표는 분수로 표시하는데, 분자는 한 마디가 몇 박으로 이뤄지는지 알려주고 분모는 몇 분음표가 한 박인지 알려줍니다.

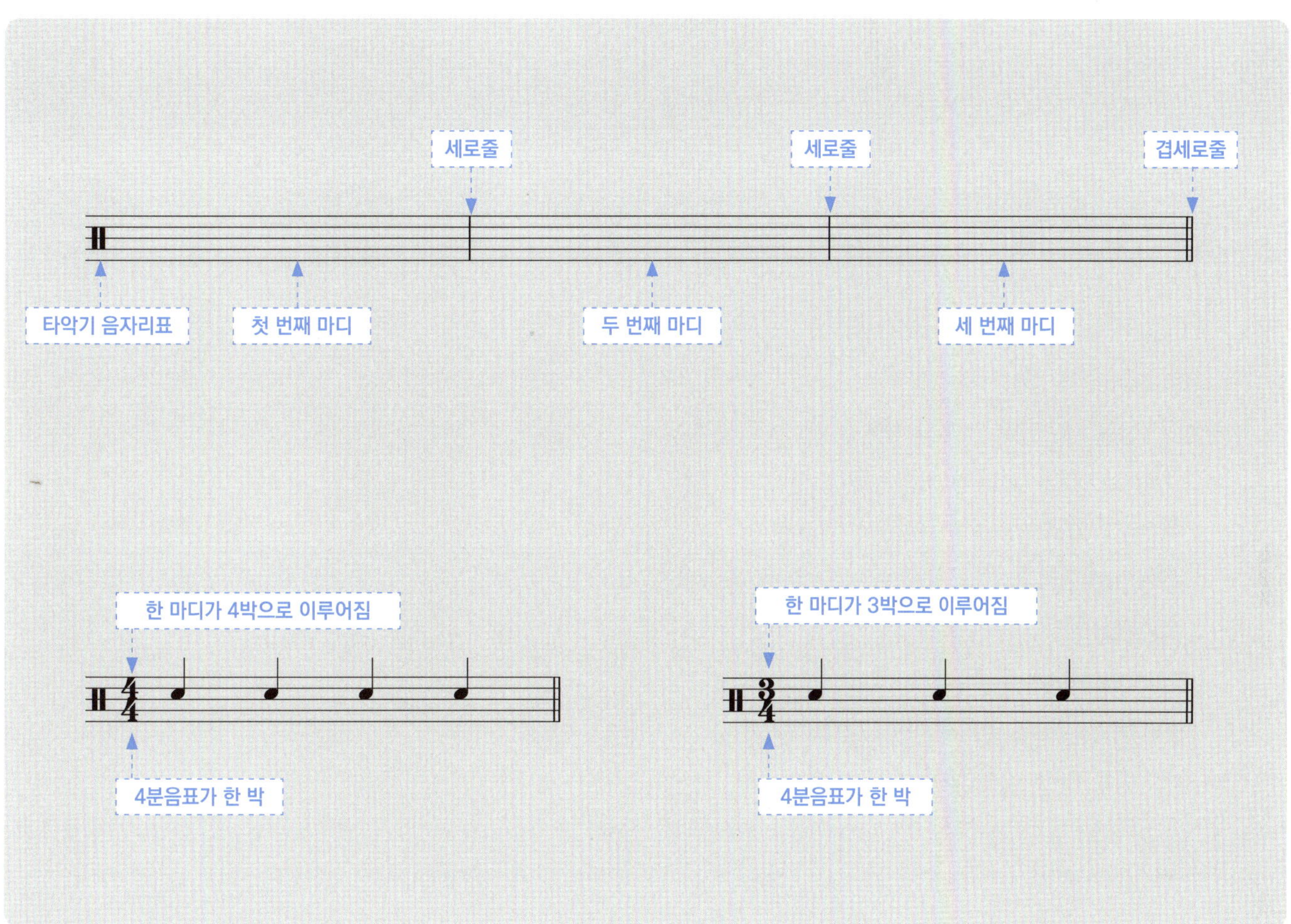

이 책에 사용되는 기호

스트로크 순서는 R, L 기호를 사용해 표기하고 표기 순서대로 음표의 길이에 맞춰 스트로크합니다.
하이햇의 열림 정도는 순간적으로 변하는 곳은 o , + 를 사용해서 표기하고 지속적으로 유지해서 연주하는 곳은
HH Open , HH Closed 로 표기합니다.

R	오른손으로 연주합니다.
L	왼손으로 연주합니다.
o	하이햇을 오픈해서 연주합니다.
+	하이햇을 닫고 연주합니다.
M	심벌을 손으로 잡아서 뮤트합니다.
HH Open	하이햇을 반쯤 열고 연주합니다.
HH Closed	하이햇을 닫고 연주합니다.

01
Track list

1. 티라미수 케익 - 위아더나잇
2. Supersonic - Oasis
3. EVERYTHING - 검정치마
4. Livin' on a prayer - Bon Jovi
5. 별일 없이 산다 - 장기하와 얼굴들
6. Sweet Child O Mine - Guns N' Roses
7. Animal - Def Leppard
8. Hysteria - Def Leppard
9. Follow You - Imagine Dragons

01
초급 편

미치도록 쉬운 드럼 1권의 난이도로,
기본적인 8비트 리듬과 필인, 하이햇 오픈 & 클로즈 테크닉과 더블타임/하프타임 등
간단한 리듬의 변화를 배워보는 챕터입니다.

리듬과 필인

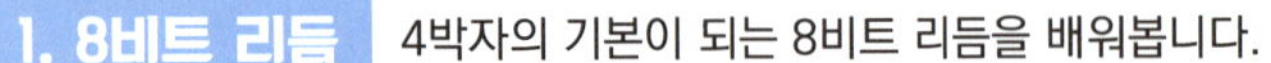

1. 8비트 리듬
4박자의 기본이 되는 8비트 리듬을 배워봅니다.

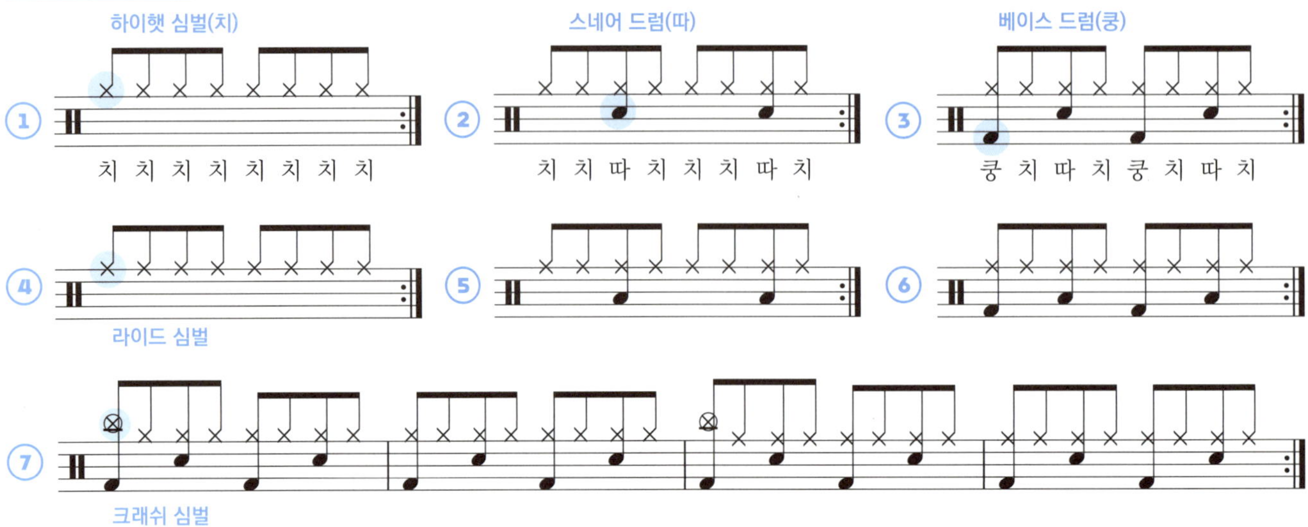

2. 2박 필인
필인의 기본이 되는 2박 필인을 기준으로 배워 봅시다.
아래 (a)~(d)의 예제 리듬으로 필인 구간에 대입하여 연습합니다.

 4박 필인은 앞서 배운 2박 필인을 두 번 한다는 생각으로 연주합니다.
아래 예제와 같은 방법으로 필인 구간에 대입하여 연습해 봅시다.

 1박 필인과 3박 필인을 연습해 봅시다.

 다양하게 응용된 필인을 연습해 봅시다.

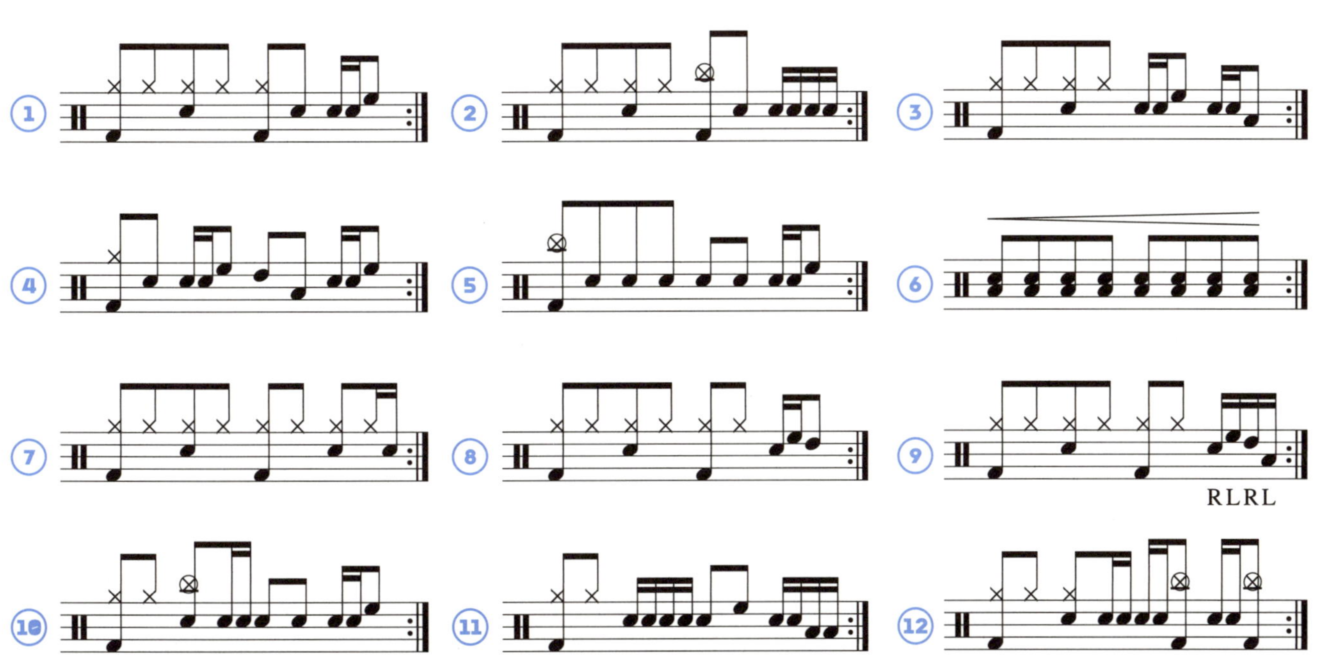

티라미수 케익

함병선 작사
함병선 외 4명 작곡
위아더나잇(WE ARE THE NIGHT)

♩=123
[전주]

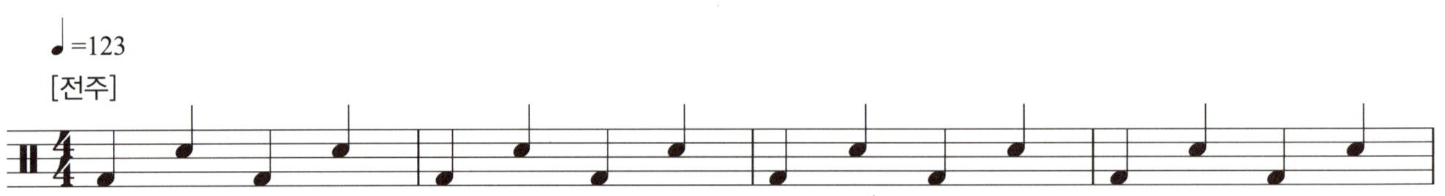

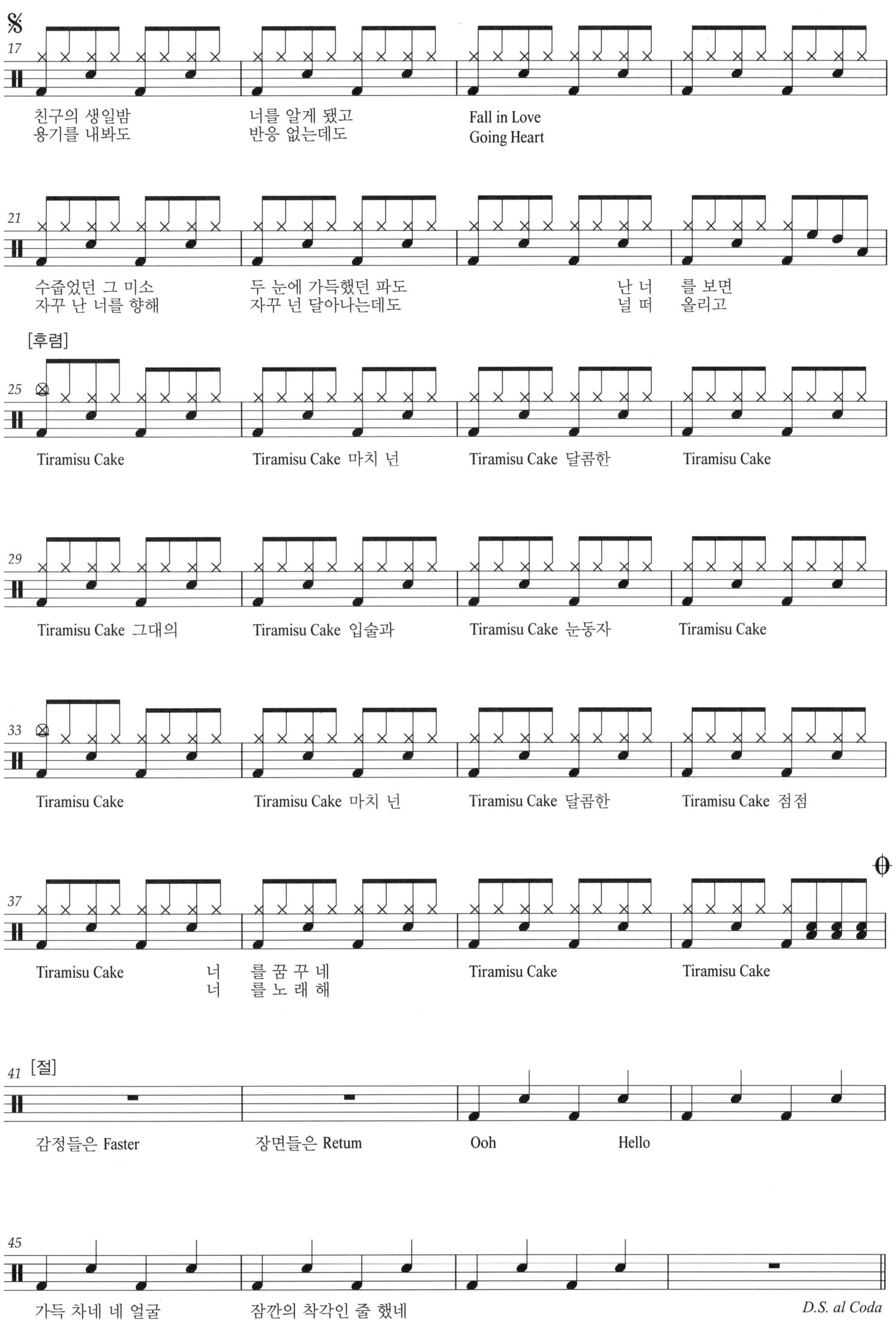
17
친구의 생일밤
용기를 내봐도
너를 알게 됐고
반응 없는데도
Fall in Love
Going Heart

21
수줍었던 그 미소
자꾸 난 너를 향해
두 눈에 가득했던 파도
자꾸 넌 달아나는데도
난 너 를 보면
널 떠 올리고

[후렴]
25
Tiramisu Cake
Tiramisu Cake 마치 넌
Tiramisu Cake 달콤한
Tiramisu Cake

29
Tiramisu Cake 그대의
Tiramisu Cake 입술과
Tiramisu Cake 눈동자
Tiramisu Cake

33
Tiramisu Cake
Tiramisu Cake 마치 넌
Tiramisu Cake 달콤한
Tiramisu Cake 점점

37
Tiramisu Cake
너 를 꿈 꾸 네
너 를 노 래 해
Tiramisu Cake
Tiramisu Cake

41 [절]
감정들은 Faster
장면들은 Retum
Ooh
Hello

45
가득 차네 네 얼굴
잠깐의 착각인 줄 했네
D.S. al Coda

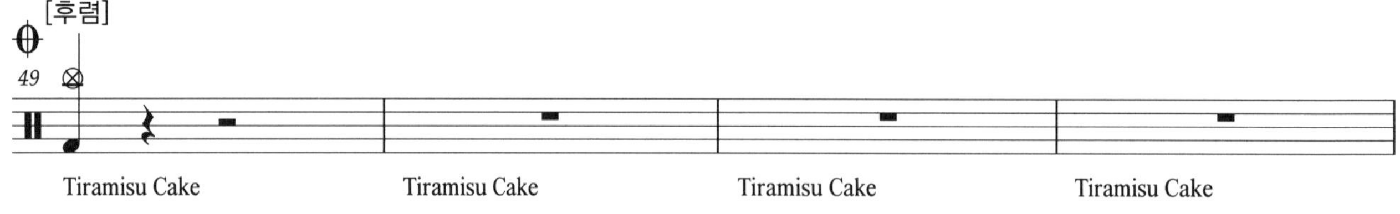
[후렴]
49
Tiramisu Cake   Tiramisu Cake   Tiramisu Cake   Tiramisu Cake

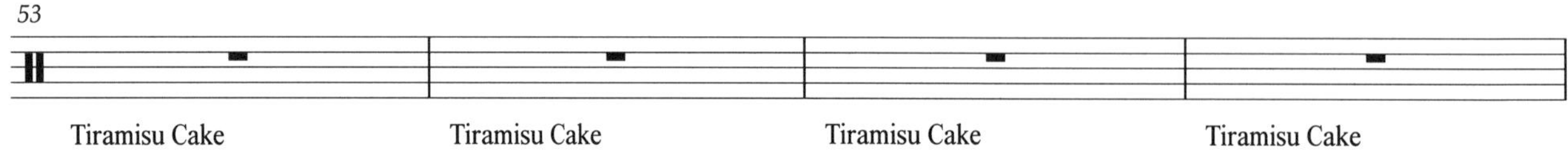
53
Tiramisu Cake   Tiramisu Cake   Tiramisu Cake   Tiramisu Cake

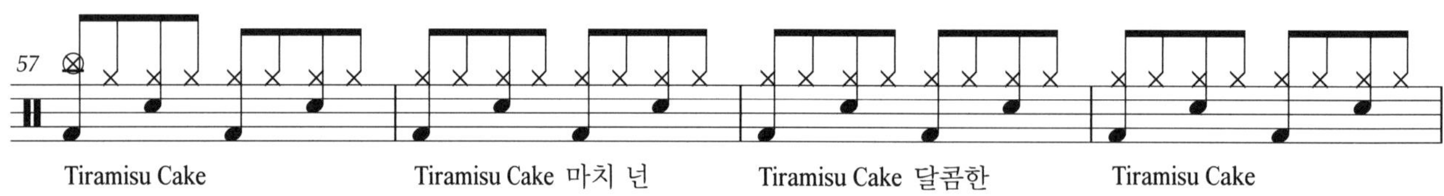
57
Tiramisu Cake   Tiramisu Cake 마치 넌   Tiramisu Cake 달콤한   Tiramisu Cake

61
Tiramisu Cake 넌 넌   나를   웃게 해

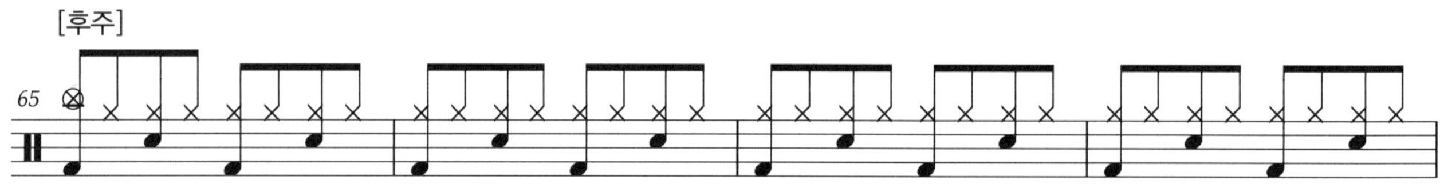
[후주]
65

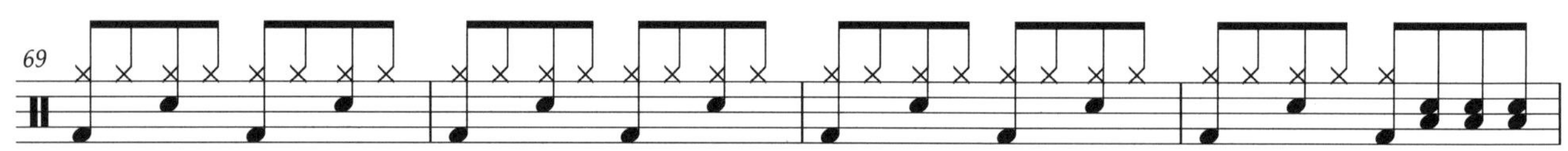
69

73

리듬의 변형과 당김음

1. 다양한 8비트 리듬
베이스 드럼 리듬을 변형하여 연주할 수 있습니다.

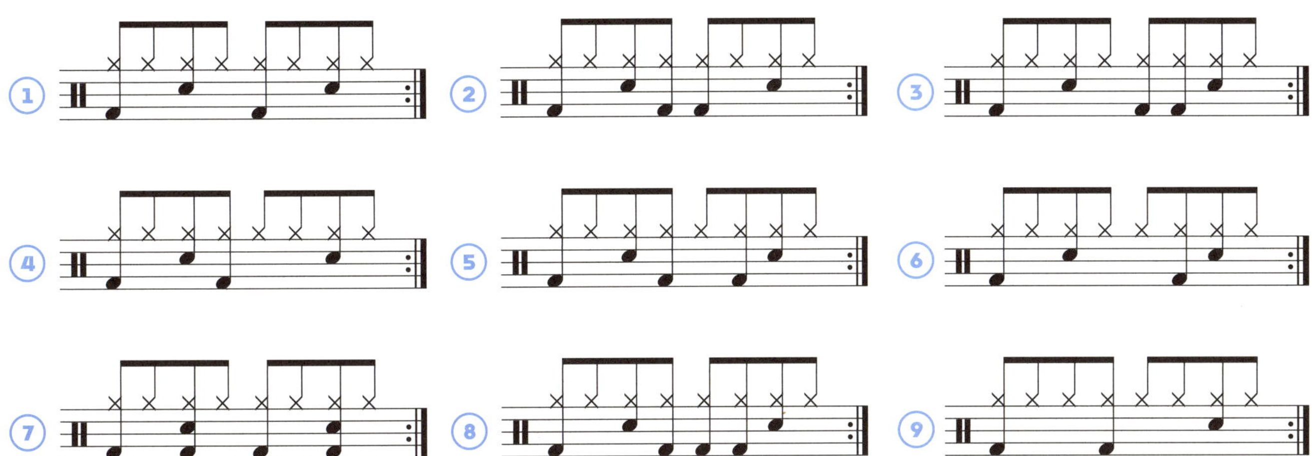

2. 림샷(Rim Shot)
스네어 드럼의 림(테두리)를 스틱으로 쳐서, 리듬을 변형하여 연주할 수 있습니다.

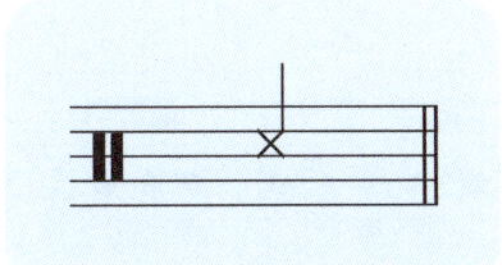

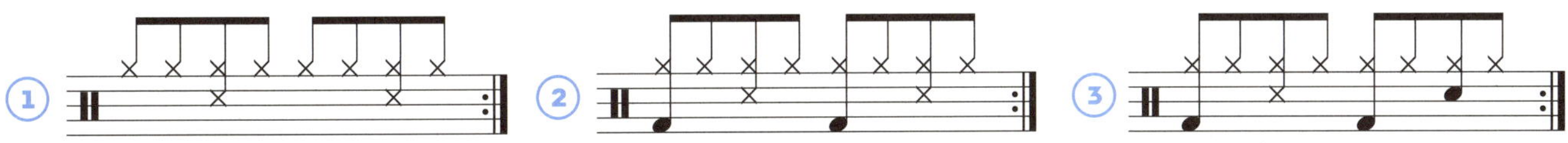

3. 당김음
당김음 연주를 통해 리듬의 긴장감을 줄 수 있습니다.

8분음표와 16분음표

8분음표(한 줄)는 한 손(오른손)으로, 16분음표(두 줄)는 양손으로 연주합니다.
16분음표를 연주할 때는 항상 오른손(R)으로 먼저 연주합니다.

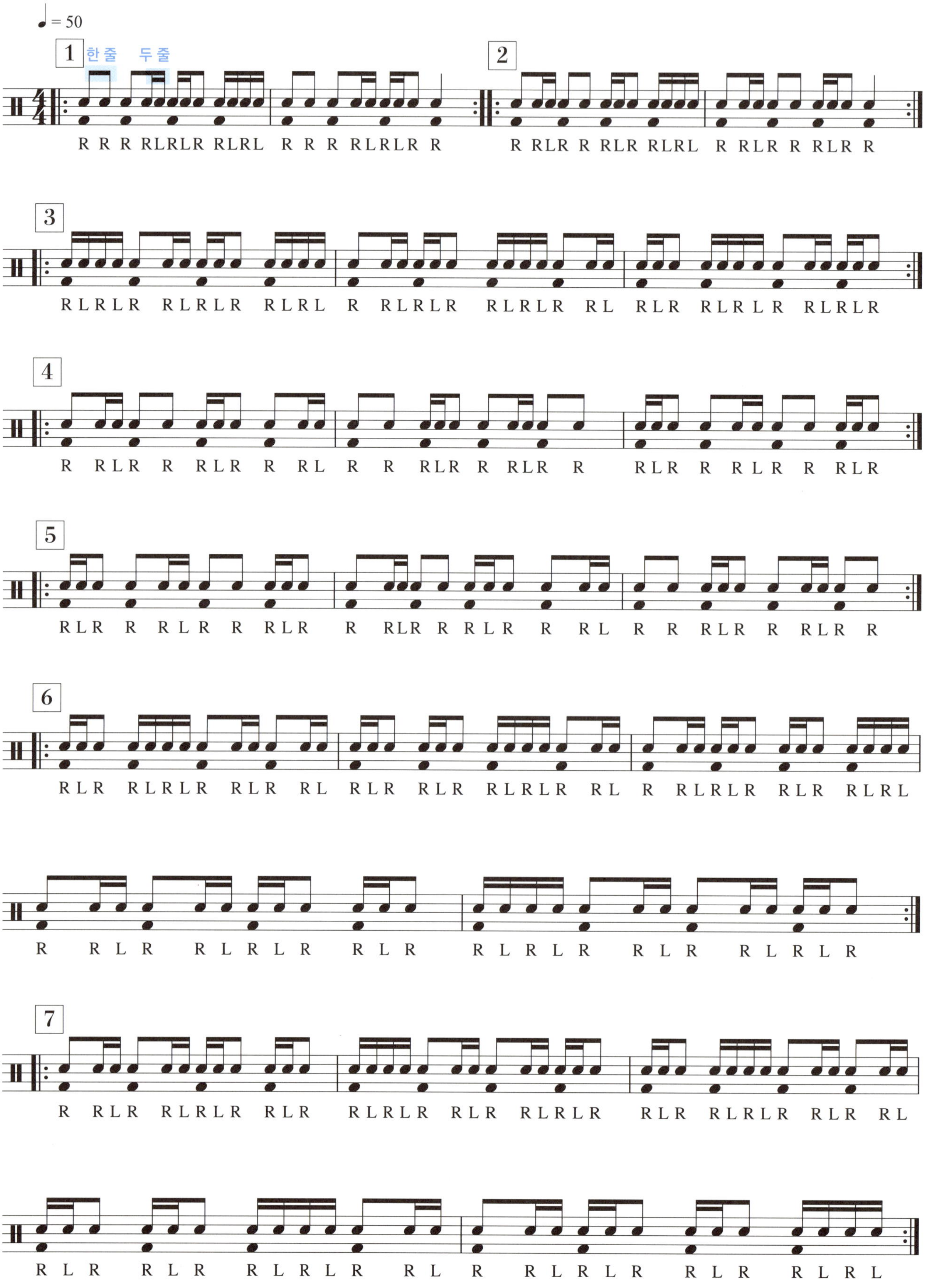

8분쉼표와 4분쉼표

8분쉼표와 4분쉼표의 쉬는 타이밍을 주의하여 연습해 봅시다.
리듬을 말할 때는 8분쉼표는 1음절인 '은'으로, 4분쉼표는 2음절인 '쉬고'라고 읽습니다.

Supersonic

GALLAGHER NOEL THOMAS 작사
GALLAGHER NOEL THOMAS 작곡
Oasis 노래

♩=104
[전주]

[절]

[T브릿지]

33
find a way   for what you wanna say   But before   tomorrow
[후렴]
37
Cause my friend said   he'd take you home   He   sits in a corner   all alone
41
He lives under   a waterfall   Nobody can see him   Nobody can ever hear him
45
call   Nobody could ever hear him   call
49
[후주]
53
57
61
65
Fade out

하이햇 오픈 & 클로즈 

1. 하이햇 오픈 & 클로즈 하이햇을 열고 닫음으로써 음색의 변화를 줄 수 있습니다.

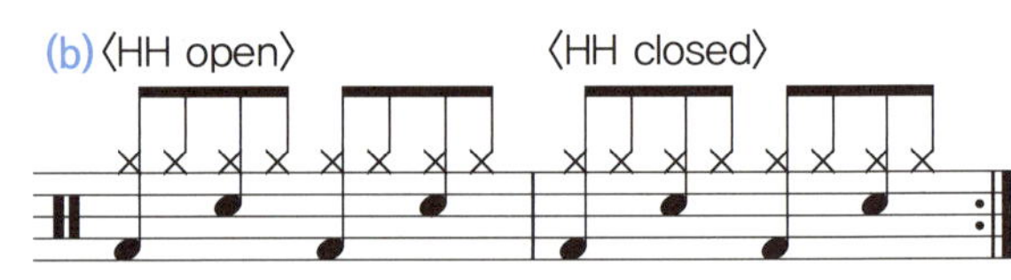

하이햇을 연속으로 열고 연주할 때는 완전히 열지 않고 조금만 열어서, 하이햇 심벌 위 아래 두 장이 서로 철렁철렁 부딪히며 소리가 나도록 연주 합니다.

(a)와 (b)는 동일한 연주이며, 위와 같이 ⟨HH open⟩, ⟨HH closed⟩ 두 가지로도 표기할 수 있습니다.

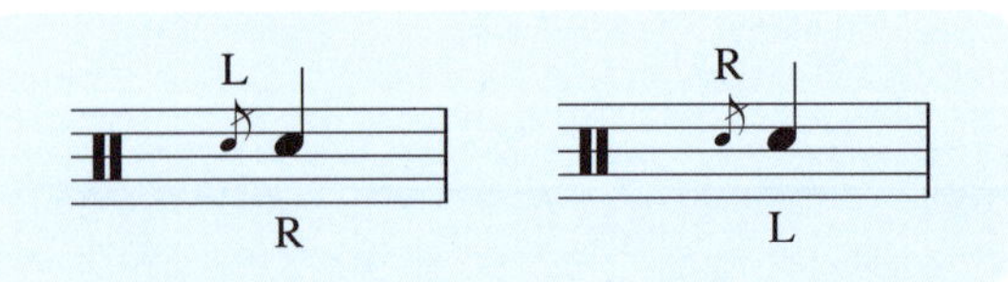

2. 플램(Flam) 플램은 '꾸밈음'으로, 음을 강조하거나 꾸며줄 때 사용합니다. 한 손은 높게, 다른 손은 낮게 동시에 내리치며 연주합니다.

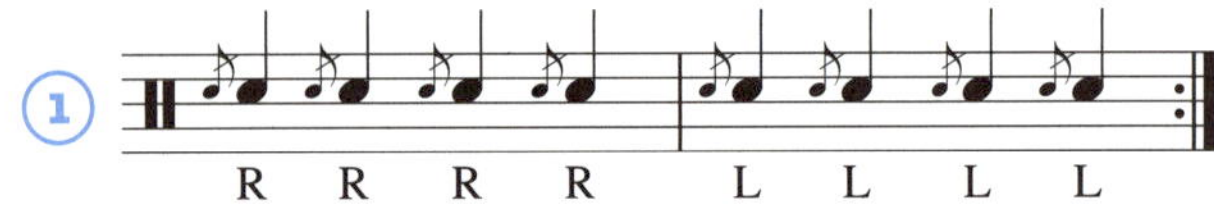

3. 심벌 뮤트(Mute) 손으로 심벌을 잡아서 소리를 뮤트합니다.

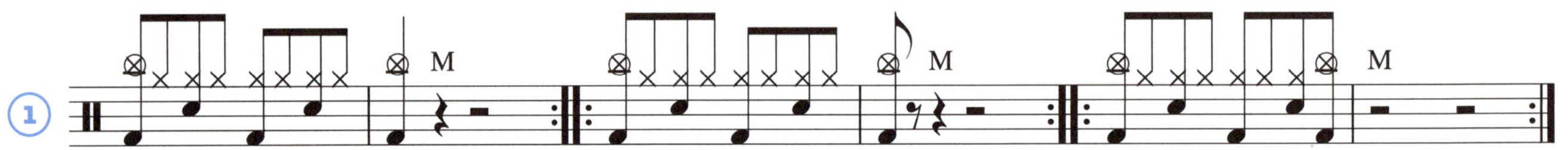

2박 필인 만들기

악보에 의존하지 않고, 여러 경우의 수 개념을 이해하여 필인을 만들어 봅시다.
2박 필인은 가장 기본이 되는 필인이어서, 2박 필인을 기준으로 자유롭게 필인을 만들고 응용할 수 있도록 해봅니다.
2마디 패턴으로 응용하여 연습해 보세요.

2마디 패턴

아래 필인 부분에 예제 1~15를 필인 구간에 대입하여 연습해 보세요.

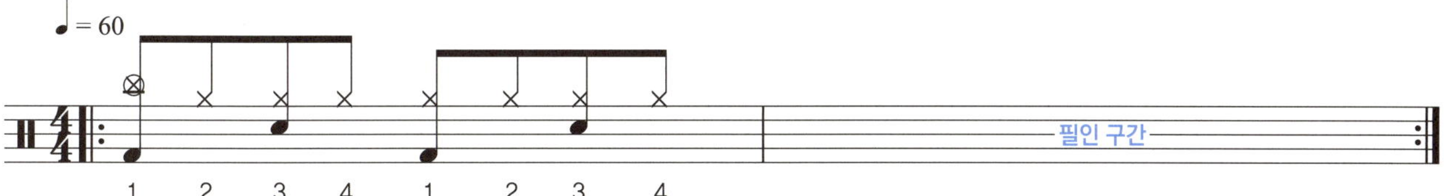

예제 연습

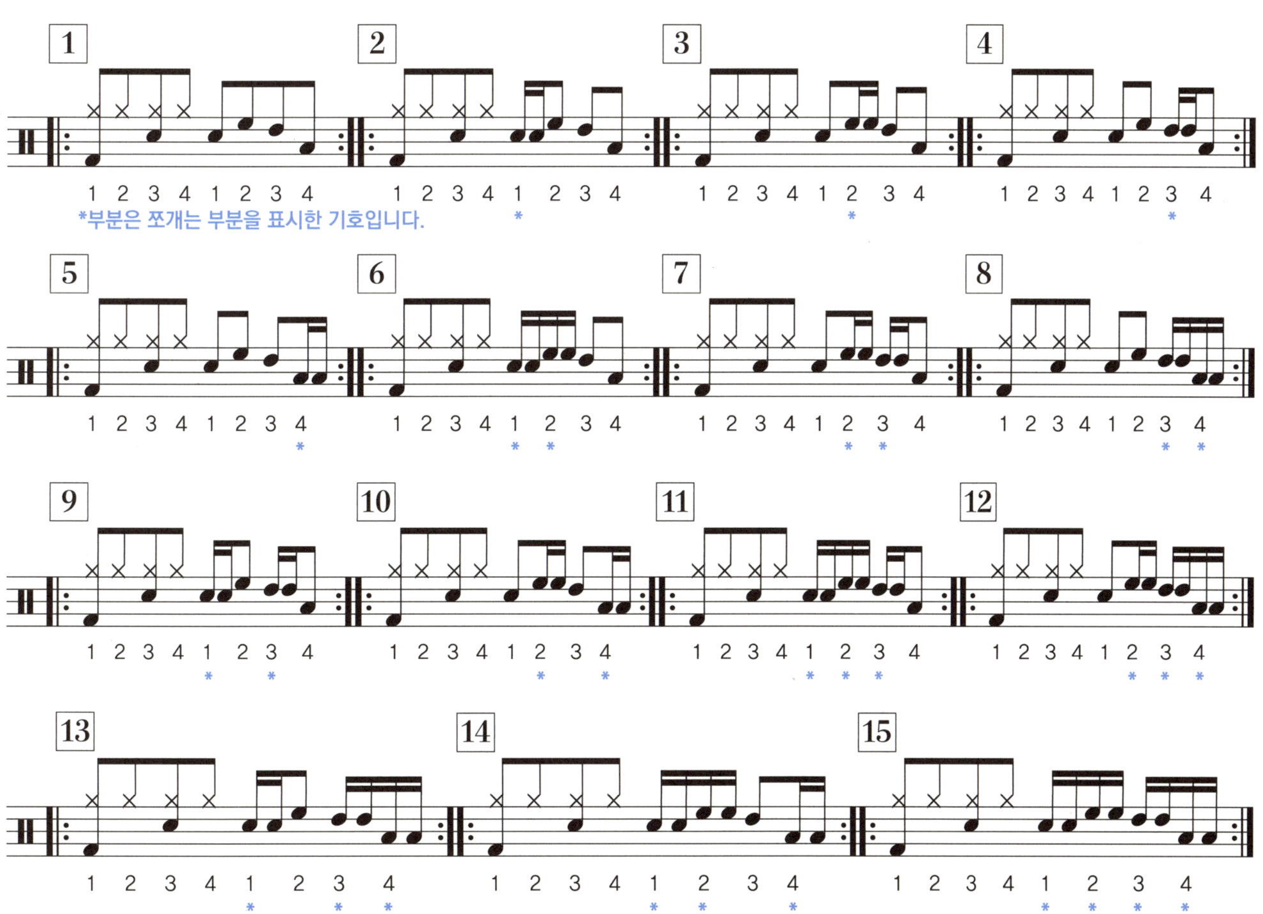

모범연주

강의영상

EVERYTHING

조휴일 작사
조휴일 작곡
검정치마 노래

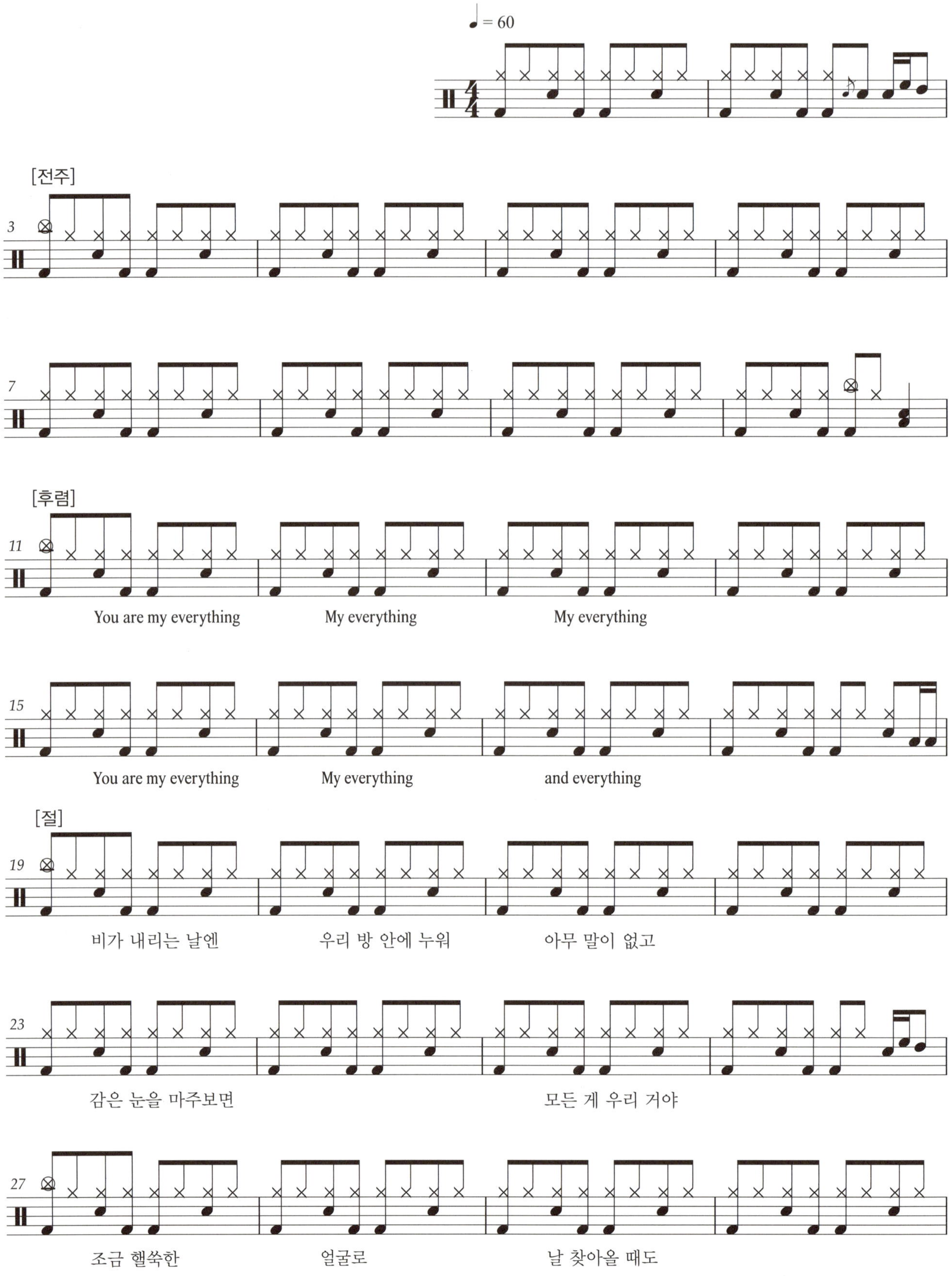
♩ = 60
[전주]
3
7
[후렴]
11
You are my everything
My everything
My everything
15
You are my everything
My everything
and everything
[절]
19
비가 내리는 날엔
우리 방 안에 누워
아무 말이 없고
23
감은 눈을 마주보면
모든 게 우리 거야
27
조금 핼쑥한
얼굴로
날 찾아올 때도

가끔 발칙한
애기로
날 놀랠킬 때도
[후렴]
You are my everything
My everything
My everything
You are my everything
My everything
[간주]
[브릿지]
넌 내 모든 거야
내 여름이고
내 꿈이야
넌 내 모든 거야
나 있는 그대로
받아 줄게요
[후주]
Fade out

Livin' on a prayer

BON JOVI JON 외 2명 작사
BON JOVI JON 외 2명 작곡
Bon Jovi 노래

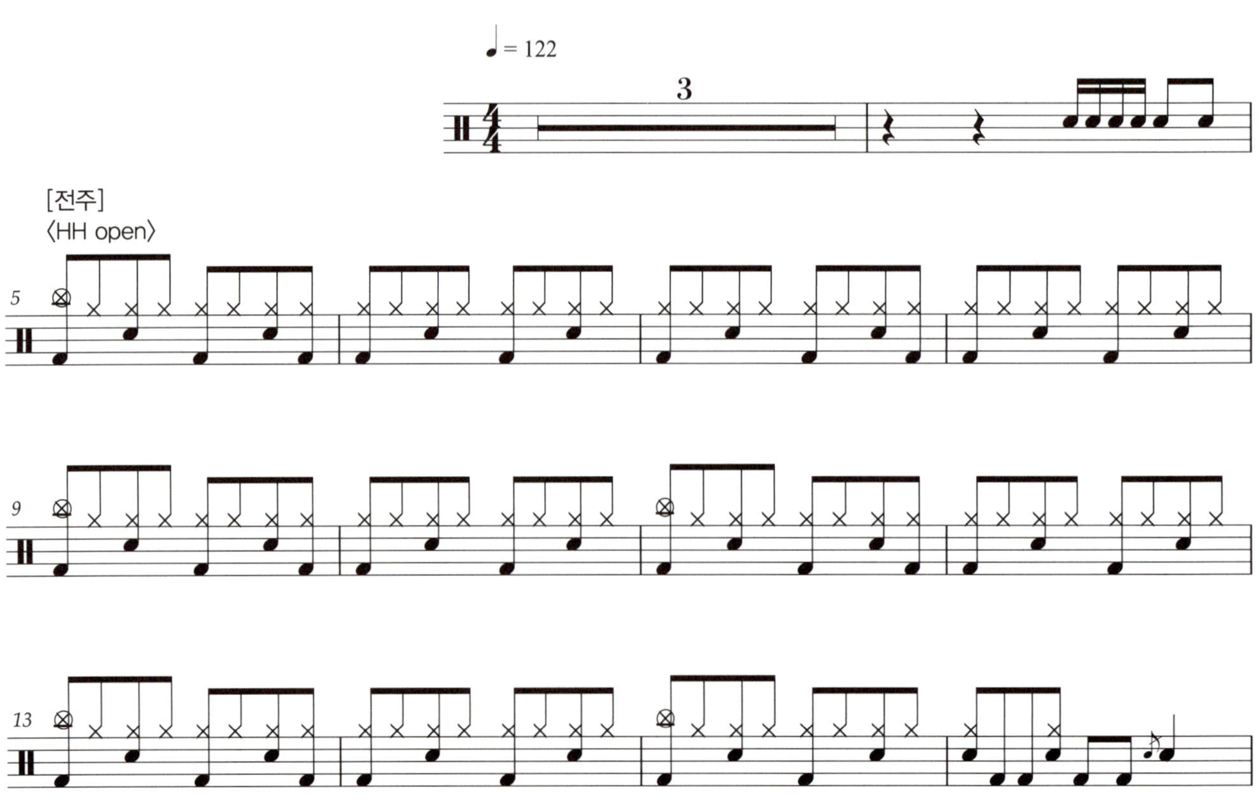

[절]
〈HH closed〉
17
Tommy used to work on
Tommy's got his six string
the docks
in hock
Union's been on strike
Now he's holding in
He's down on his luck it's tough
what he used to make it talk
21
so tough
25
Gina works the diner all day
Gina dreams of running away
working for her man
She cries in the night
she brings home her pay For
Tommy whispers Baby it's
29
love
okay
For love
sometimes
She says we've got to
[브릿지]
〈HH open〉
33
hold on to
what we've got
It doesn't make a difference
make it or not
37
We've got each other
and that's a lot For
love
give it a shot
[후렴]
41
Whooah
we're half way there
Whooah
Livin on a prayer
45
Take my hand and
we'll make it I swear
Whooah
Livin on a prayer
1. 〈HH closed〉
2.
49
Livin on a prayer

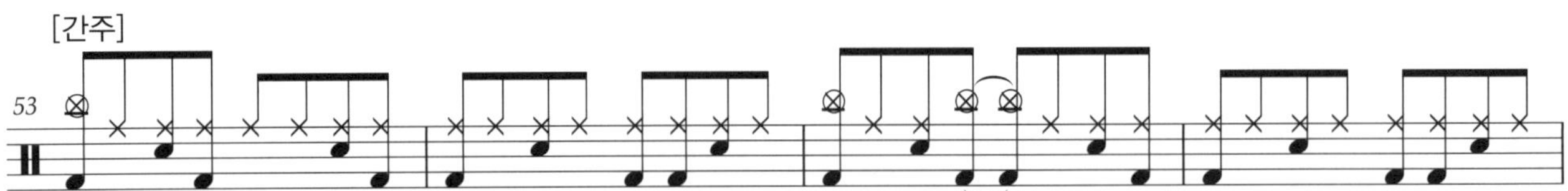

[간주]
53

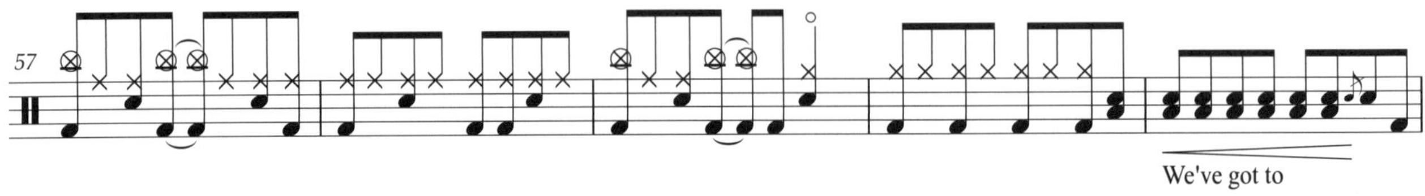

57
We've got to

[브릿지]
〈HH open〉
62
3
hold on
ready or not
You live for the fight when it's
all that you've got

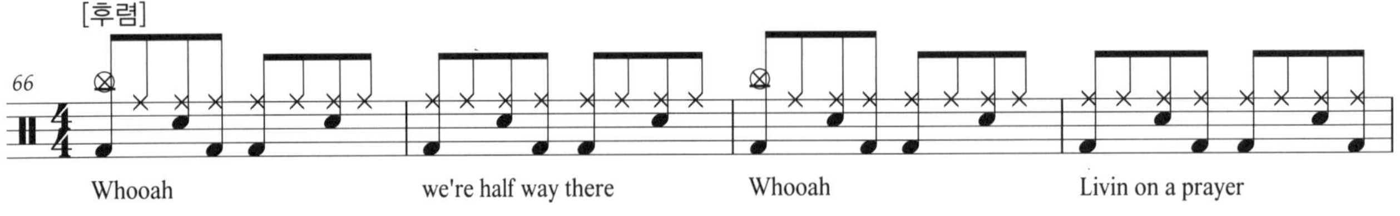

[후렴]
66
Whooah
we're half way there
Whooah
Livin on a prayer

70
Take my hand and
we'll make it I swear
Whooah
Livin on a prayer

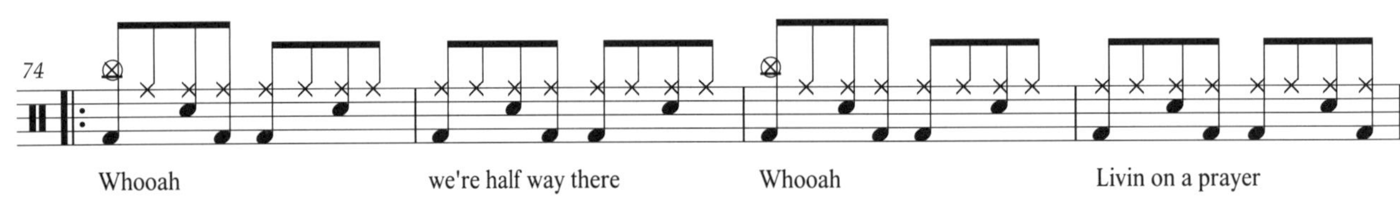

74
Whooah
we're half way there
Whooah
Livin on a prayer

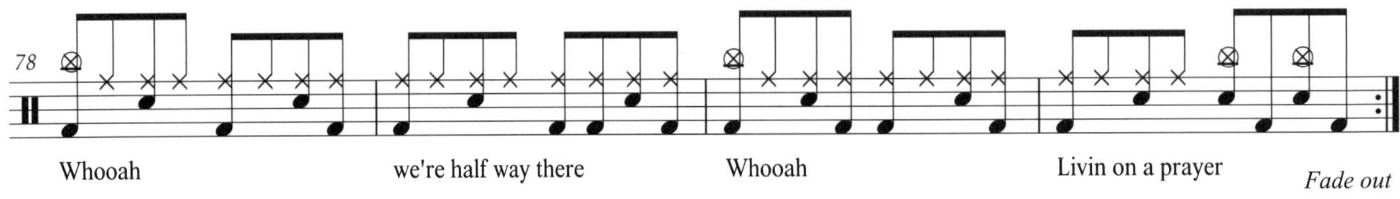

78
Whooah
we're half way there
Whooah
Livin on a prayer
Fade out

별일 없이 산다

장기하 작사
장기하 작곡
장기하와 얼굴들 노래

♩ = 120
[전주]

니가

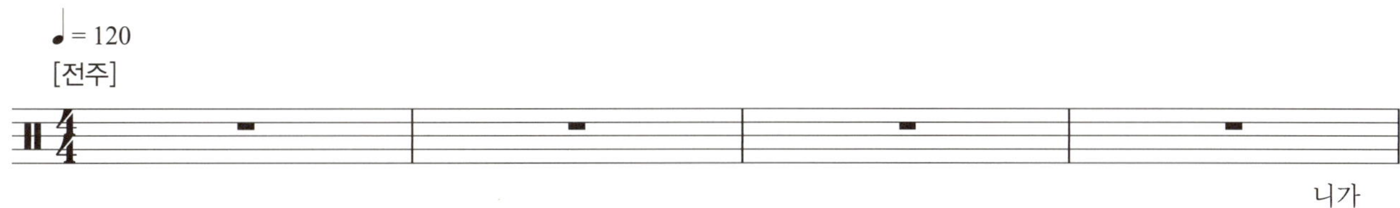

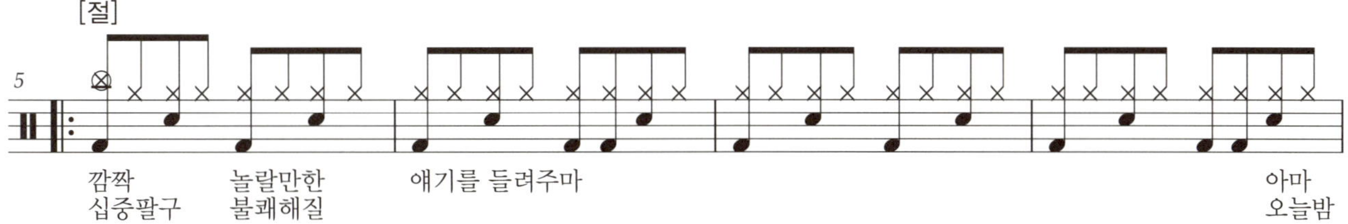

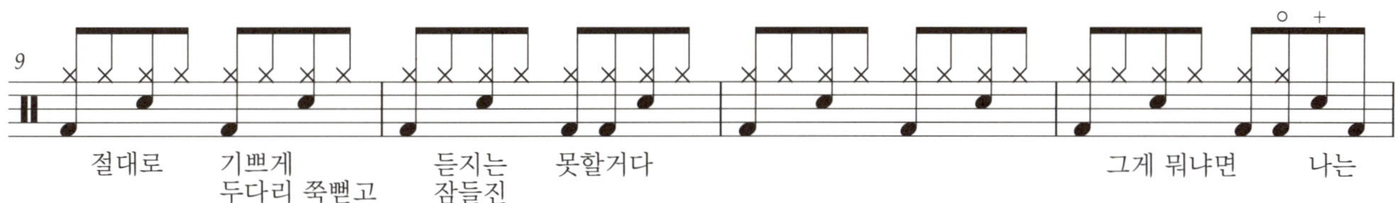

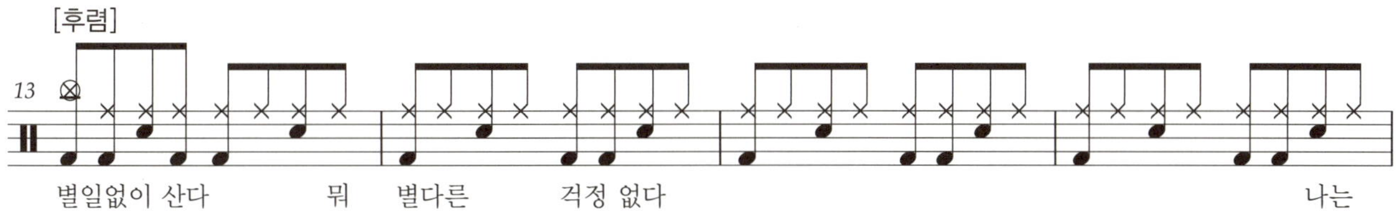

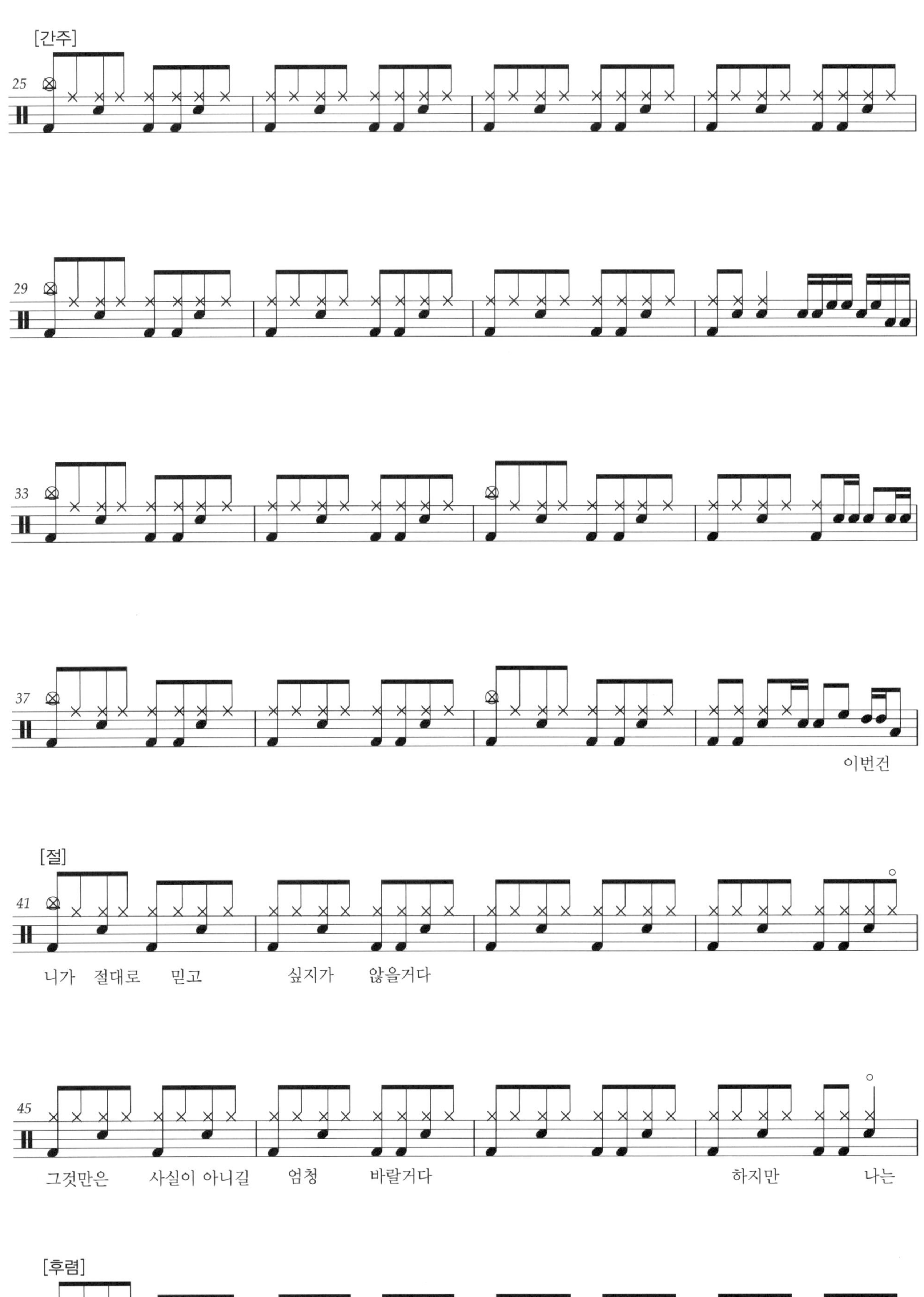
[간주]
[절]
니가 절대로 믿고 싶지가 않을거다
그것만은 사실이 아니길 엄청 바랄거다 하지만 나는
이번건
[후렴]
사는게 재밌다 하 루 하루 즐거웁다 나는

53
사는게 재밌다   매일매일   신난다   나는
57 〈HH open〉
사는게 재밌다   하   루   하루 즐거웁다   나는
61
사는게 재밌다   매일매일   신난다
[후주]
〈HH open〉
65
69
나는
73
별일없이 산다   나는
77
별일없이 산다   나는
81
사는게 재밌다   나는
[엔딩]
85
사는게   재밌다   매일매일 하루하루   아주그냥

Sweet Child O Mine

SLASH 외 4명 작사
SLASH 외 4명 작곡
Guns N' Roses 노래

♩=126

[전주]

[절]

She's got a smile that it
Now and then when I
She's got eyes of
Her hair reminds me

seems to me
see her face She
the bluest skies
of a warm safe place

Reminds me of childhood
takes me away to that
As if they
Where as a child

memories Where
special place And if I
thought of rain
I'd hide

everything was as
stared too long
I hate to look into those
And pray for the thunder

fresh as the bright
I'd probably break down and
eyes And see an ounce of
And the rain To quietly pass me

blue sky
cry
pain
by

[후렴]

oh oh oh

Sweet child o mine

oh oh oh

Sweet love of mine

[기타 솔로]

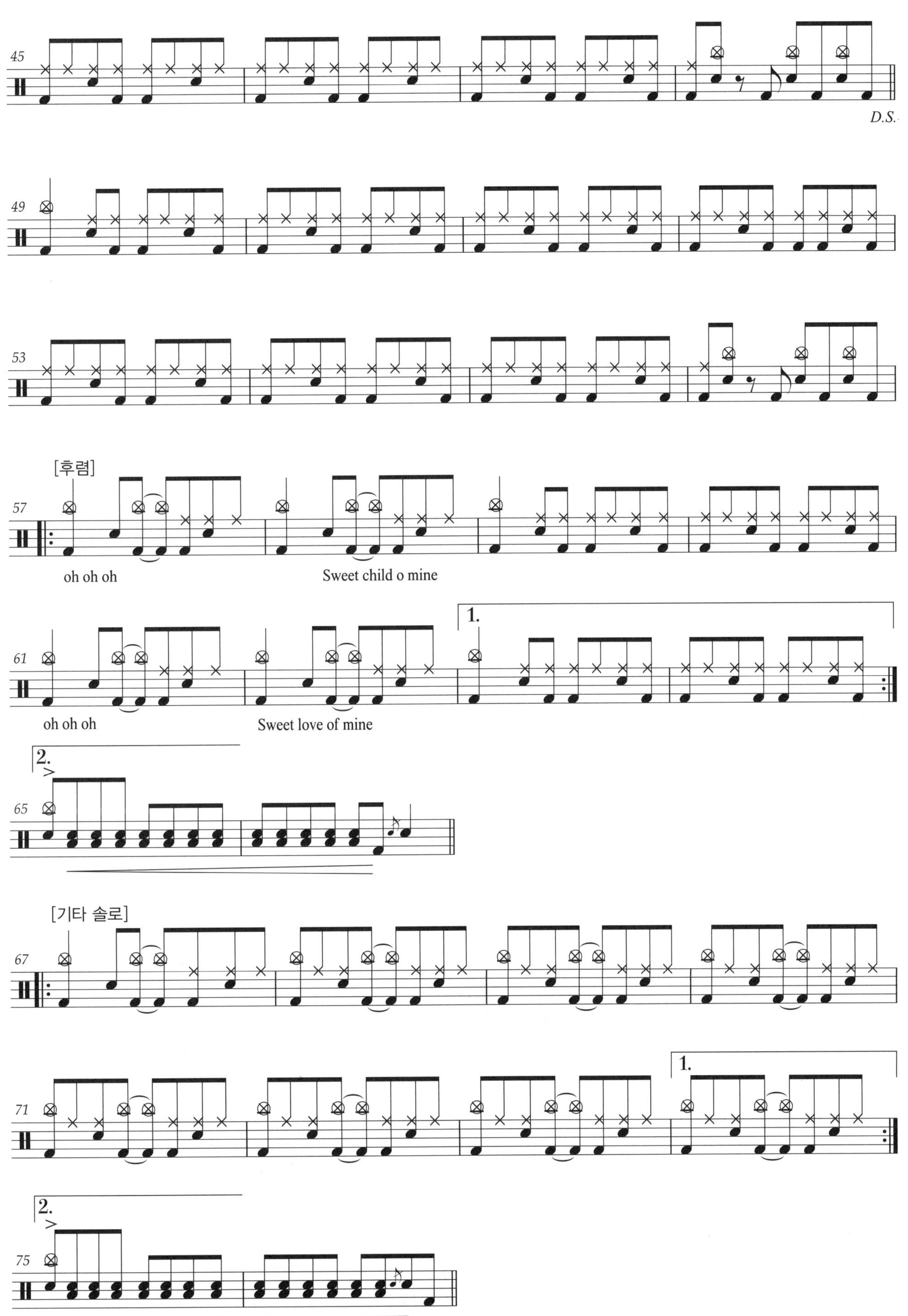
45
D.S.
49
53
[후렴]
57
oh oh oh
Sweet child o mine
1.
61
oh oh oh
Sweet love of mine
2.
65
[기타 솔로]
67
1.
71
2.
75

[브릿지]
Where do we go
Where do we go now
Where do we go
Where do we go
Where do we go
Where do we go now
Where do we go
Where do we go now
Where do we go
Where do we go now
Where do we go
Where do we go now
Where do we go
Where do we go now
Where do we go
Where do we go now
Sweet child
Sweet child
of mine

Animal

ELLIOTT JOSEPH 외 5명 작사
ELLIOTT JOSEPH 외 5명 작곡
Def Leppard 노래

37
and I need
and I lust
Animal
I cry
[절]
41
wolf
given mouthto
mouth
Like a movin'
45
heartbeat
in the witching
hour
I'm runnin' with the
49
wind
a shadow in the
dust
And like the drivin'
53
rain
like the restless
rust
I never sleep
[브릿지]
57
I gotter
feel it in my
blood
61
I need your
touch don't need your
love
And I want
[후렴]
65
and I need
and I lust
Animal
And I want
69
and I need
and I lust
Animal

[간주]
73
77
[기타 솔로]
81
85
D.S. al Coda
89
Animal   And I want
[후렴]
91
and I need   and I lust   Animal   And I want
95
and I need   and I lust   Animal   And I want
99
and I need   and I lust   Animal   And I want
104
and I need   and I lust   Animal

Hysteria

ELLIOTT JOSEPH 외 5명 작사
ELLIOTT JOSEPH 외 5명 작곡
Def Leppard 노래

♩=107

36

magical
mysteria   when you got that feelin'   better start   believin'   Cause it's a
miracle
oh say you will   ooh babe
Hysteria when you are near
[간주]
Out of me
[절]
into you   yeah
You could hide
it's just a one way   street
I believe
I'm in you   yeah
open
wide   that's right   dream me off my feet
Oh believe in me
[T브릿지]
I gotta know tonight
If you're alone tonight
Can't stop this feeling
Can't stop this fight
Oh I get

[후렴]
73
hysterical   hysteria   oh can you   feel it   do You   believe it   it's such a
77
magical   mysteria   when you got that feelin'   better start   believin'   Cause it's a
81
miracle   oh say you will
83
Hysteria when you're near
87
[간주]
91
95
99
[↑브릿지]
103
I gotta know tonight   If you're alone tonight

107
Can't stop this fight
Oh I get
[후렴]
111
hysterical
hysteria
oh can you
feel it
do You
believe it
it's such a
115
magical mysteria
119
miracle oh say you will
123
hysterical hysteria
127
miracle Oh say you will
[후주]
131
135
139
Fade out

더블타임과 하프타임

1. 더블타임 리듬 박자가 2배로 빨라집니다.

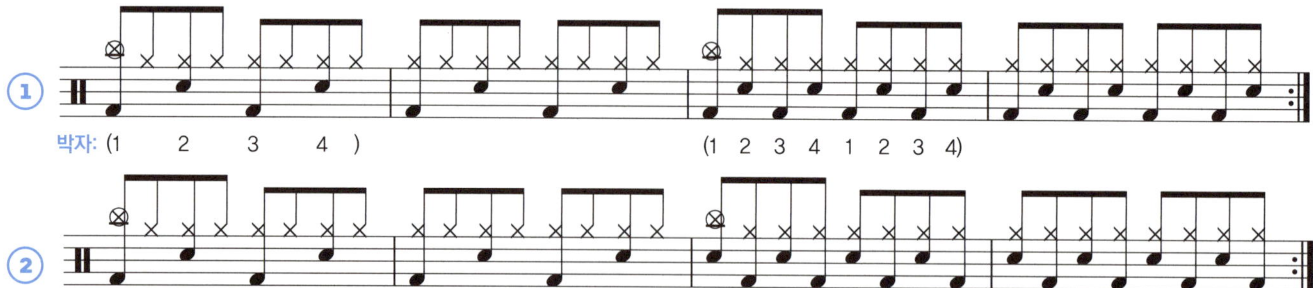

2. 하프타임 리듬 박자가 2배로 느려집니다.

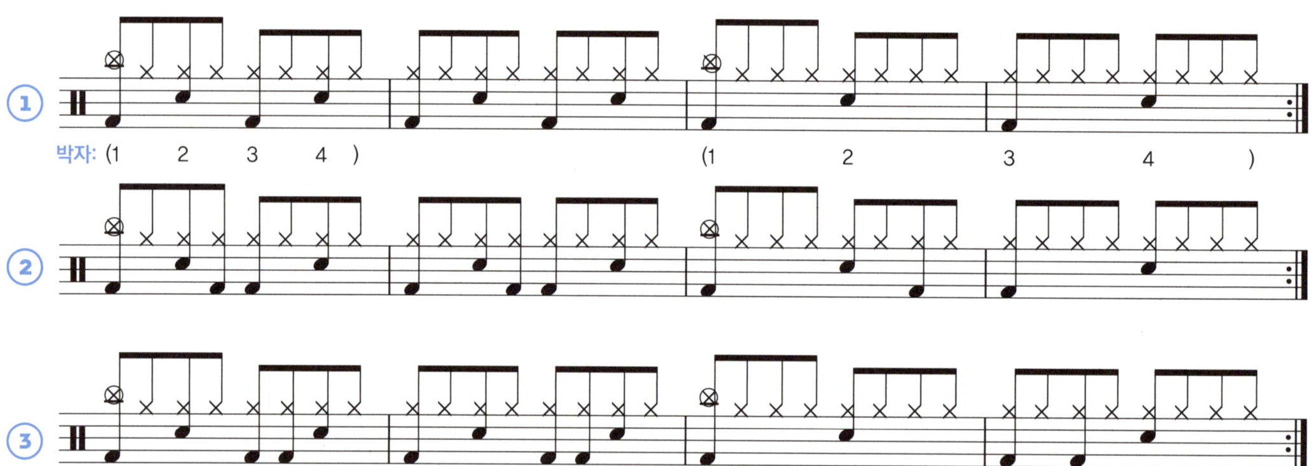

3. 다양한 하프타임 리듬 하프타임 리듬을 다양하게 응용합니다.

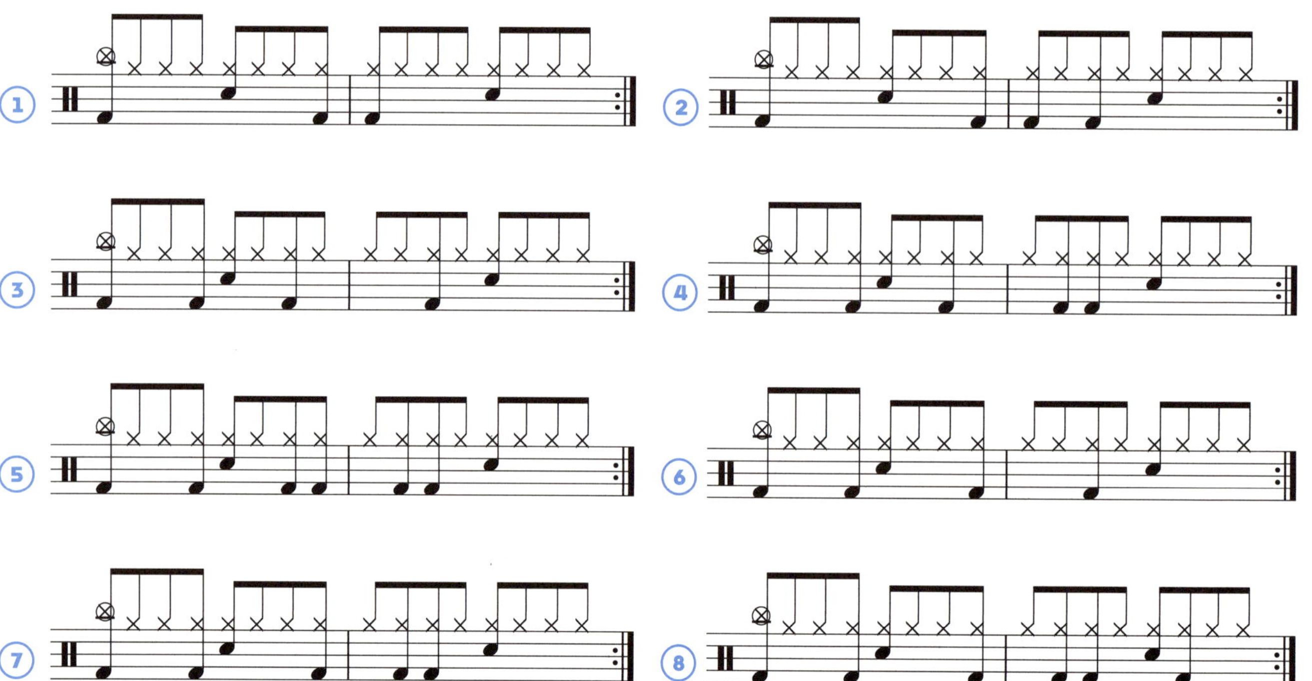

셋드럼에서 손 움직이기

심벌

탐탐

Follow You

REYNOLDS DANIEL COULTE 외 6명 작사
REYNOLDS DANIEL COULTE 외 6명 작곡
Imagine Dragon 노래

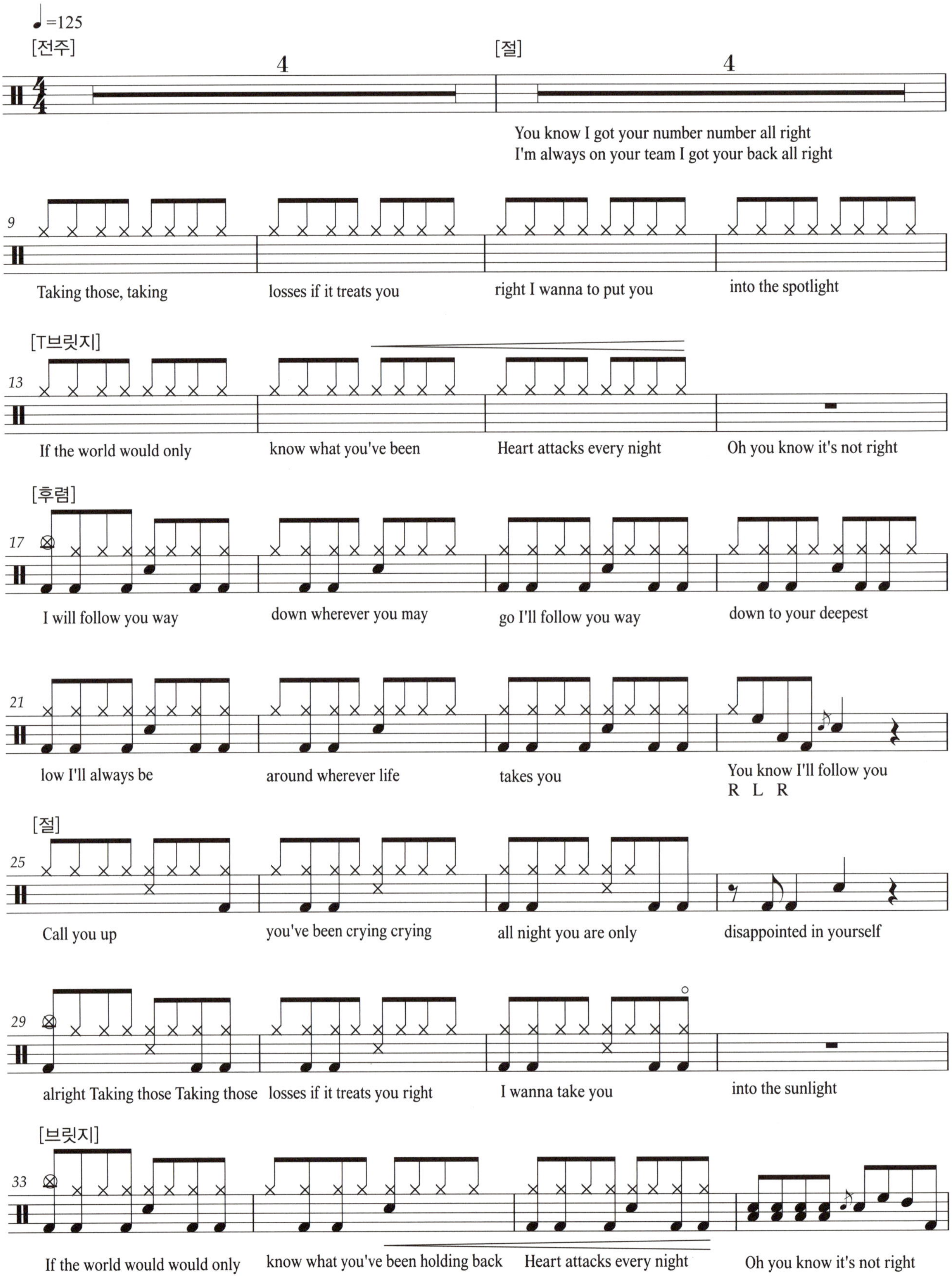

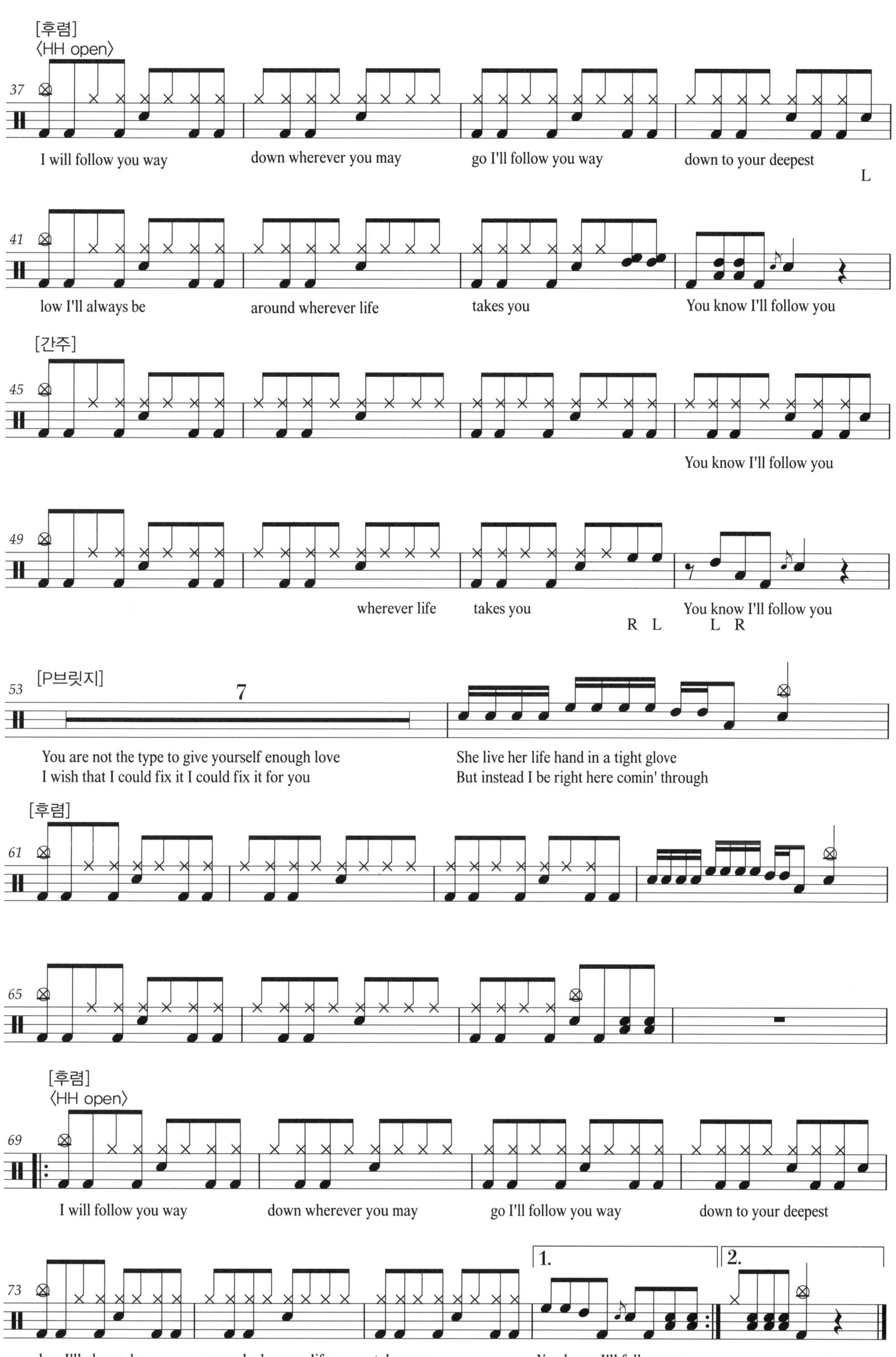
[후렴]
〈HH open〉
37
I will follow you way
down wherever you may
go I'll follow you way
down to your deepest
L
41
low I'll always be
around wherever life
takes you
You know I'll follow you
[간주]
45
You know I'll follow you
49
wherever life
takes you
You know I'll follow you
R L   L R
[P브릿지]
53
7
You are not the type to give yourself enough love
I wish that I could fix it I could fix it for you
She live her life hand in a tight glove
But instead I be right here comin' through
[후렴]
61
65
[후렴]
〈HH open〉
69
I will follow you way
down wherever you may
go I'll follow you way
down to your deepest
73
1.
2.
low I'll always be
around wherever life
takes you
You know I'll follow you

1. 4박자와 3박자 리듬의 이해 4박자는 '강약'을 조합하여 '쿵짝'으로, 3박자는 '강약약'인 '쿵짝짝'으로 연주합니다.

2. 다양한 3박자 리듬 베이스 드럼을 변형하여 다양한 리듬을 연주해 봅시다.

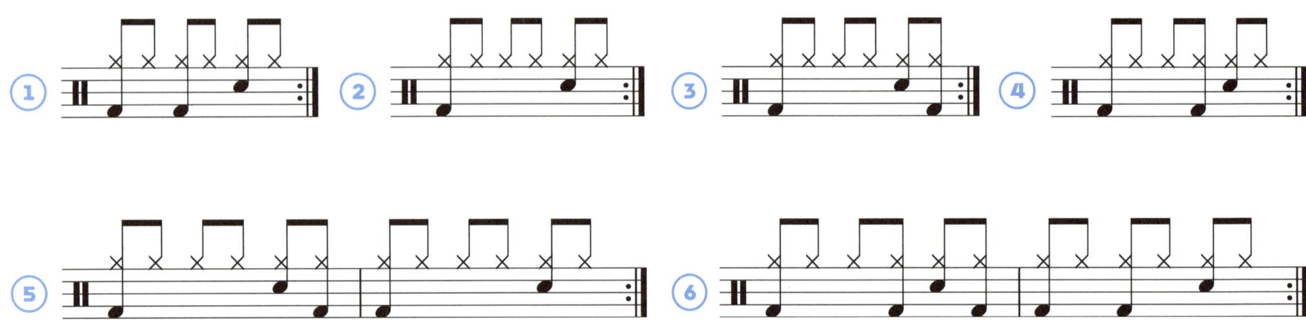

3. 3박자 리듬 필인 필인 구간에 예제 1~9를 대입하여 연주해 봅시다.

8마디 연습하기

8마디는 가장 기본이 되는 음악 단위라고 할 수 있습니다. 8마디 패턴을 보지 않고 연주할 수 있다면, 음악을 연주할 때 큰 도움이 됩니다.
아래 빈 마디에 아무 8비트나 연주해 보고, 4마디와 8마디 때 필인을 넣어서 연주가 자연스럽게 흘러가도록 연습해 봅시다.

1. 보지 않고 8마디 연습하기 마디를 잘 세면서 4마디, 8마디 단위로 진행되도록 연주합니다.

2. 예제 연습 아래와 같이 8마디 연습을 할 수 있습니다. 처음엔 외워서 하는 것도 좋은 방법입니다.

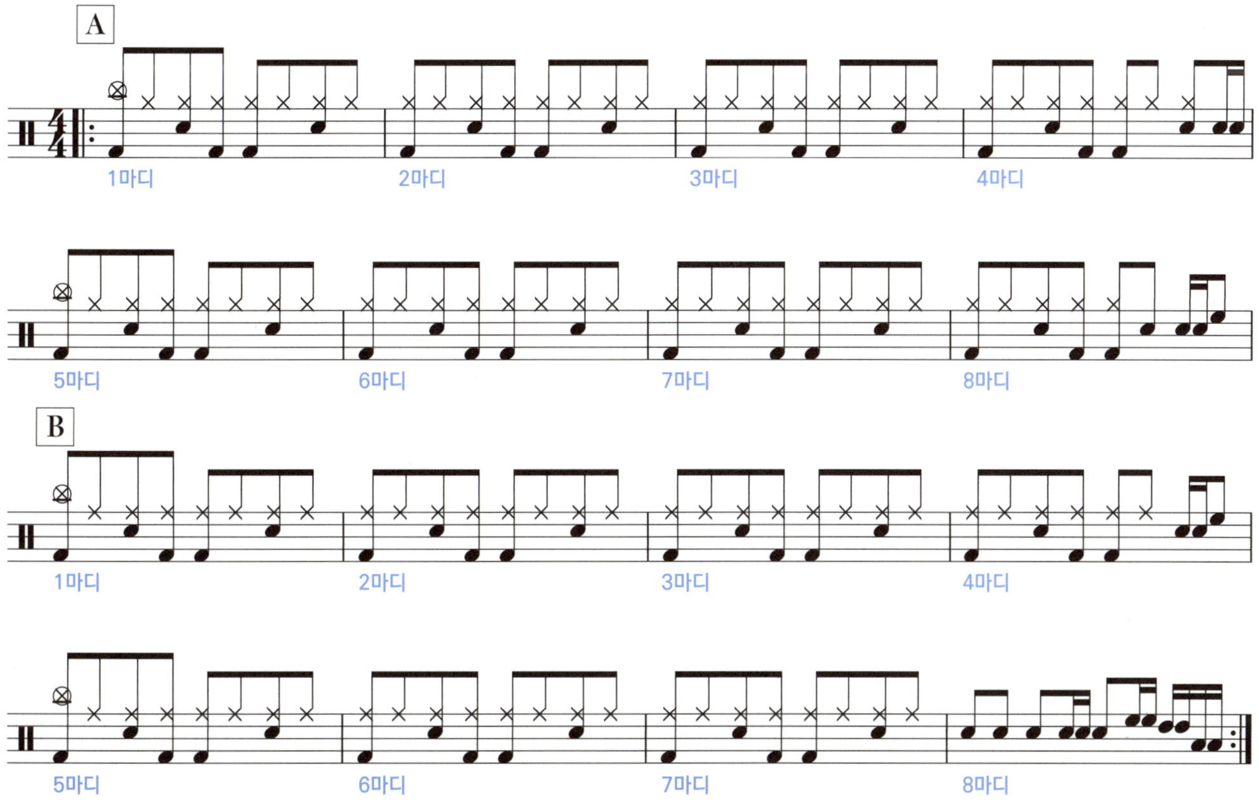

02
Track list

10. **Drowning** - WOODZ
11. **Antifreeze** - 백예린
12. **Star** - 엔플라잉
13. **Viva La Vida** - Coldplay
14. **폭망** - 엔플라잉
15. **뜨거운 여름밤은 가고 남은 건 볼품없지만** - 잔나비
16. **투게더!** - 잔나비
17. **By The Way** - Red Hot Chili Peppers
18. **Sorry** - 더로즈
19. **Bed of Roses** - Bon Jovi
20. **Adventure Of A Lifetime** - Coldplay
21. **옥탑방** - 엔플라잉

02
중급 편

미치도록 쉬운 드럼 2권의 난이도로, 스네어 드럼의 변형과 빠른 8비트 리듬, 폴카, 보사노바 등 다양한 리듬과 기본16비트/12비트 리듬을 배워보는 챕터입니다. 기본적인 16분음표에서 더 나아가 셋잇단음표, 32분음표 등 더 쪼개지는 리듬들도 배워봅시다.

 스네어 변형 리듬 

스네어 드럼은 변형을 주면, 타악기 '쉐이크'를 흔드는 느낌처럼 친다고 해서 '쉐이크 리듬'이라고도 불립니다.
연주할 때 왼손이 오른손에 부딪히지 않도록 동작이 너무 크지 않게 주의하며 리듬을 정확히 연주하도록 합시다.

변형 리듬 1

패턴 1

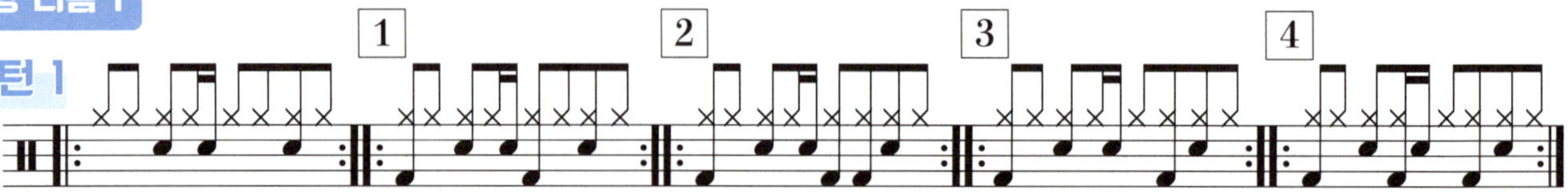

패턴 2

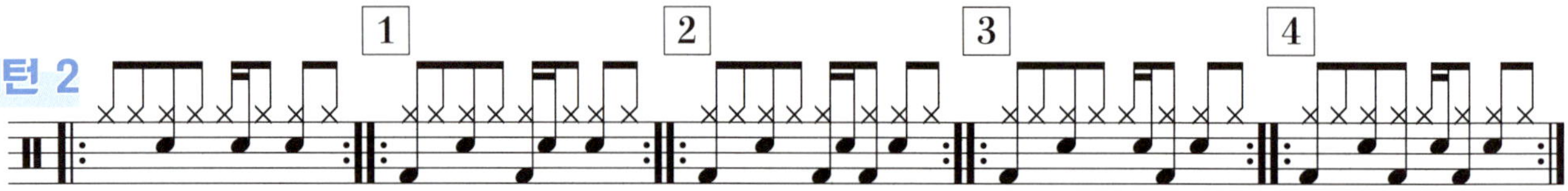

패턴 3

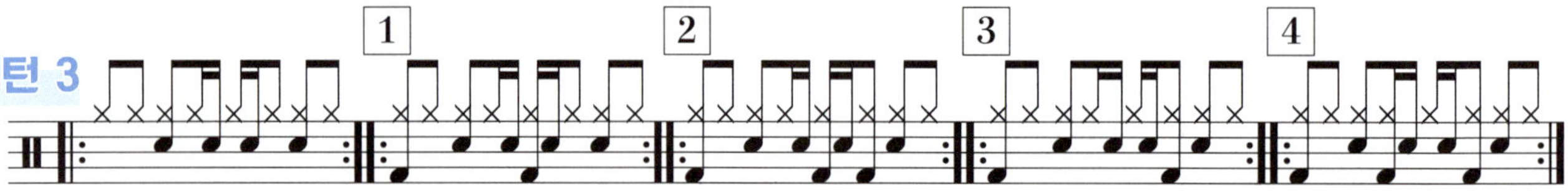

패턴 4

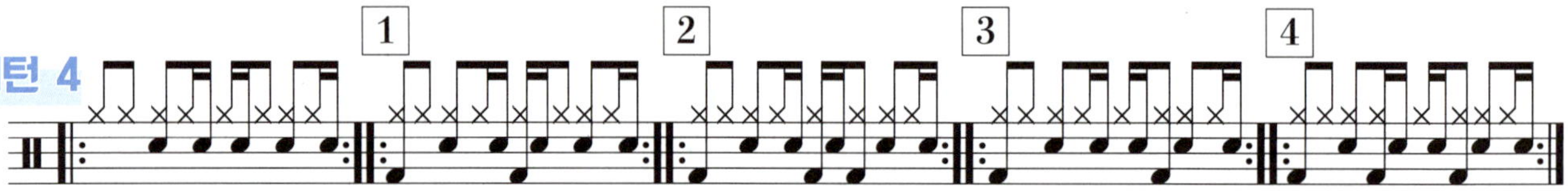

변형 리듬 2

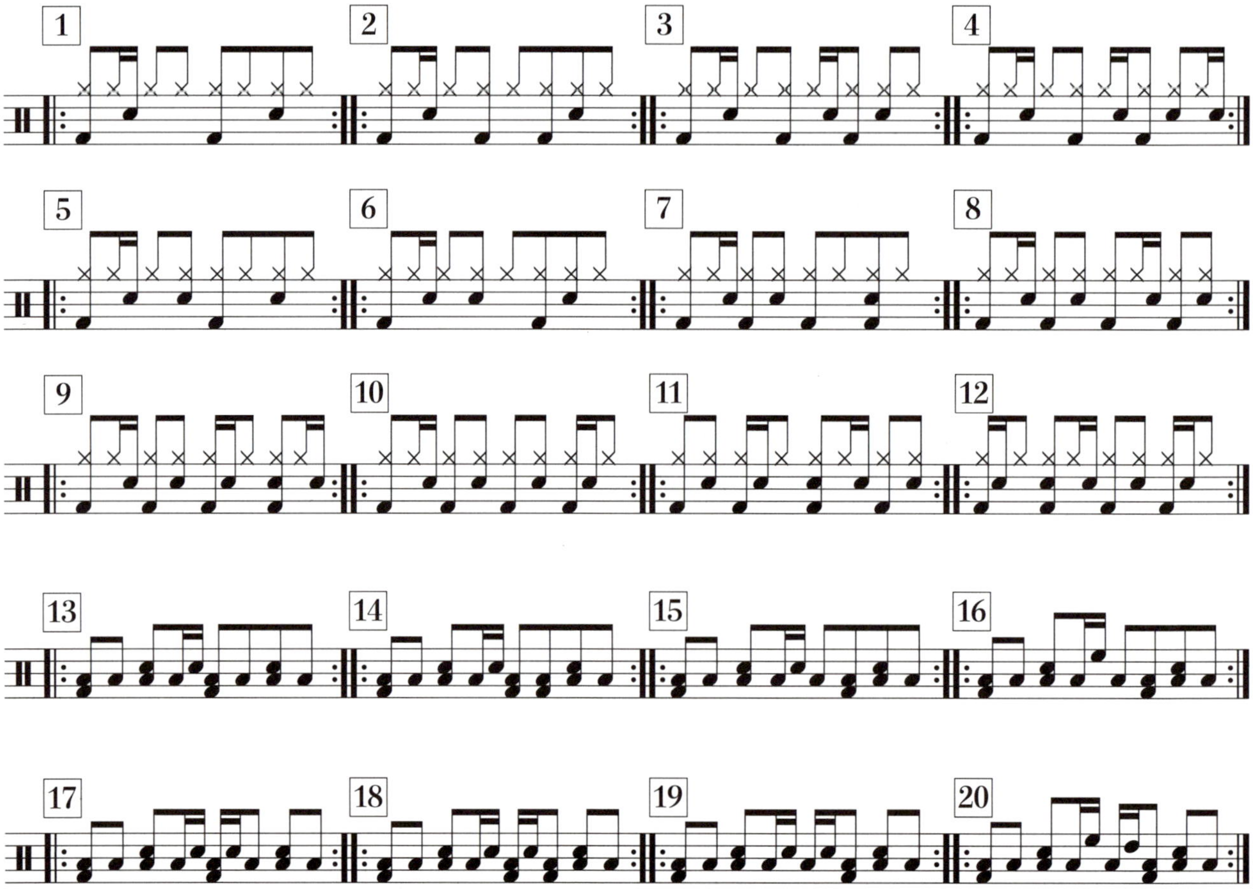

스네어 변형 리듬 연습

오른손을 스네어에서 탐탐 – 라이드 – 하이햇 순으로 옮겨보며 리듬을 유지하도록 연습해 봅시다.

Drowning

WOODZ 작사
WOODZ 작곡
WOODZ 노래

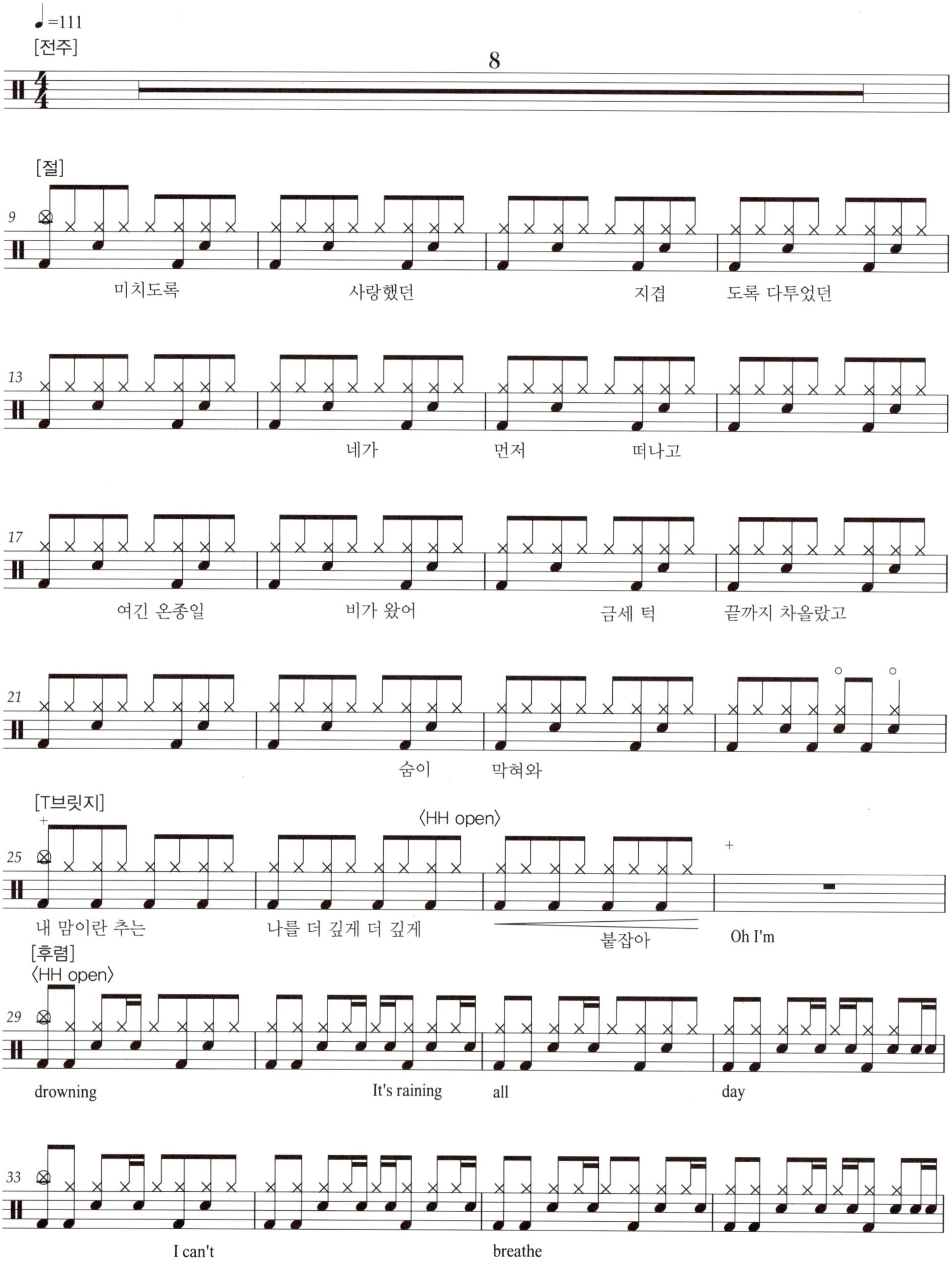

Oh oh I'm drowning Oh I'm drowning Oh I'm drowning Oh I'm
drowning You're taking my life from me
[절]
〈HH closed〉
다 알면서 눈 감은 넌 왜 다정한 말로 나를 죽여놓고
날 누이고 너는 떠나 갔지 You cut me bad I'm still
waiting for you 너 떠나고 이곳은 잠겨 눈물로 날 너무 사랑했던
넌 어디로 흩어졌는지
[T브릿지]
〈HH closed〉
내 맘이란 추는 나를 더 깊게 더 깊게 붙잡아 Oh I'm
[후렴]
〈HH open〉
drowning It's raining all day
I can't breathe

73
Oh oh I'm   drowning   Oh I'm   drowning   Oh I'm   drowning   Oh I'm
77
drowning   You are   taking my life   from   me
[간주]
81
85
더 깊이 빠져
[브릿지]
89
죽어도 되니까   다시 한번만   돌아와 줄래   더 깊이 빠져
93
죽어도 되니까   다시 한번만   Oh I'm
[후렴]
97
drowning   It's raining   all   day   I can't   breathe
〈HH open〉
105
Oh I'm   drowning   Oh I'm   drowning   Oh I'm   drowning   Oh I'm
109
drowning   You're   taking my life   from   me

Antifreeze

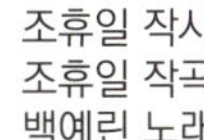

조휴일 작사
조휴일 작곡
백예린 노래

♩=124

[절A]

[절B]

[후렴]

41
우리 둘은   얼어붙지 않을 거야   바다 속의   모래까지 녹일 거야
45
춤을 추며   절망이랑 싸울 거야   얼어붙은   아스팔트 도시 위로
49
[후렴]
R L R L R R   숨이 막힐   거 같이
53
차가웠던 공기 속에   너의 체온이   내게
57
스며들어 오고 있어   R L R L R   우리 둘은   얼어붙지 않을 거야
61
바다 속의   모래까지 녹일 거야   춤을 추며   절망이랑 싸울 거야
R L R L R
65
얼어붙은   아스팔트 도시 위로
69
[브릿지]
너와 나의   세대가   마지막이면 어떡해
또 다른   빙하기가   찾아오면 어떡해   긴 세월에

변하지 않을
기다려줄
그런
사랑은 없겠지만
사람을 찾는 거야
그 사랑을
긴 세월에
변하지 않을
그런
사랑은 없겠지만
그 사랑을
기다려줄
그런
사람을 찾는 거야
[간주]
긴 세월에
[브릿지]
변하지 않을
그런
사랑은 없겠지만
그 사랑을
기다려줄
그런
사람을 찾는 거야
긴 세월에
변하지 않을
그런
사랑은 없겠지만
그 사랑을
기다려줄
그런
사람을 찾는거야
긴 세월에
변하지 않을
그런
사랑은 없겠지만
그 사랑을
기다려줄
그런
사람을 찾는거야

속도가 빨라질수록 오른손 움직임에 대한 부담이 커지는데, 이때 크래쉬 심벌 또는 당김음 패턴에서 하이햇을 한 번씩 치지 않음으로써 좀 더 편하게 연주할 수 있습니다.
아래 예제처럼 (a)와 같은 연주를 (b) 또는 (c)처럼 하이햇을 건너뛰고 연주할 수 있습니다.

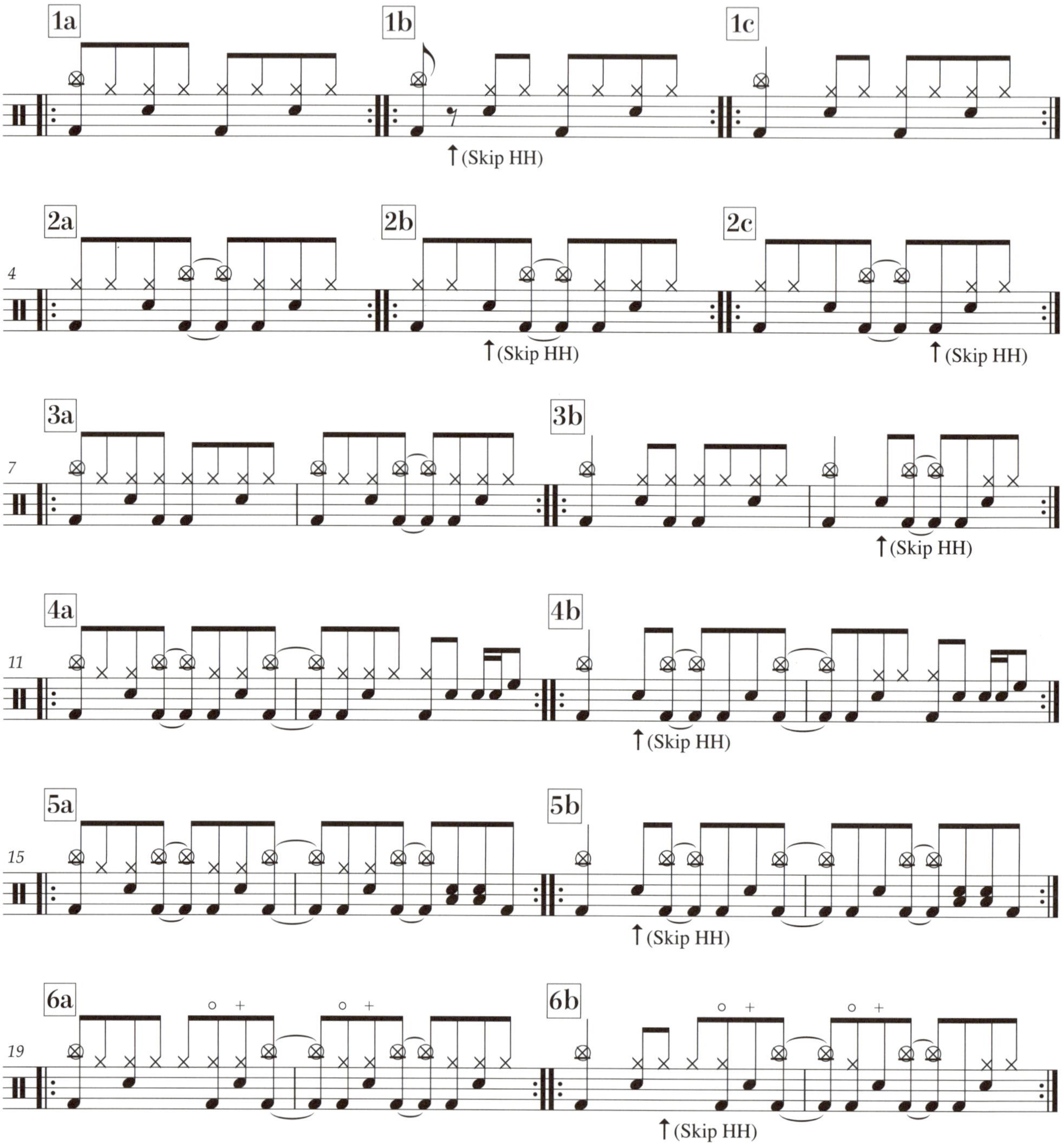

음표를 연주하는 3가지 방법

음표를 연주하는 방법에는 아래와 같이 3가지가 있습니다.

오른손 기준으로　　　　　**왼손 기준으로**

양손을 번갈아 가며

싱글 스트로크 속도 올리기

메트로놈으로 50~150까지 속도를 올려보세요.

메트로놈으로 60~160까지 속두를 올려부세유.
양손을 번갈아 가며 연주할 때, 빠른 속도로 16분음표를 연주할 수 있도록 연습합니다.

손 발 컴비네이션 연습

아래 예제 패턴은 손과 발을 유기적으로 움직일 수 있도록 돕는 연습입니다.
많이 사용되고 유용한 패턴이기 때문에 느린 속도부터 빠른 속도까지 연습해 봅시다.

Star

정구현 외 1명 작사
정구현 작곡
엔플라잉 노래

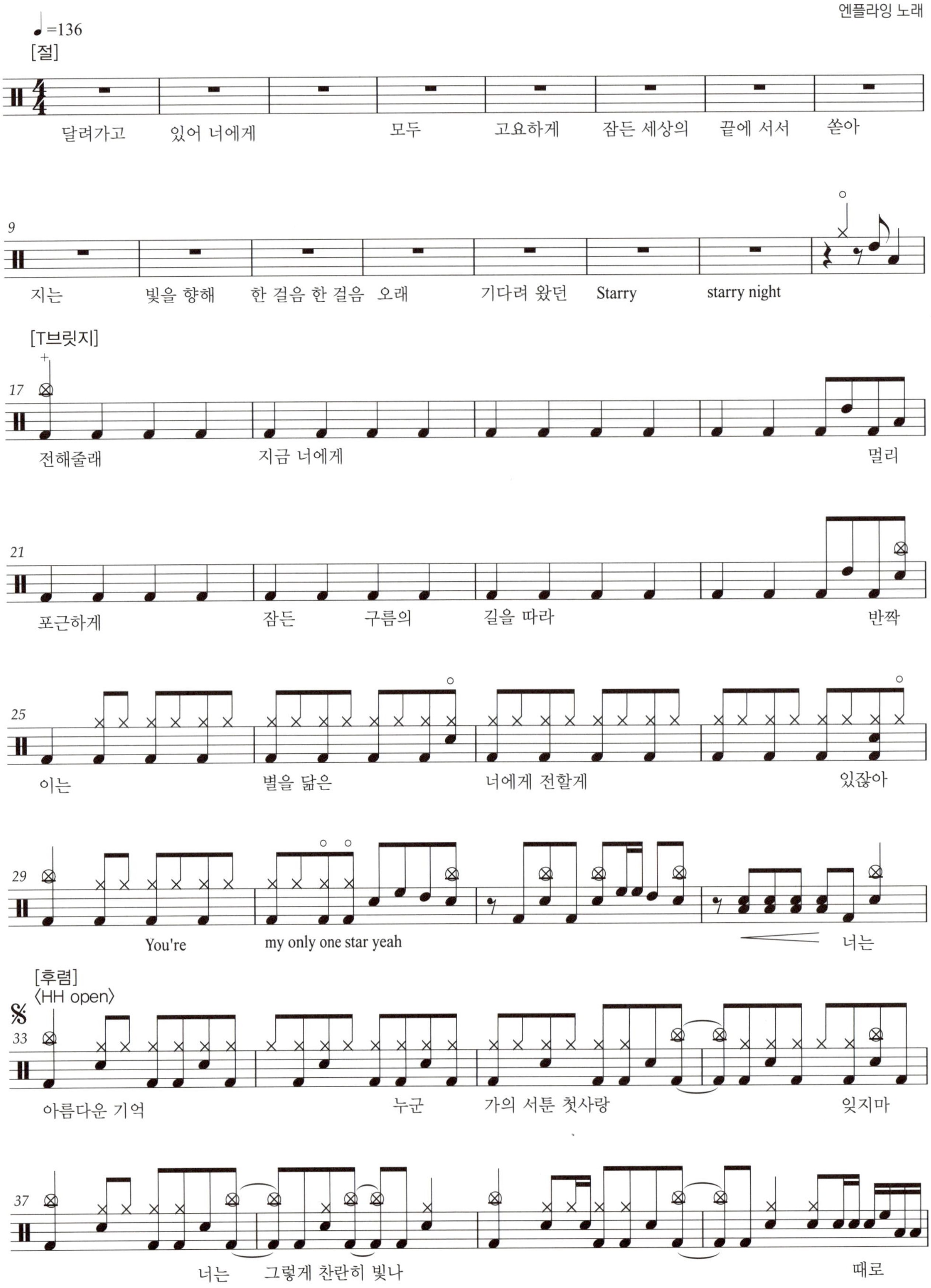

♩=136

[절]

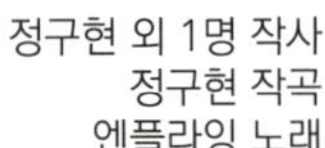

숨고 싶어 지면
우릴 감싸주는 저 밤 하늘처럼
언제나 함께 할 거야
You're like a shooting star
[간주]
[절]
〈HH closed〉
보여줄게 지금 이 순간 조금
희미했던 우리 기억의 강을 건너 선명
해진 밤을 지나 너에게 닿을 때 눈을 떠
You're my only one star yeah
R L R
D.S. al Coda
너는

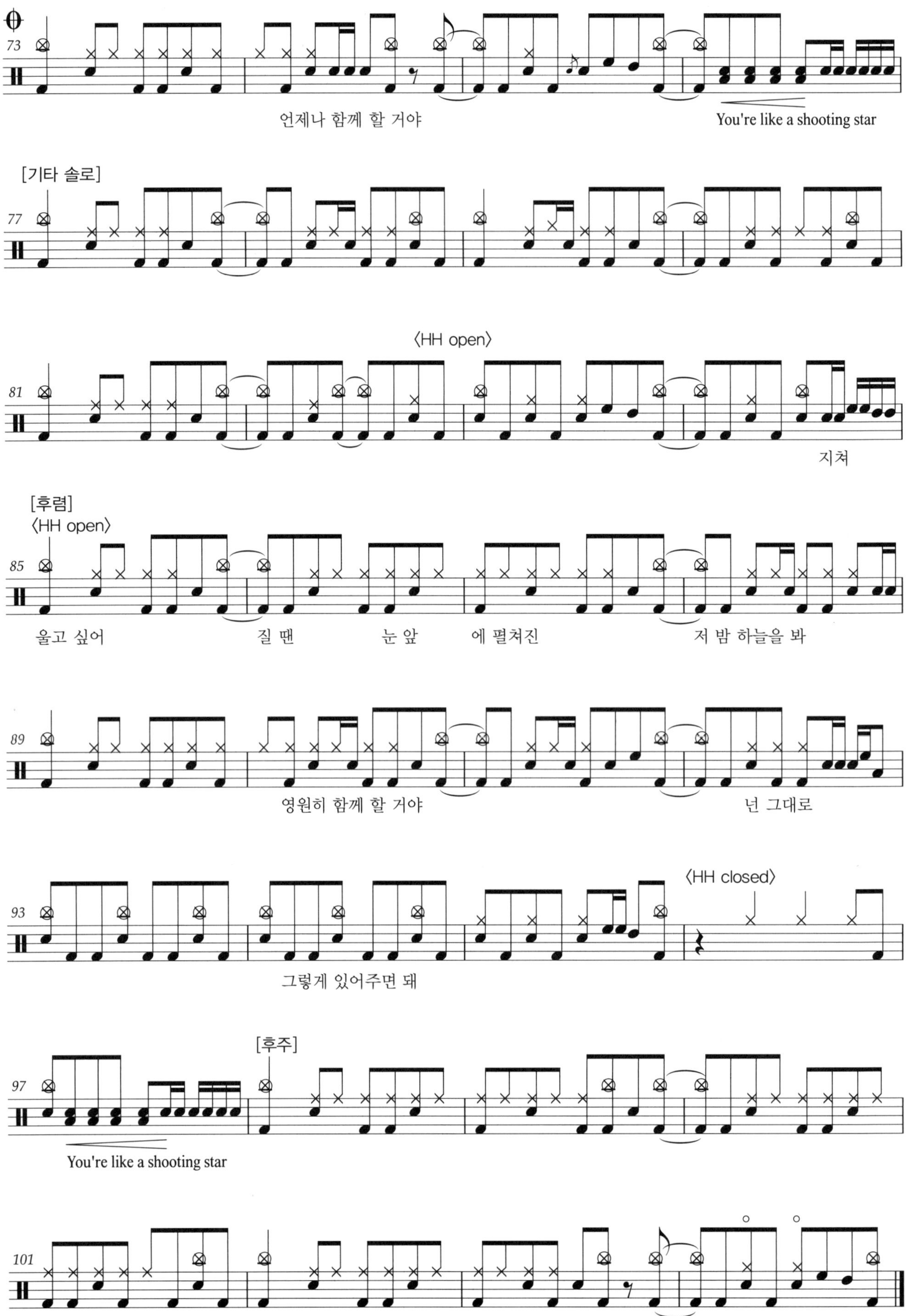
언제나 함께 할 거야
You're like a shooting star
[기타 솔로]
〈HH open〉
지쳐
[후렴]
〈HH open〉
울고 싶어
질 땐
눈 앞
에 펼쳐진
저 밤 하늘을 봐
영원히 함께 할 거야
넌 그대로
〈HH closed〉
그렇게 있어주면 돼
[후주]
You're like a shooting star

다양한 리듬

1. 폴카(Polka) 리듬
빠른 2박자의 '쿵짝쿵짝'이 특징인 리듬입니다.

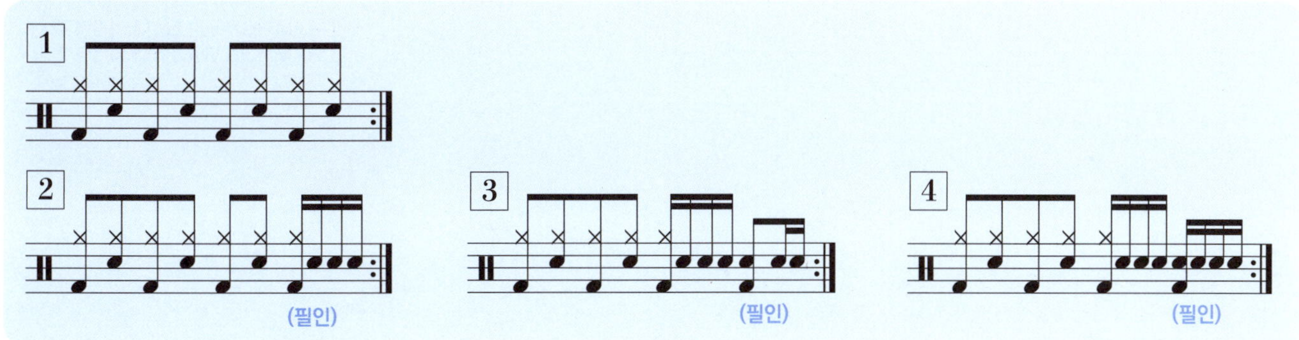

2. 트위스트(Twist) 리듬
'쿵짝짝 쿵짝'이 특징인 리듬이며, 트위스트 장르 외에도 다양하게 사용합니다.

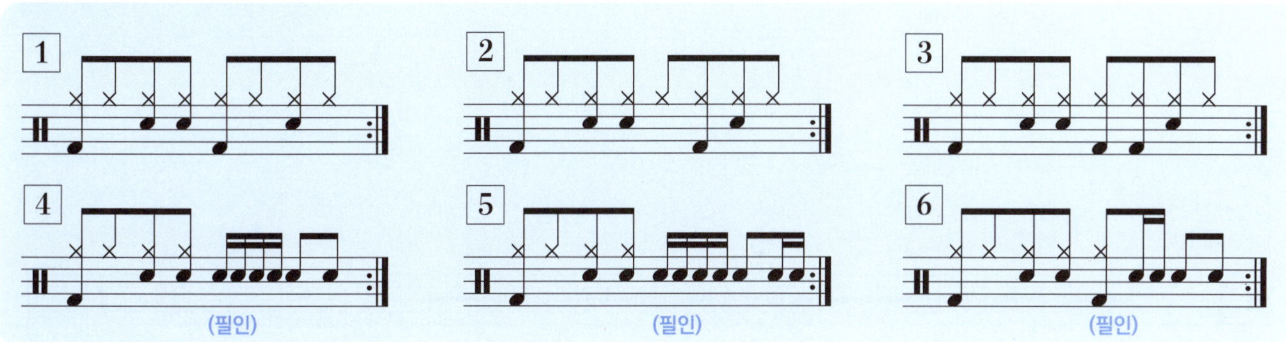

3. 엇박 리듬
하이햇을 일정하게 연주하지 않고, 엇박으로 연주하며 다양한 장르에서 사용합니다.

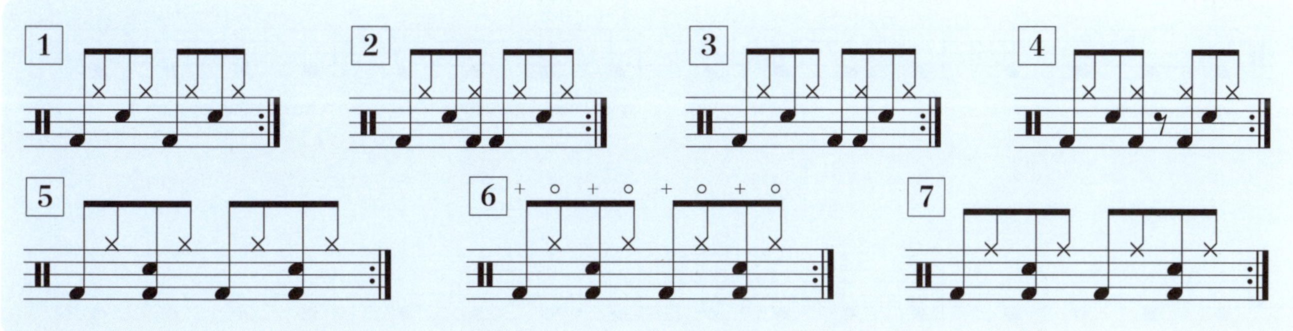

4. 보사노바 리듬
보사노바 리듬은 삼바와 함께 라틴 계열 음악의 대표적인 리듬입니다. 일정한 베이스 드럼을 기본으로 림샷을 이용해 특정한 리듬 패턴을 연주합니다. 보통 보사노바는 잔잔한 음악이기 때문에 너무 크지 않도록 유의해야 합니다.

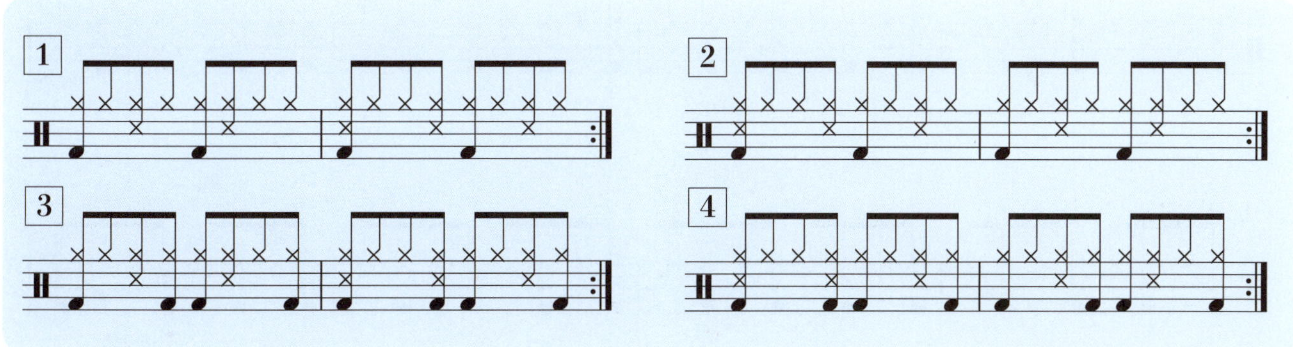

Viva La Vida

CHAMPION WILLIAM 외 3명 작사
CHAMPION WILLIAM 외 3명 작곡
Coldplay 노래

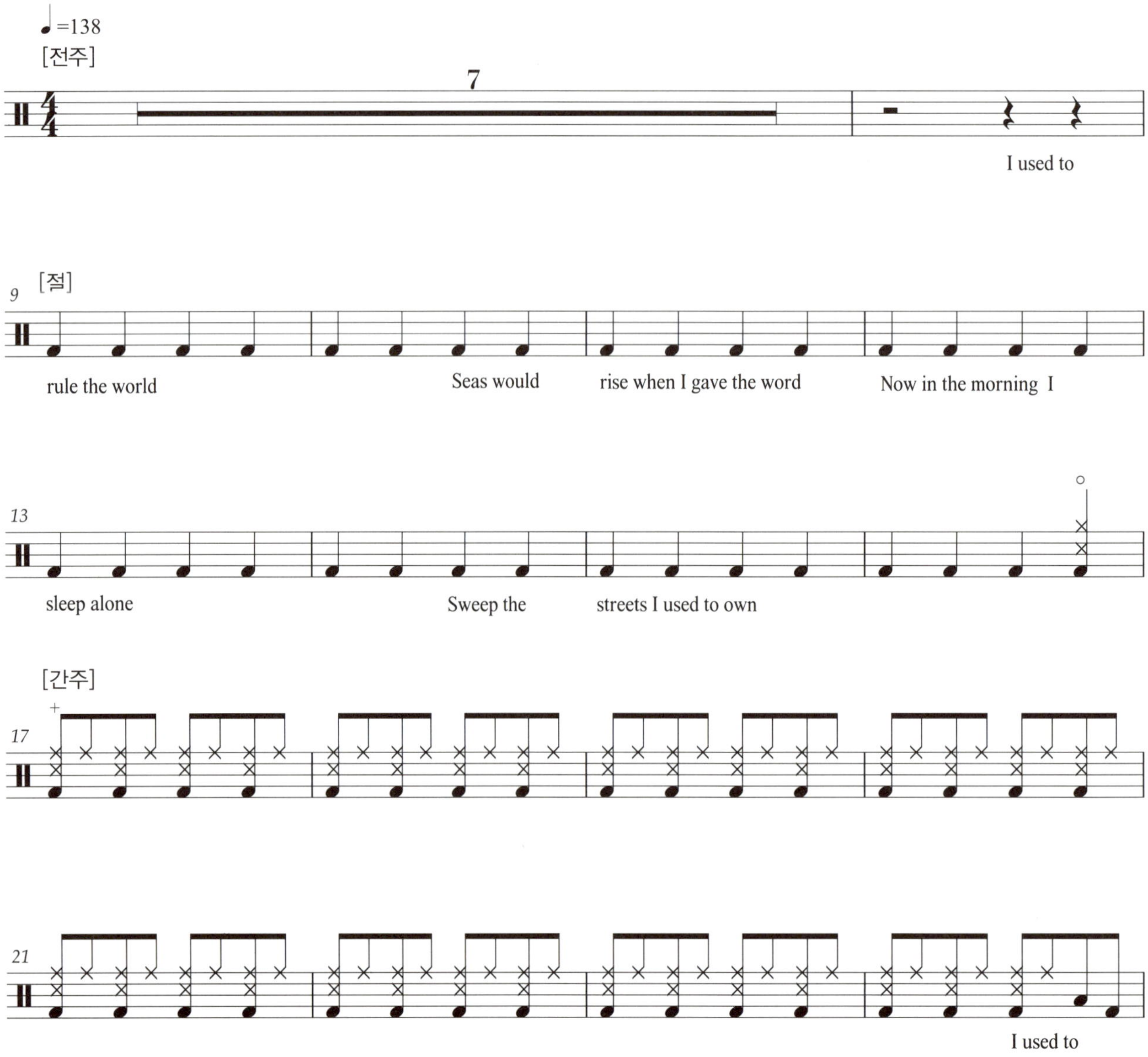

♩=138
[전주]

[절]
(2nd : Rimshot - Snare)
25
roll the dice
wild wind
Feel the
Blew down the
fear in my enemy's eyes
doors to let me in
Listen as the
Shattered windows and the
29
crowd would sing
sound of drums
Now the
People
old king is dead Long live the
couldn't believe what I'd become
king One minute, I
Revolutionaries
33
held the key
wait
Next the
For my
walls were closed on me
head on a silver plate
And I discovered that my
Just a puppet on a
37
castles stand
lonely string
Upon
Oh
pillars of salt and pillars
who would ever want to be
of sand
king
[후렴]
41
I hear Jerusalem
bells are ringing
Roman Cavalry
choirs are singing
45
Be my mirror my
sword and shield
My missionaries in a
foreign field
49
For some reason I
can't explain
Once you'd gone there was
never never
53
an honest word
And that was
when I ruled the world
[간주]
57
61
It was a wicked and
D.S. al Coda

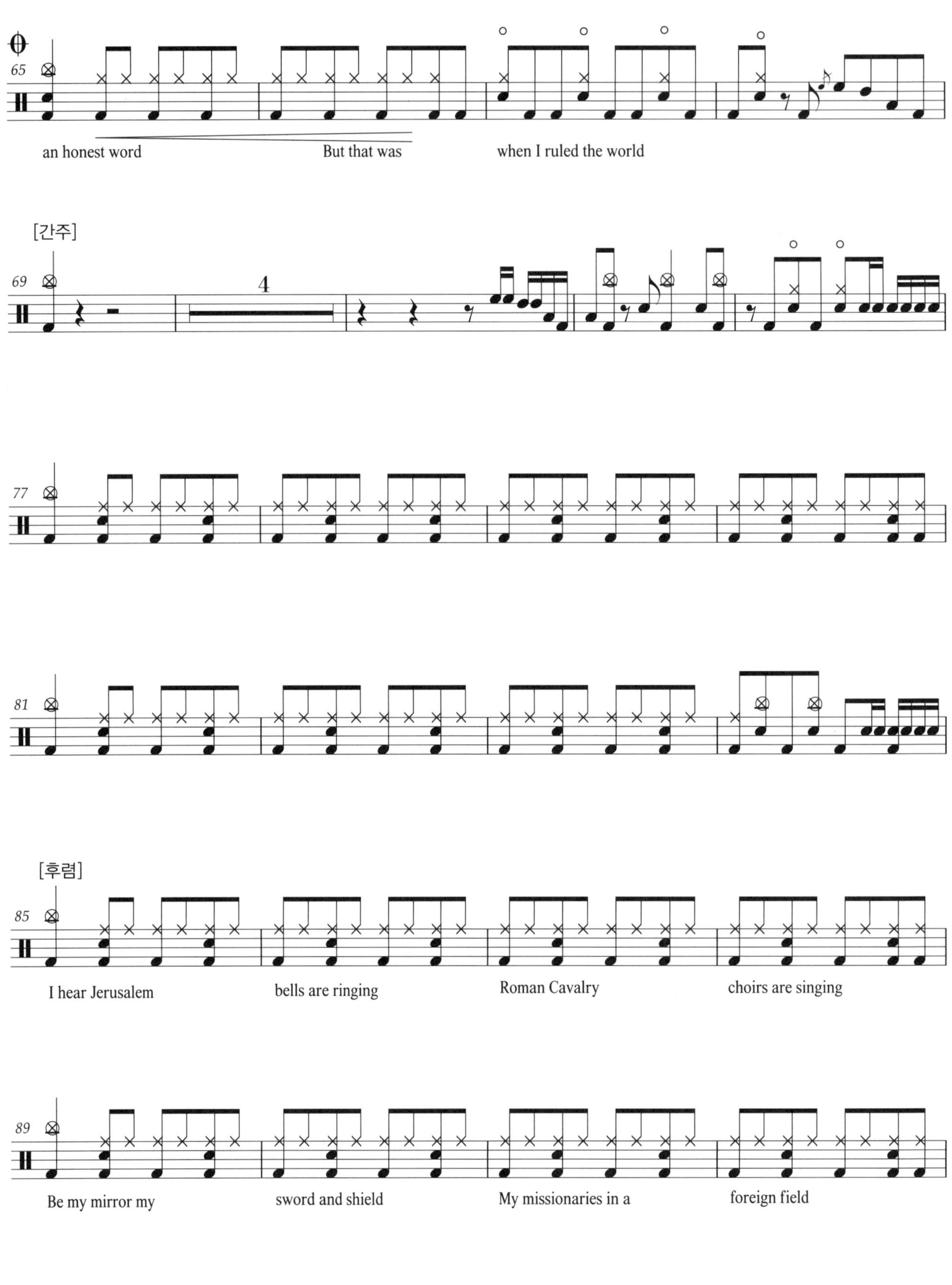

an honest word   But that was   when I ruled the world
[간주]
[후렴]
I hear Jerusalem   bells are ringing   Roman Cavalry   choirs are singing
Be my mirror my   sword and shield   My missionaries in a   foreign field
For some reason I   can't explain   I know Saint Peter won't   call my name Never   an honest word~

폭망

이승협 작사
이승협 외 1명 작곡
엔플라잉 노래

♩=100
[후렴]

망했다 그동안 꽤 잘　　참았는데　　왜　　갑자기 내 앞에 나타나　　버린 거야

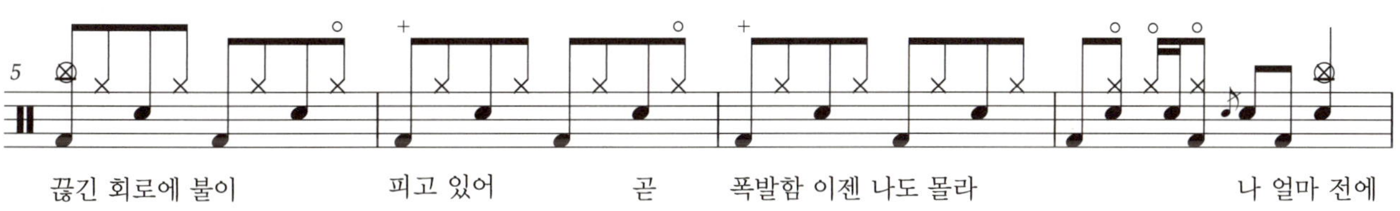

끊긴 회로에 불이　　피고 있어　　곧　　폭발함 이젠 나도 몰라　　나 얼마 전에

[절]

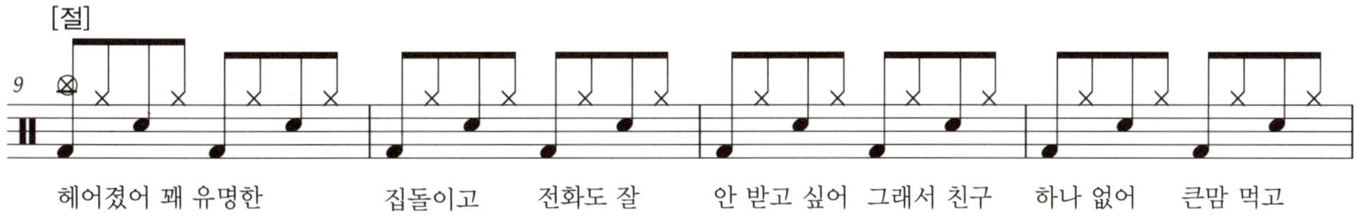

헤어졌어 꽤 유명한　　집돌이고　　전화도 잘　　안 받고 싶어 그래서 친구　　하나 없어　　큰맘 먹고

나가 볼까　　했어
온전히 집중할

별 기대 없이 마치 무슨
시간이 필요했잖아 그냥

짠 듯이 짜여진 테이블처럼
핑계였던 거야 나쁜

내 앞에 네가 있었건 거야 그렇게
놈 잊어라

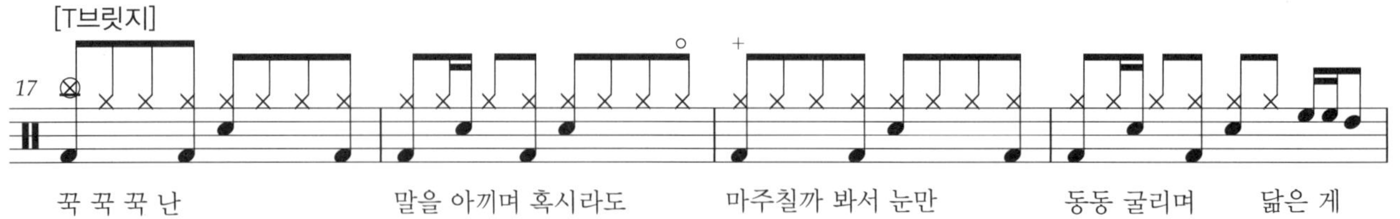

[T브릿지]
17
꾹 꾹 꾹 난   말을 아끼며 혹시라도   마주칠까 봐서 눈만   동동 굴리며   닮은 게

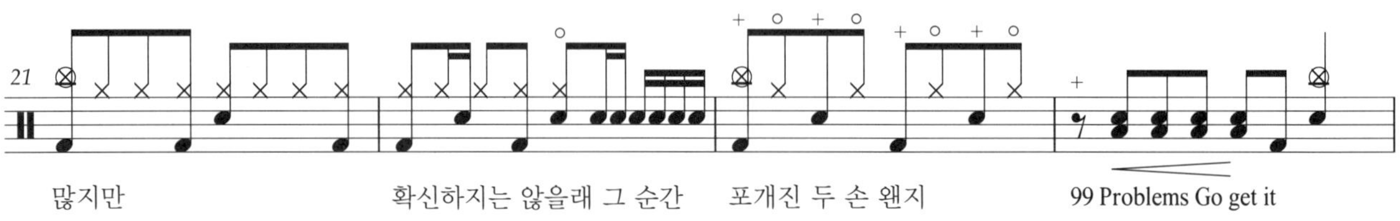

21
많지만   확신하지는 않을래 그 순간   포개진 두 손 왠지   99 Problems Go get it

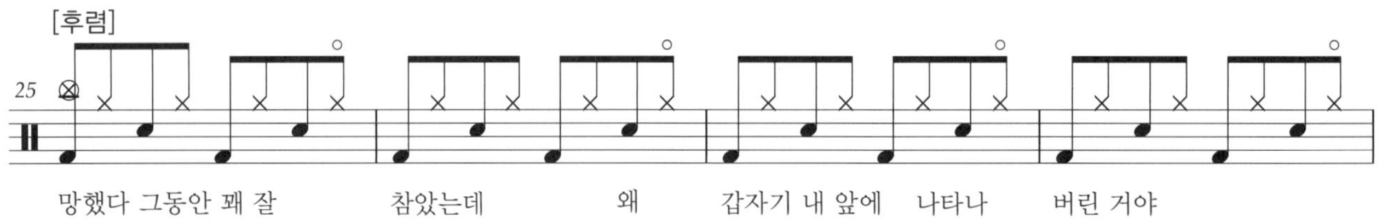

[후렴]
25
망했다 그동안 꽤 잘   참았는데   왜   갑자기 내 앞에   나타나   버린 거야

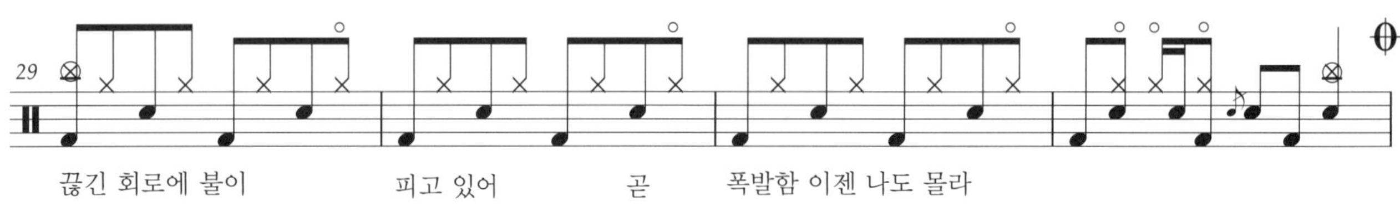

29
끊긴 회로에 불이   피고 있어   곧   폭발함 이젠 나도 몰라

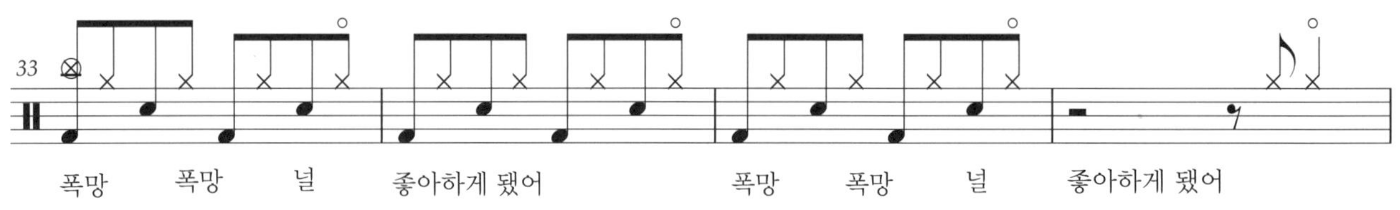

33
폭망   폭망   널   좋아하게 됐어   폭망   폭망   널   좋아하게 됐어

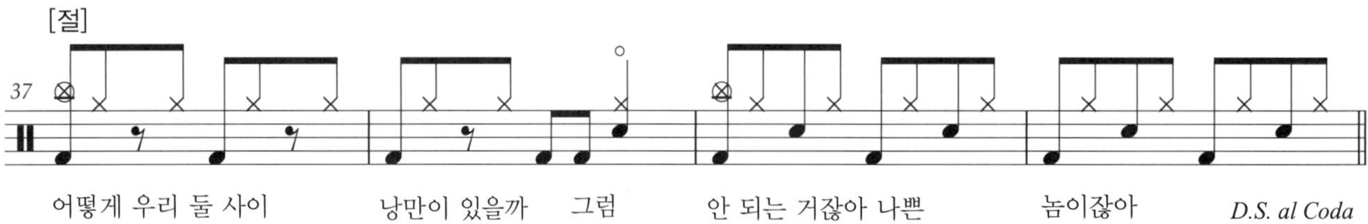

[절]
37
어떻게 우리 둘 사이   낭만이 있을까 그럼   안 되는 거잖아 나쁜   놈이잖아   D.S. al Coda

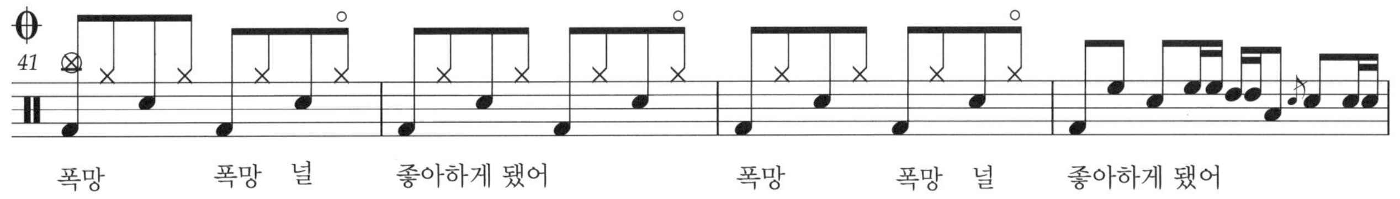

폭망   폭망 널   좋아하게 됐어   폭망   폭망 널   좋아하게 됐어

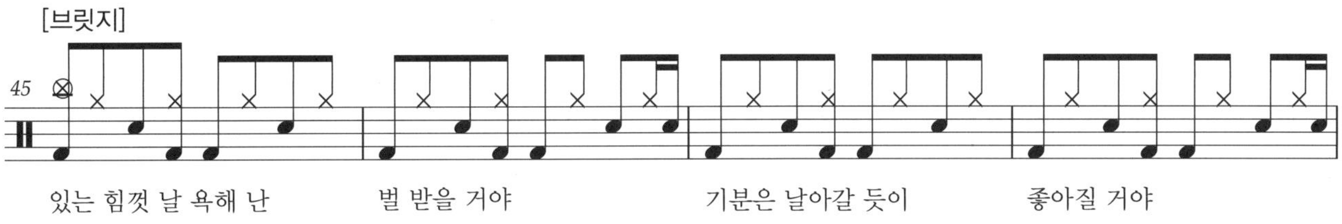

[브릿지]
있는 힘껏 날 욕해 난   벌 받을 거야   기분은 날아갈 듯이   좋아질 거야

똑같은 놈 만나서 너도   똑같이 당해 봐   내 기분을 망치지 말아   줘 Don't mess up

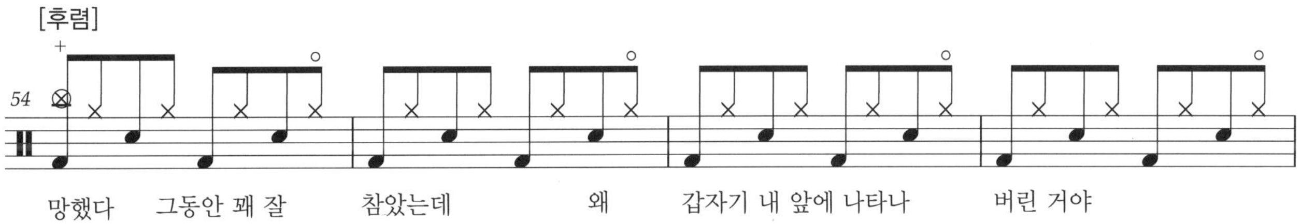

[후렴]
망했다   그동안 꽤 잘   참았는데   왜   갑자기 내 앞에 나타나   버린 거야

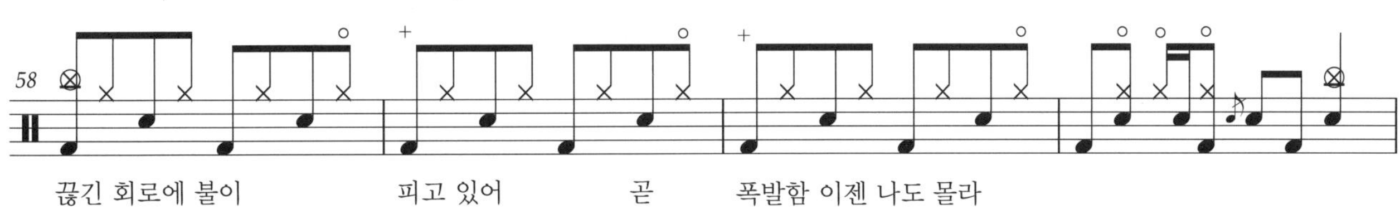

끊긴 회로에 불이   피고 있어   곧   폭발함 이젠 나도 몰라

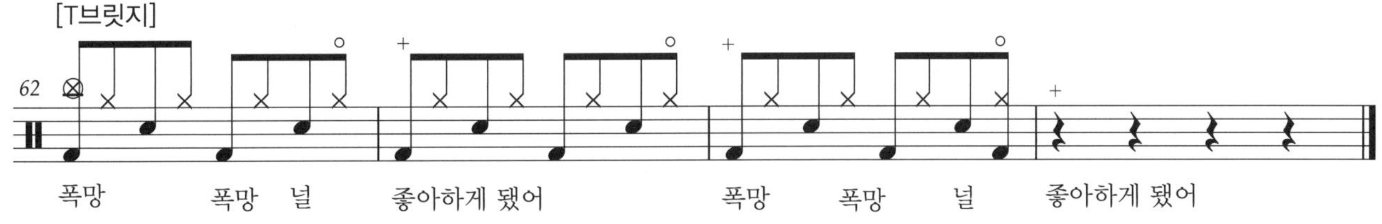

[T브릿지]
폭망   폭망 널   좋아하게 됐어   폭망   폭망 널   좋아하게 됐어

연음의 변화

일정한 박자를 지키며 다양한 연음을 연주해 보는 연습입니다. 메트로놈 속도에 맞춰 연습해 봅시다.

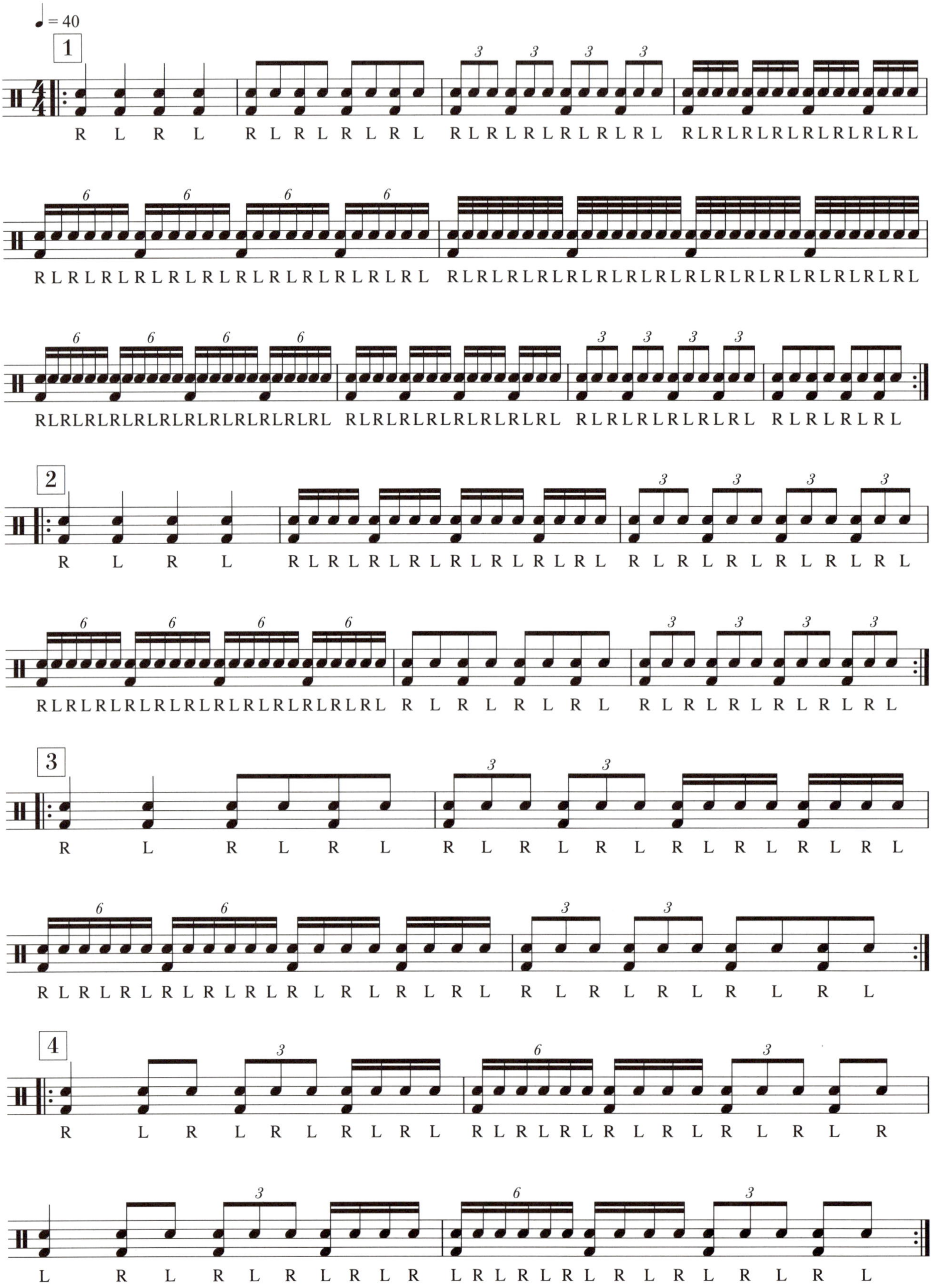

셋잇단음표

셋잇단음표를 예제를 통해 연습해 봅시다.
아래 두 예제는 박자가 다르지만 같은 개념으로 이해할 수 있습니다.

1박자 셋잇단음표

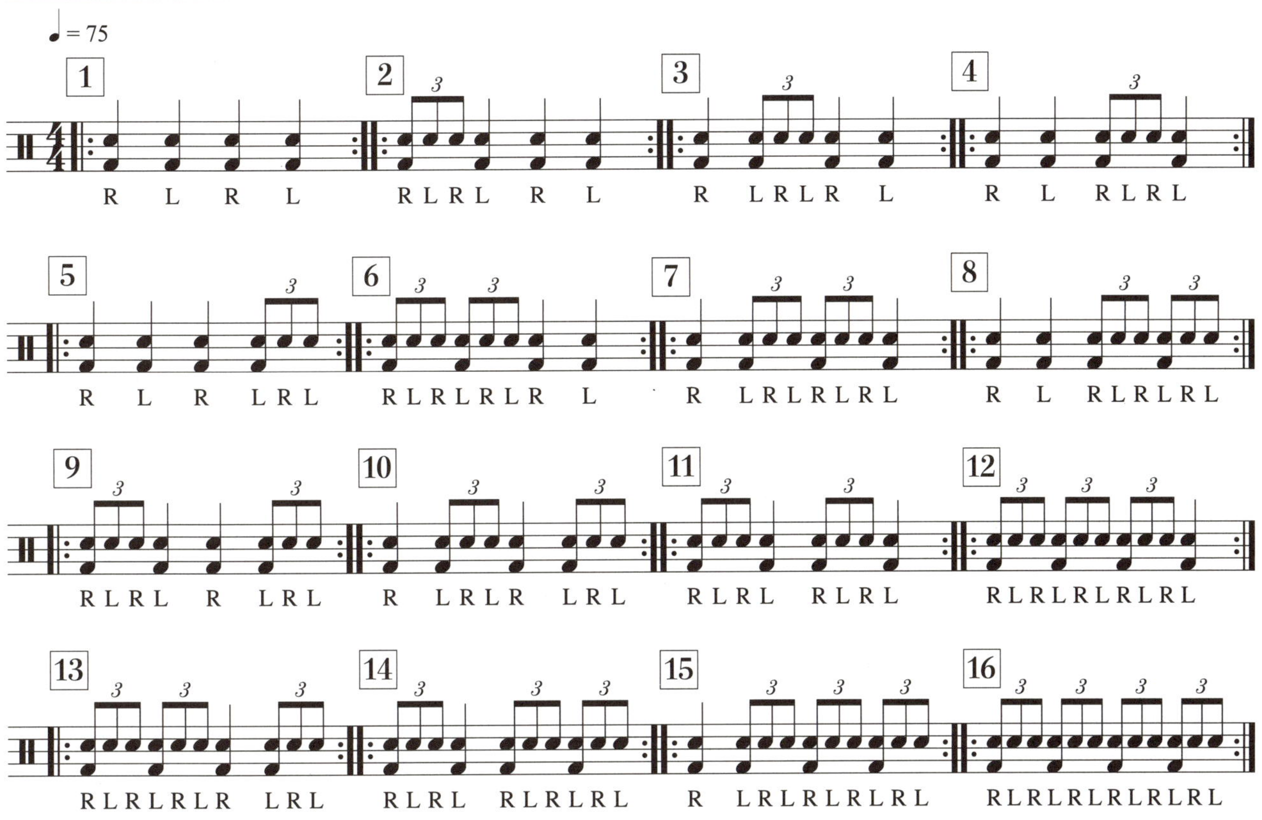

반박자 셋잇단음표

셋잇단음표 2개와 여섯잇단음표는 같은 리듬입니다.

뜨거운 여름밤은 가고 남은 건 볼품없지만

잔나비 JJ 외 3명 작사
잔나비 JJ 외 3명 작곡
잔나비 노래

♩=79

[절]

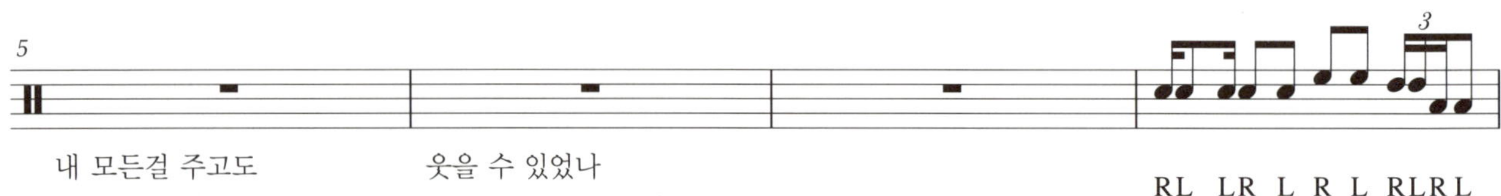

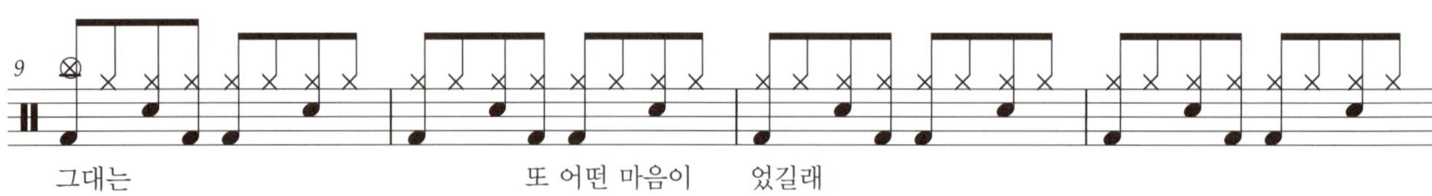

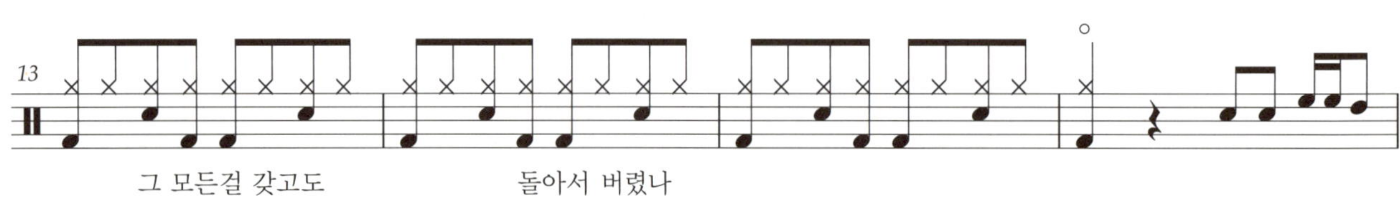

[후렴]

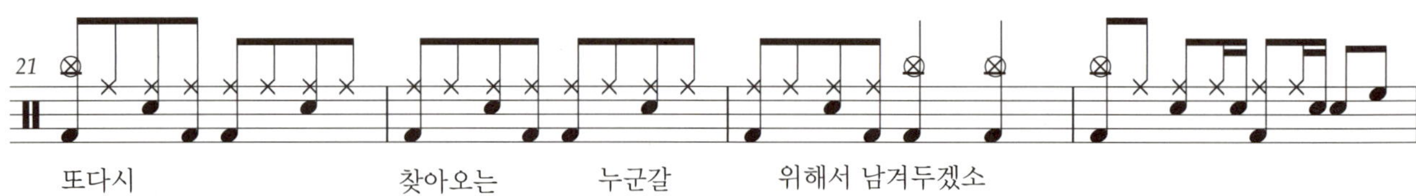

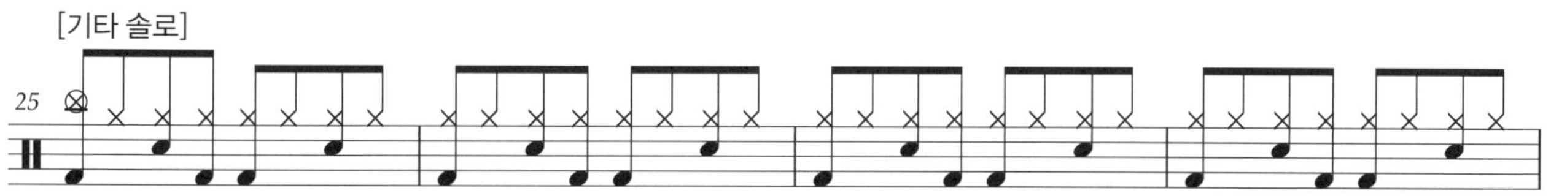
[기타 솔로]
25

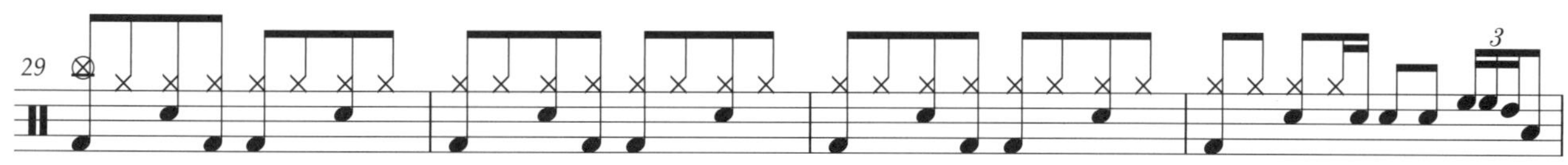
29
3

[절]
33
다짐은   세워올린 모   래성은

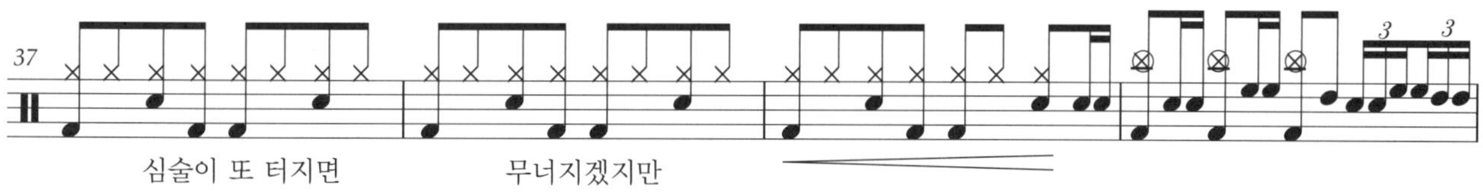
37
심술이 또 터지면   무너지겠지만
3   3

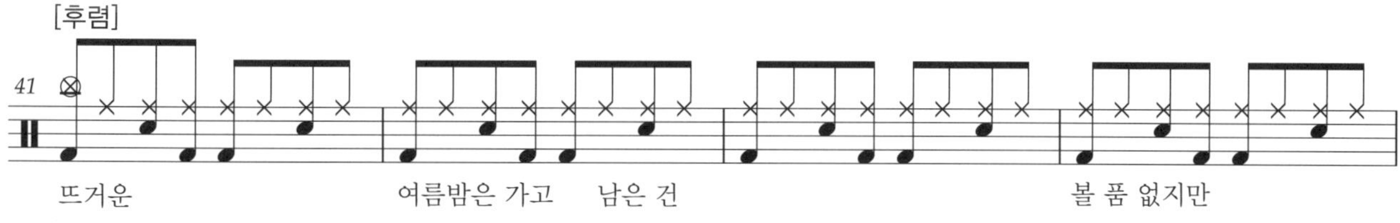
[후렴]
41
뜨거운   여름밤은 가고   남은 건   볼 품 없지만

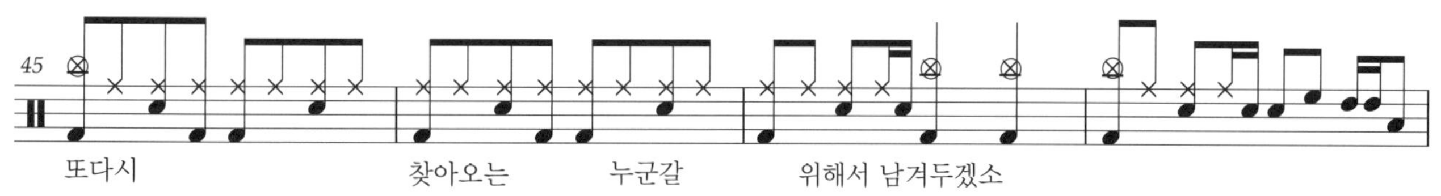
45
또다시   찾아오는   누군갈   위해서 남겨두겠소

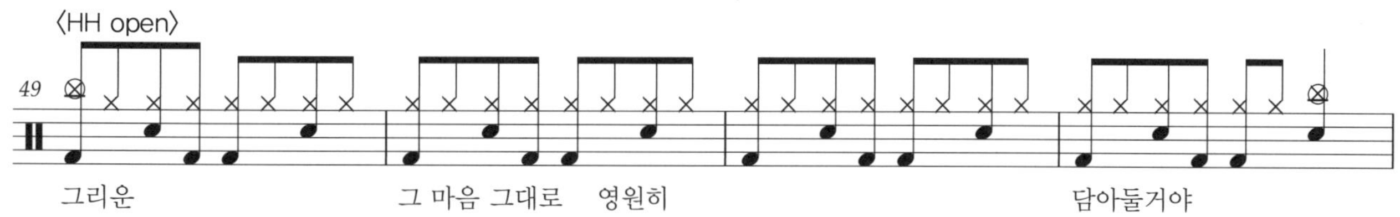
⟨HH open⟩
49
그리운   그 마음 그대로   영원히   담아둘거야

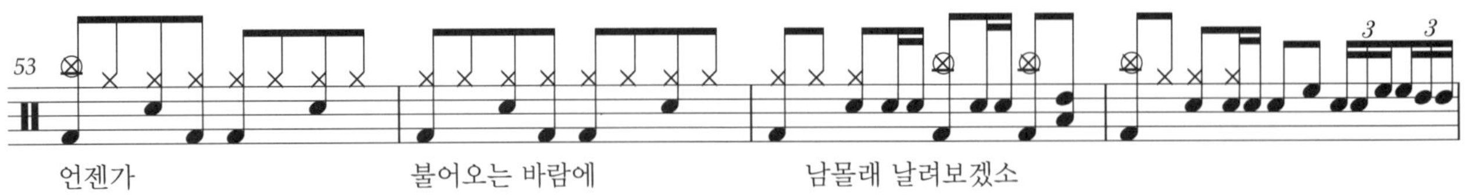

53
언젠가　　　　　불어오는 바람에　　　　　남몰래 날려보겠소

57
눈이 부시던 그 순간들도　　　가슴아픈 그대의 거짓말도　　　　　새하얗게 바래지고

61
비틀거리던 내 발걸음도　　　그늘아래 드리운 내 눈빛도　　　　　아름답게 피어나길

65
눈이 부시던 그 순간들도　　　가슴아픈 그대의 거짓말도　　　　　새하얗게 바래지고
R L R

69
비틀거리던 내 발걸음도　　　그늘아래 드리운 내 눈빛도　　　　　아름답게 피어나길
L R L R L

73
눈이 부시던 그 순간들도　　　가슴아픈 그대의 거짓말도　　　　　새하얗게 바래지고
L R L

77
Fade out

쎗잇단음표 응용 필인

위밍업 연습 셋잇단음표 리듬을 잘 살려서 연습해 봅시다.

연습 예제 리듬과 함께 연습해 봅시다.

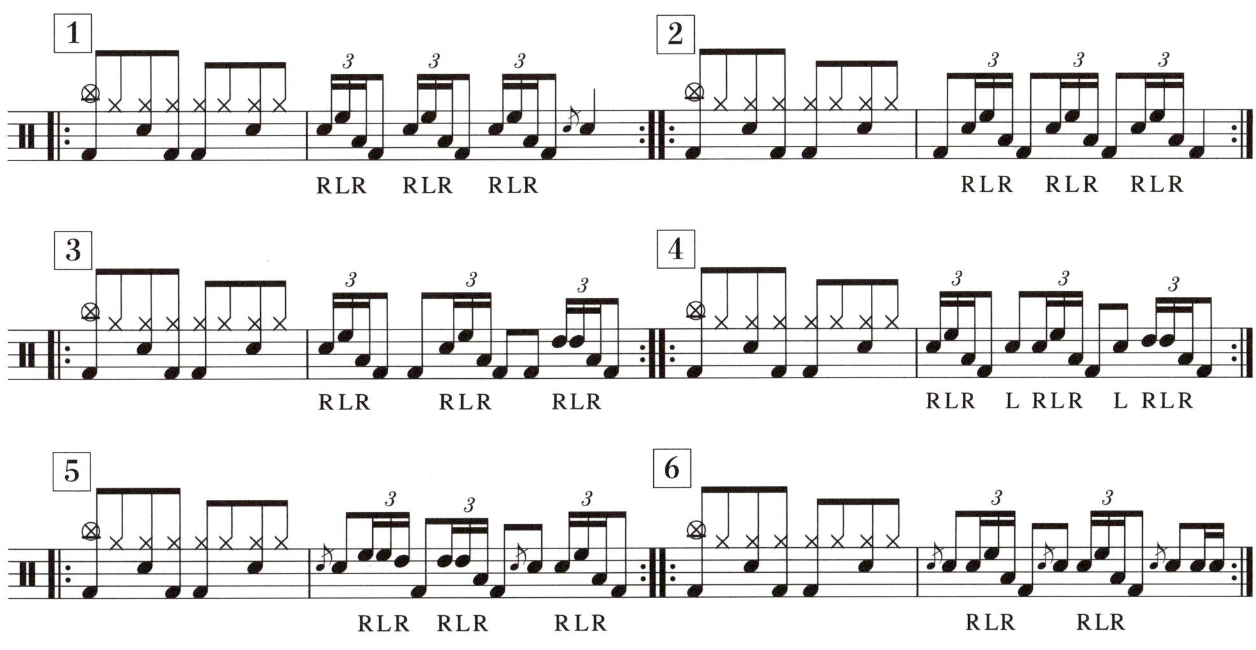

투게더!

잔나비 JH 작사
잔나비 JH 외 3명 작곡
잔나비 노래

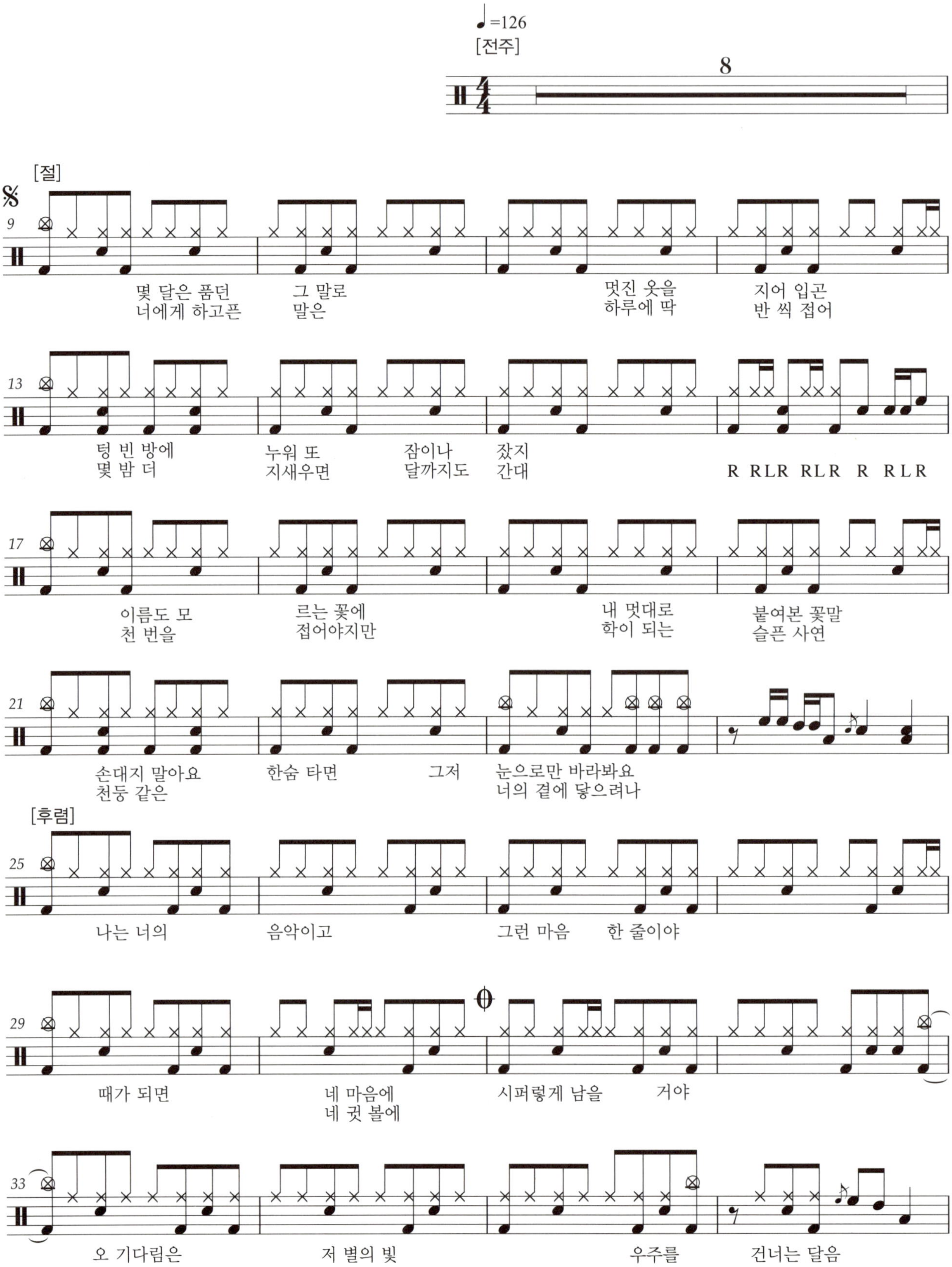

♩=126

[전주]

[절]

몇 달은 품던 / 너에게 하고픈 그 말로 / 말은 멋진 옷을 / 하루에 딱 지어 입곤 / 반 씩 접어

텅 빈 방에 / 몇 밤 더 누워 또 / 지새우면 잠이나 / 달까지도 잤지 / 간대

R RLR RLR R RLR

이름도 모 / 천 번을 르는 꽃에 / 접어야지만 내 멋대로 / 학이 되는 붙여본 꽃말 / 슬픈 사연

손대지 말아요 / 천둥 같은 한숨 타면 그저 눈으로만 바라봐요 / 너의 곁에 닿으려나

[후렴]

나는 너의 음악이고 그런 마음 한 줄이야

때가 되면 네 마음에 / 네 귓 볼에 시퍼렇게 남을 거야

오 기다림은 저 별의 빛 우주를 건너는 달음

[간주]
37

D.S. al Coda

41
찬란히 매달릴 거야   오 기다림은   저 별의 빛

45
우주를   건너는 달음

[간주]

[브릿지]
49
오 기다림은   저 별의 빛

53
오 입맞춤은   아득한 꿈   머나먼   우주를 건너

[후렴]
57
너는 나의   메아리고   그런 마음   한 줌이야

61
때가 되면   내 마음에   축제처럼 열릴 거야

65
오 기다림은   저 별의 빛   우주를   건너온

[후주]
69
그 한 달음

By The Way

FRUSCIANTE JOHN ANTHON 외 3명 작사
FRUSCIANTE JOHN ANTHON 외 3명 작곡
Red Hot Chili Peppers 노래

♩=126

[전주]　　　[후렴]

D.S. al Coda

Hard top
Standing in line to See The show tonight And there's a light on Heavy Glow By the way I tried to say I'd be there waiting for
[후렴]
Dani the girl is singing
songs to me Beneath the
marquee
Oversold
By the way I
tried to say I'd
be there
waiting for
[브릿지]
[후렴]
Standing in line to See The
show tonight And there's a
light on
Heavy Glow
By the way I
tried to say I'd
be there
waiting for
Dani the girl is singing
songs to me Beneath the
marquee
Oversold
By the way I
tried to say I
know you
from before

32분음표의 이해

양손을 번갈아 가는 방법으로 32분음표를 연주할 수 있습니다.
손이 바뀌는 부분 등을 주의하여 연습해 봅시다.

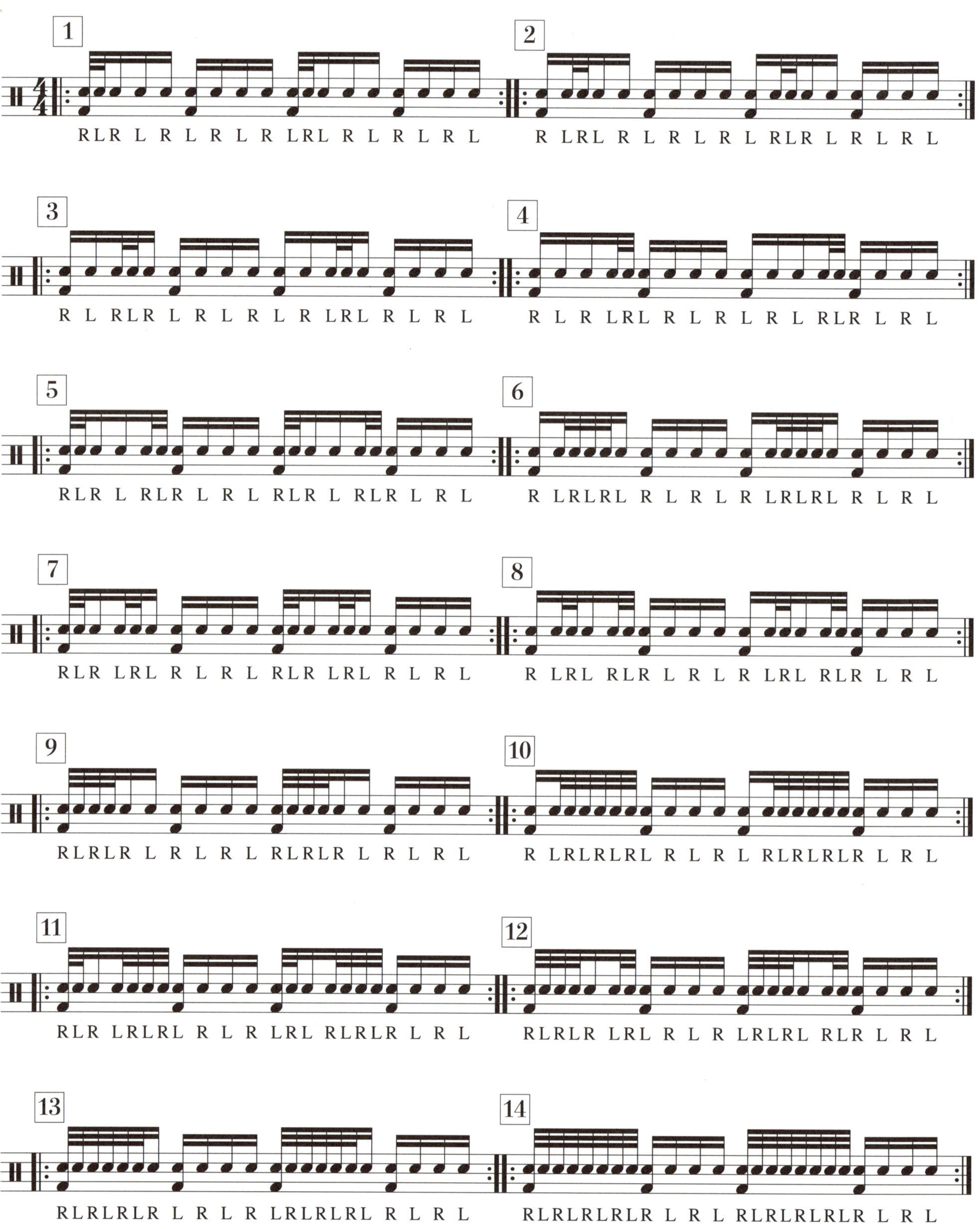

32분음표 응용 필인

32분음표를 이용해서 아래와 같은 필인들로 연주해 볼 수 있습니다.
패턴을 잘 이해해서 연습해 봅시다.

패턴 1

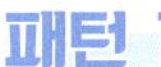

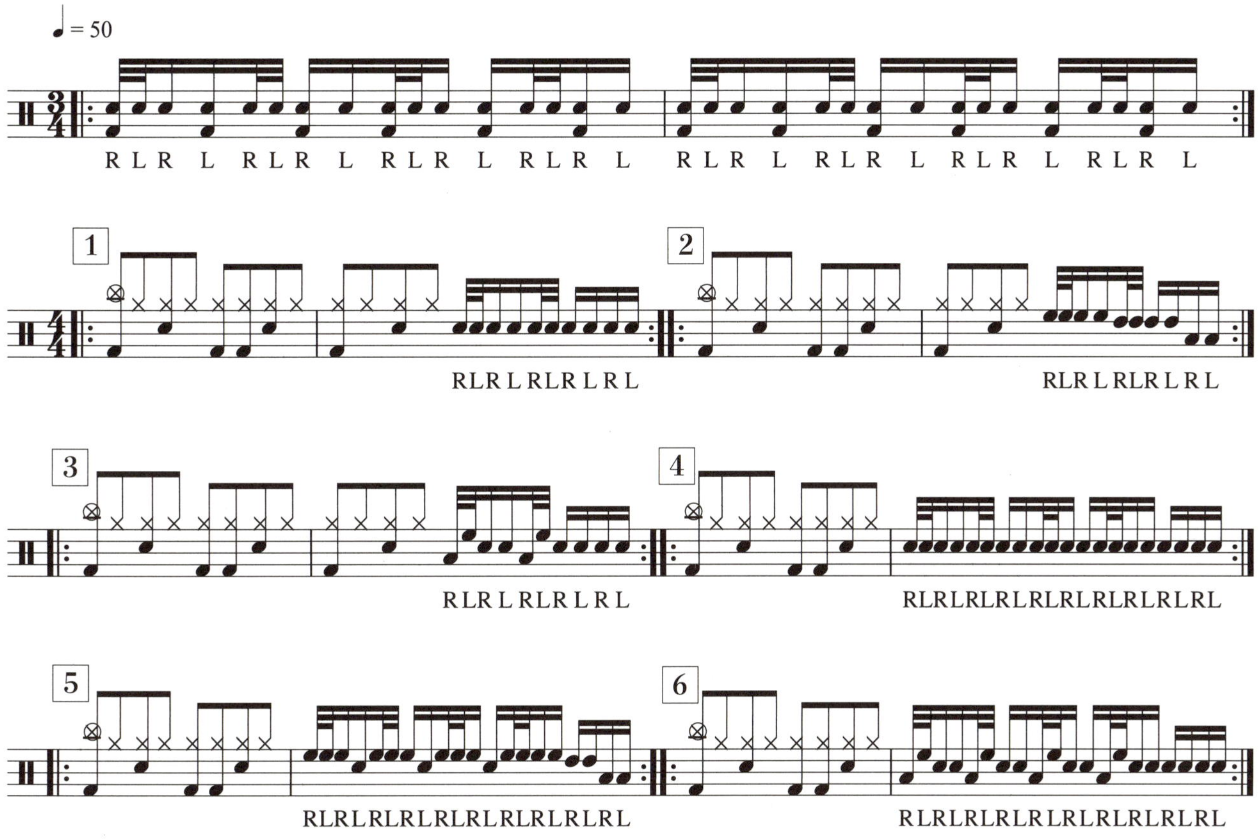

패턴 2

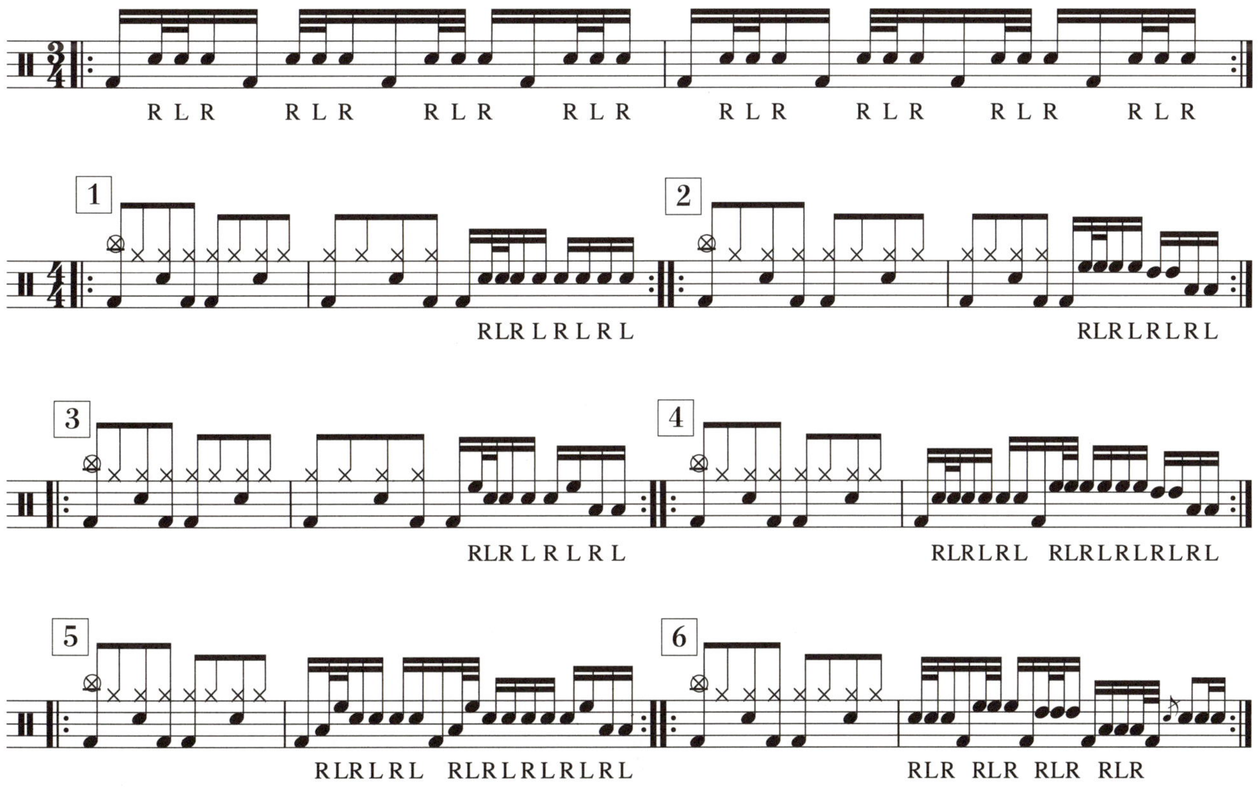

모범연주

Sorry

김우성 외 7명 작사
김우성 외 7명 작곡
더로즈 노래

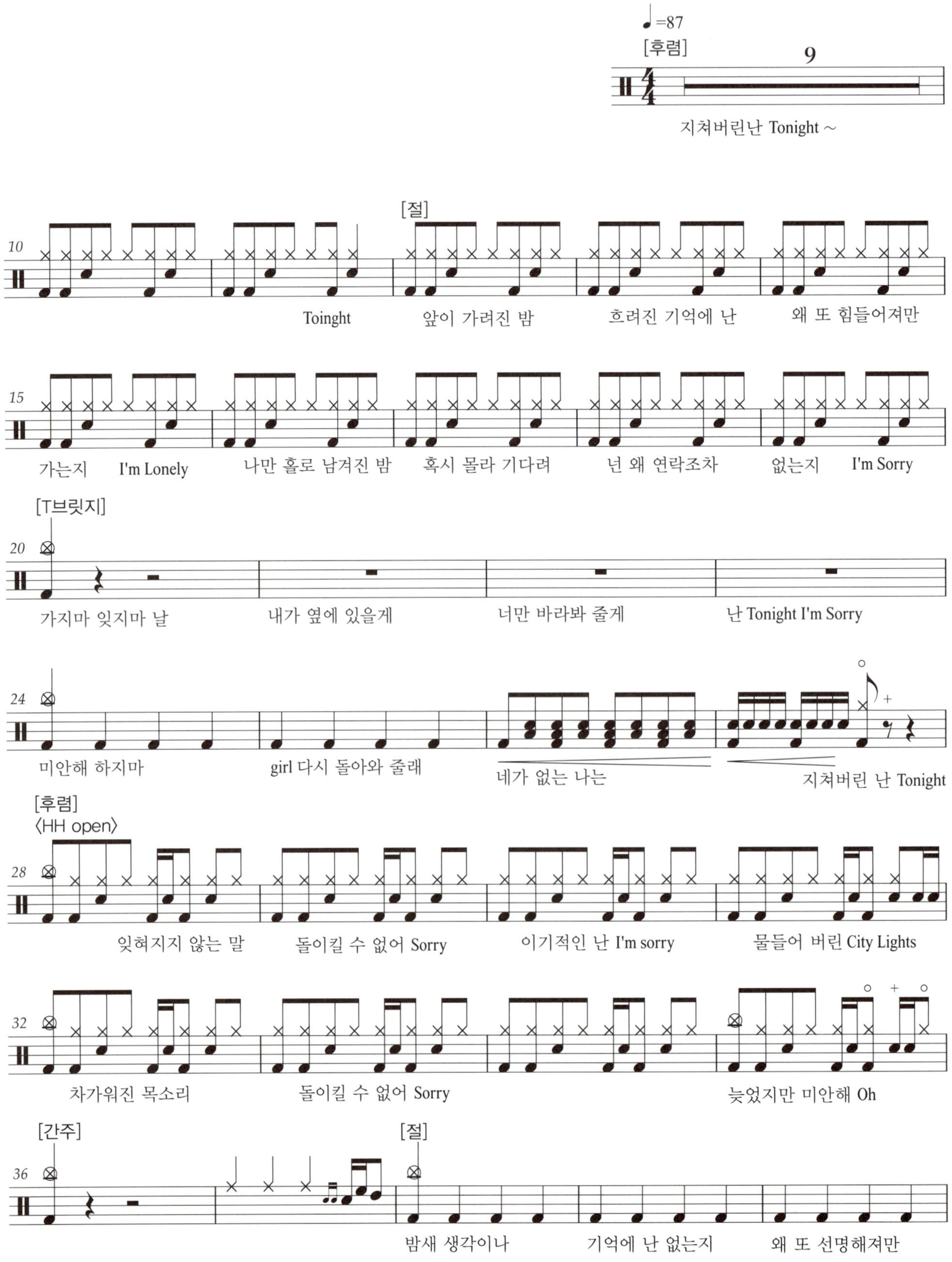

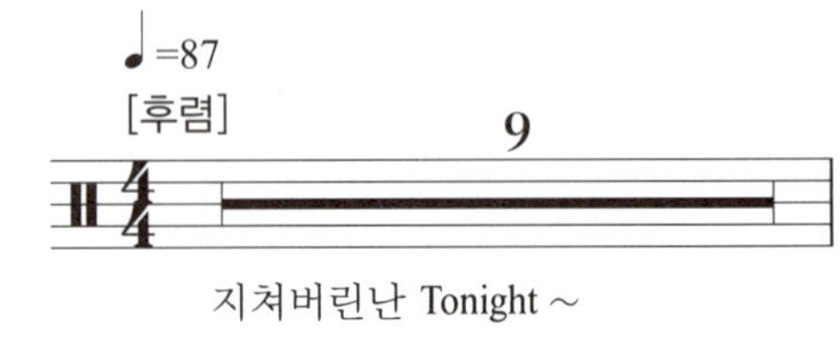

♩=87
[후렴]
9
지쳐버린난 Tonight ~

[절]
10
Toinight   앞이 가려진 밤   흐려진 기억에 난   왜 또 힘들어져만
15
가는지   I'm Lonely   나만 홀로 남겨진 밤   혹시 몰라 기다려   넌 왜 연락조차   없는지   I'm Sorry
[T브릿지]
20
가지마 잊지마 날   내가 옆에 있을게   너만 바라봐 줄게   난 Tonight I'm Sorry
24
미안해 하지마   girl 다시 돌아와 줄래   네가 없는 나는   지쳐버린 난 Tonight
[후렴]
〈HH open〉
28
잊혀지지 않는 말   돌이킬 수 없어 Sorry   이기적인 난 I'm sorry   물들어 버린 City Lights
32
차가워진 목소리   돌이킬 수 없어 Sorry   늦었지만 미안해 Oh
[간주]   [절]
36
밤새 생각이나   기억에 난 없는지   왜 또 선명해져만

가는지 I'm Falling Girl I never let you go 제발 돌아와 줄래
네가 없는 나는 없으니까 지쳐버린 난 Tonight
[후렴]
〈HH open〉
잊혀지지 않는 말 돌이킬 수 없어 Sorry 이기적인 난 I'm sorry 물들어 버린 City Lights
차가워진 목소리 돌이킬 수 없어 Sorry 이기적인 난 I'm sorry 늦었지만 미안해 Oh
날 보던 눈빛이 익숙한 네 품속이 그리움에 난 또 눈시울이 붉어져 Oh
널 만났던 거리 함께 했던 시간을 놓지 못할 것 같아 지쳐버린 난 Tonight
[후렴]
〈HH open〉
잊혀지지 않는 말 돌이킬 수 없어 Sorry 이기적인 난 I'm Sorry 물들어 버린 City Lights
차가워진 목소리 돌이킬 수 없어 Sorry 이기적인 난 I'm Sorry 늦었지만 미안해 Oh
RLR RLR RLR RLRR
[후주]
R RL
L R L R L R

Level 11 — 12비트 리듬

12비트 리듬은 한마디에 12개의 비트를 연주하는 형태의 리듬을 말합니다.
12개는 3개씩 1그룹을 이루고, '123,123'으로 나누어 박자를 셀 수 있습니다.
쉽게 말해 8비트 리듬은 '쿵치따치 쿵치따치' 로 말할수 있고, 12비트는 '쿵치치 따치치 쿵치치 따치치' 로 말할 수 있습니다.

아래 두 예제는 표기는 다르지만 같은 리듬으로 이해할 수 있습니다.

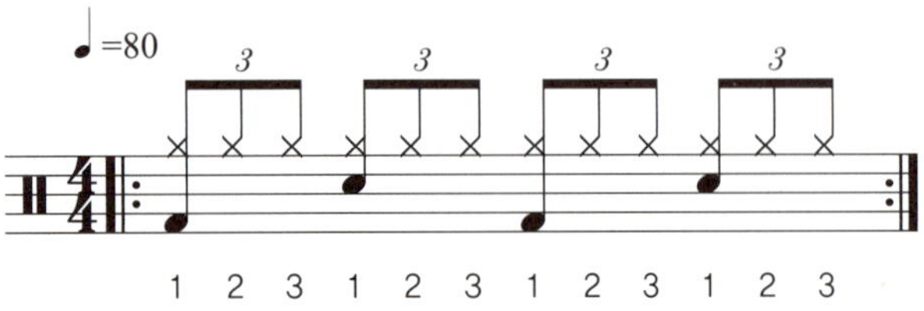

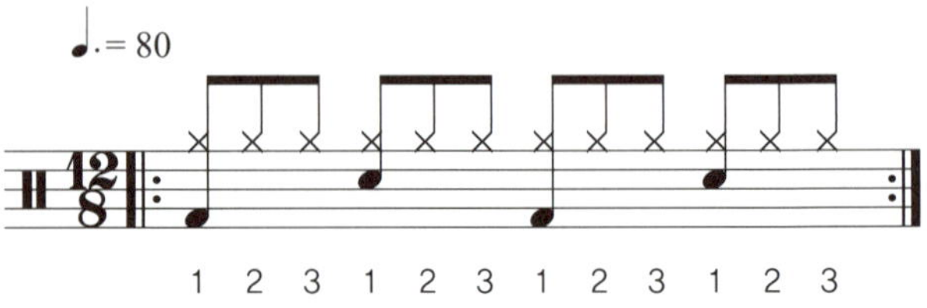

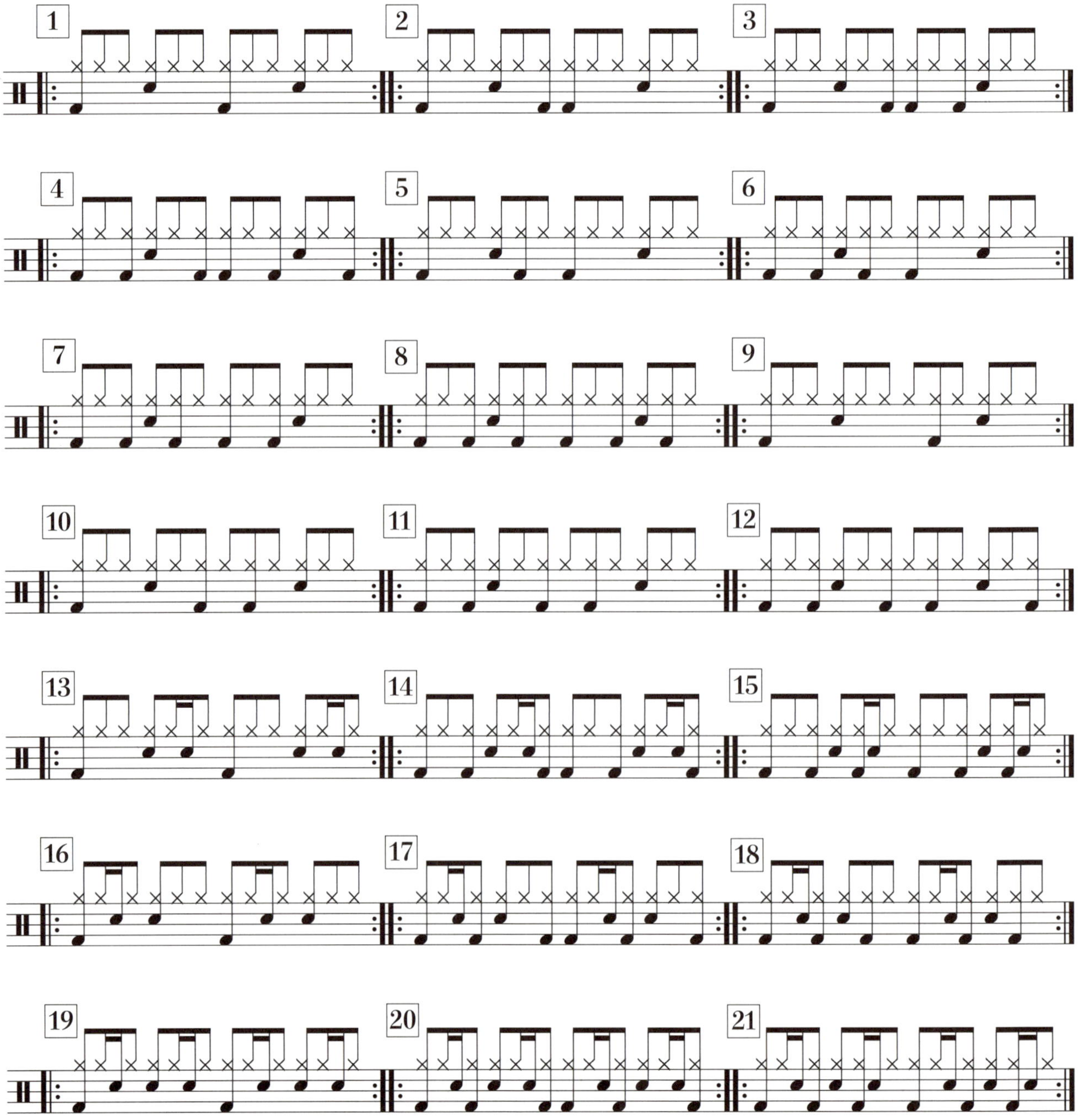

8분의 6박자 응용 연습

8분의 6박자 응용 연습

스네어 드럼 솔로 연습

Bed of Roses

BON JOVI JON 작사
BON JOVI JON 작곡
Bon Jovi 노래

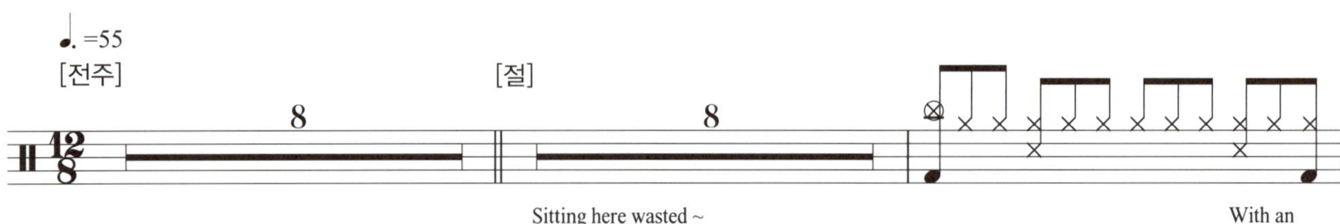

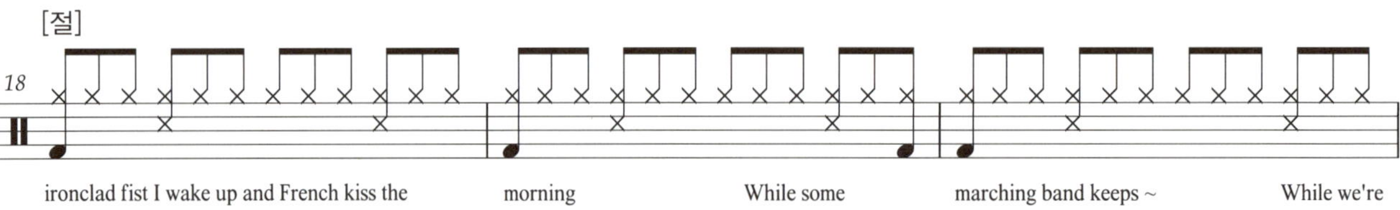

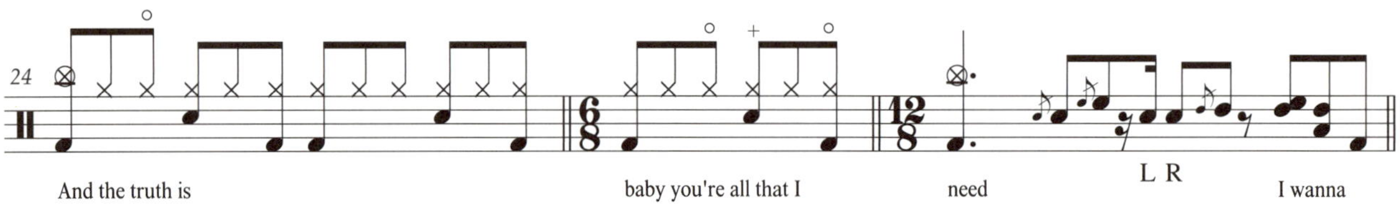

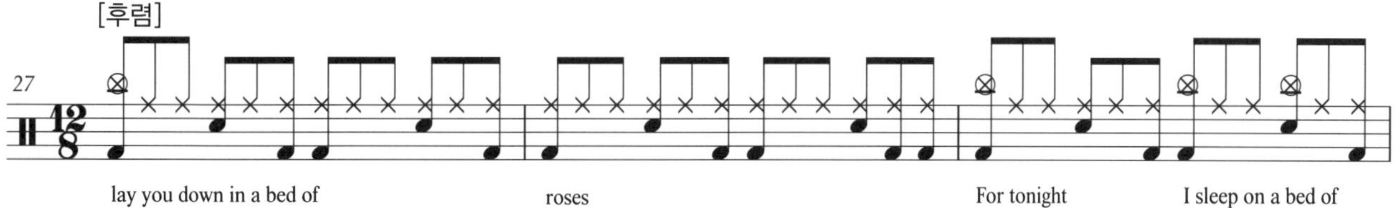
[후렴]
27
lay you down in a bed of   roses   For tonight   I sleep on a bed of

30
nails   I wanna   be just as close as the   Holy Ghost is

33
And lay you   down   on a bed of   roses   Well I'm
L R R   L R R

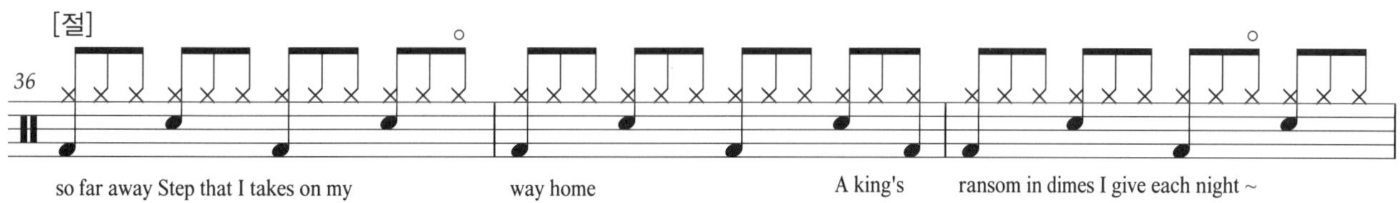
[절]
36
so far away Step that I takes on my   way home   A king's   ransom in dimes I give each night ~

39
payphone   Still I   run out of time Or it's hard to get through   bird on the wire flies me back to you I'll

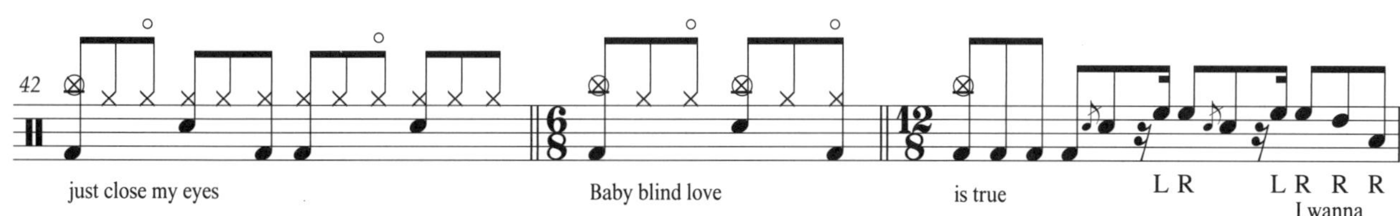
42
just close my eyes   Baby blind love   is true   L R   L R R R
I wanna

[후렴]
45
lay you down in a bed of
roses
For tonight I sleep on a bed of
48
nails
I wanna
be just as close as
the Holy Ghost is
51
And lay you
down
L R R R
on a bed of
roses
RL LR RL LRL
Well this

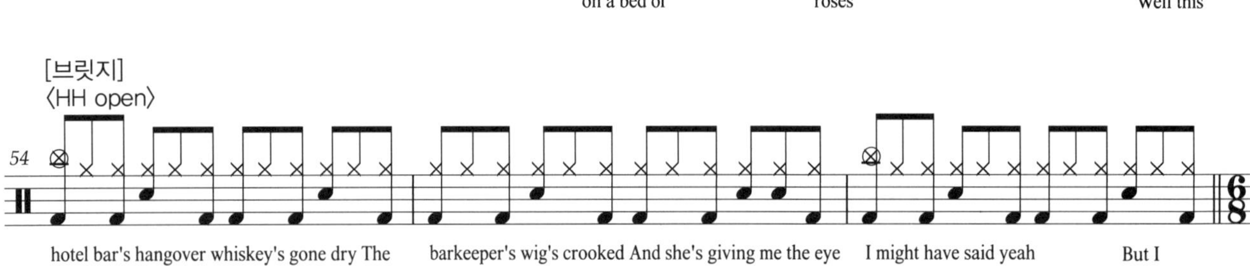
[브릿지]
〈HH open〉
54
hotel bar's hangover whiskey's gone dry The
barkeeper's wig's crooked And she's giving me the eye
I might have said yeah
But I

[기타 솔로]
57
laughed so hard I think I
died
R L R

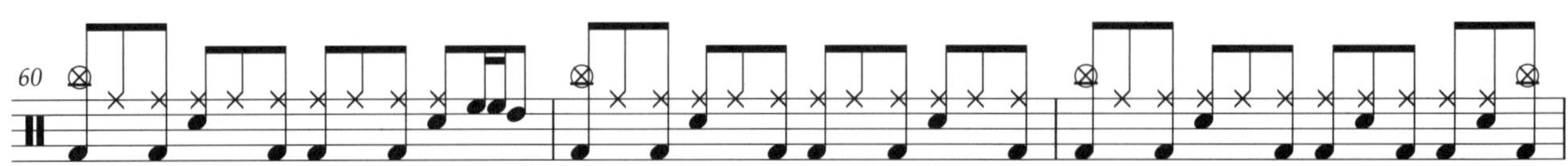
60

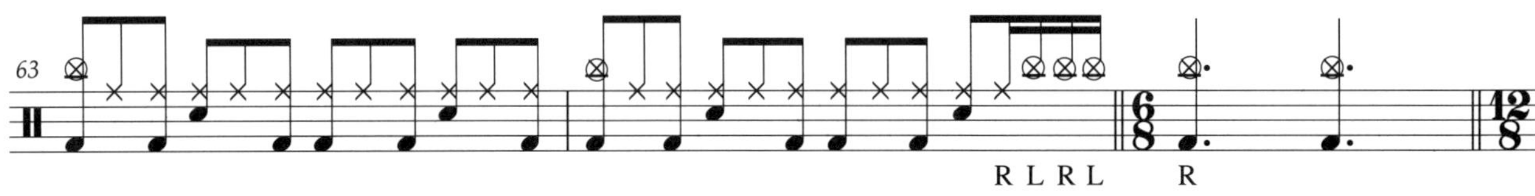
63
R L R L   R

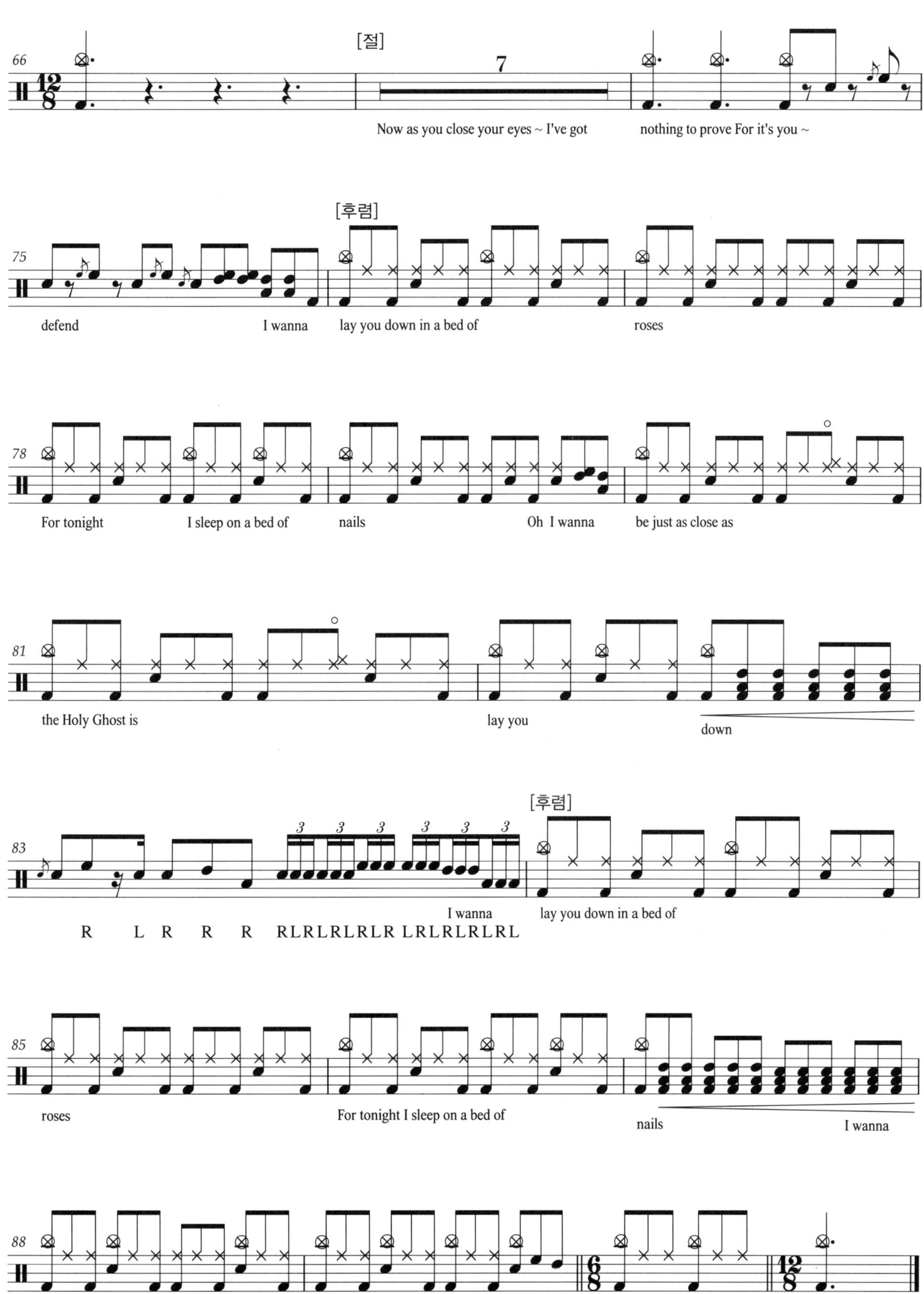

[절]
Now as you close your eyes ~ I've got
nothing to prove For it's you ~
[후렴]
defend
I wanna lay you down in a bed of
roses
For tonight
I sleep on a bed of
nails
Oh I wanna
be just as close as
the Holy Ghost is
lay you
down
[후렴]
I wanna
lay you down in a bed of
R L R R R RLRLRLRLR LRLRLRLRL
roses
For tonight I sleep on a bed of
nails
I wanna
be just as close as
the Holy Ghost is
lay you down
rit.
On a bed of roses

양손 16비트 리듬이란 양손으로 16비트 리듬을 연주하는 리듬을 말합니다.
손 순서에 주의하여 3가지의 패턴으로 연습해 봅시다.

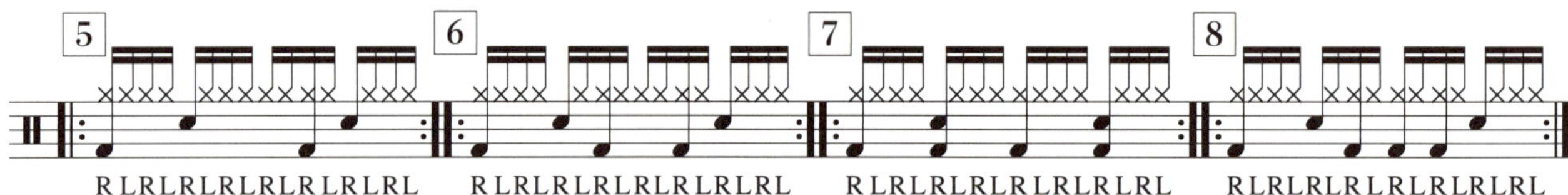

양손 16비트 리듬 : 스네어 변형 패턴

3가지 패턴

왼손이 스네어로 움직이는 패턴입니다.
스틱끼리 부딪히지 않도록 주의하여 연습해 봅시다.

양손 16비트 리듬 예제

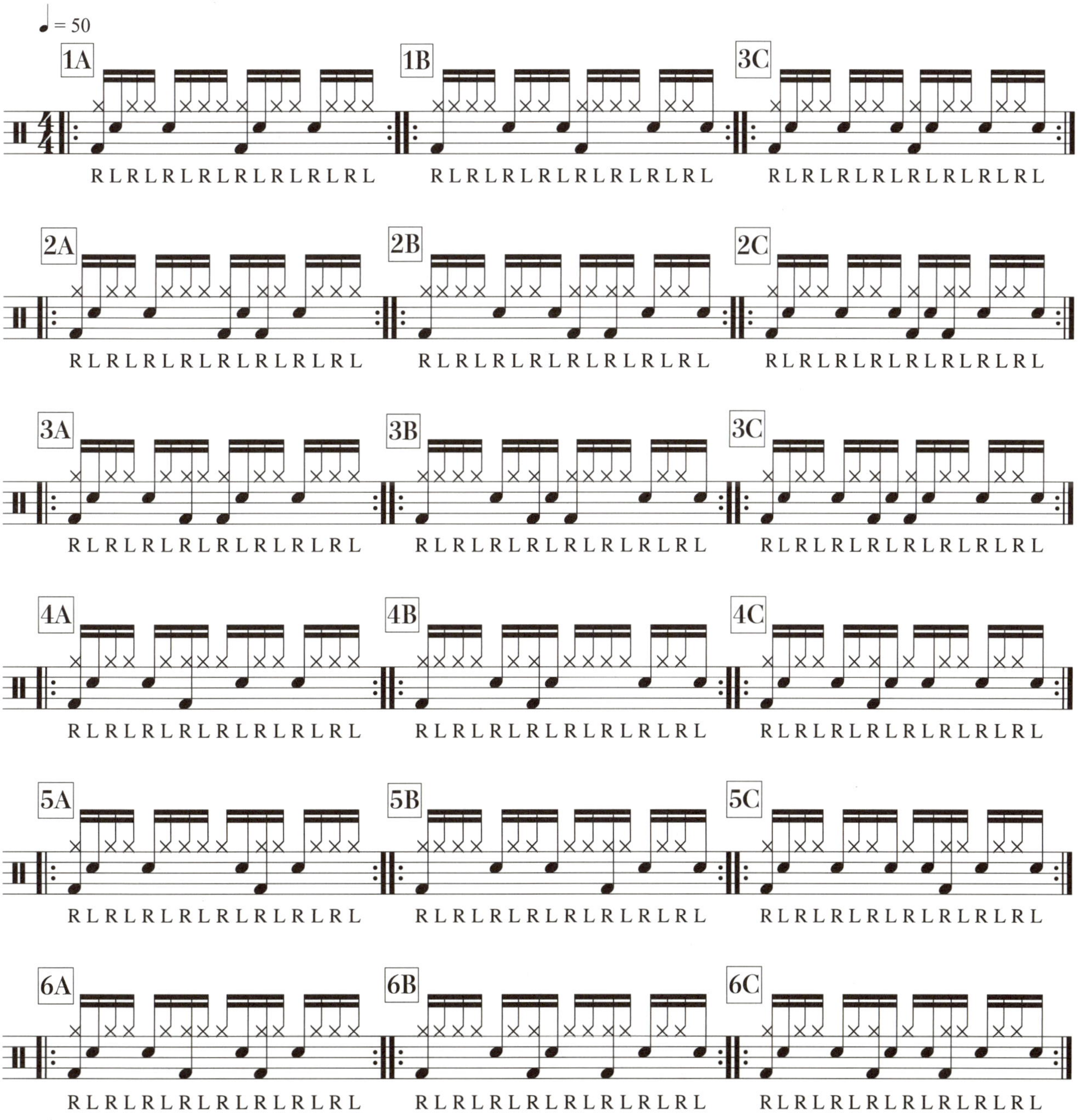

Adventure Of A Lifetime

GUY BERRYMAN 외 5명 작사
GUY BERRYMAN 외 5명 작곡
Coldplay 노래

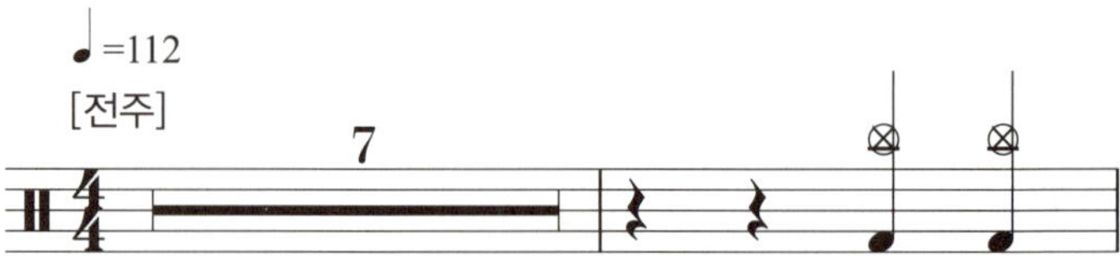

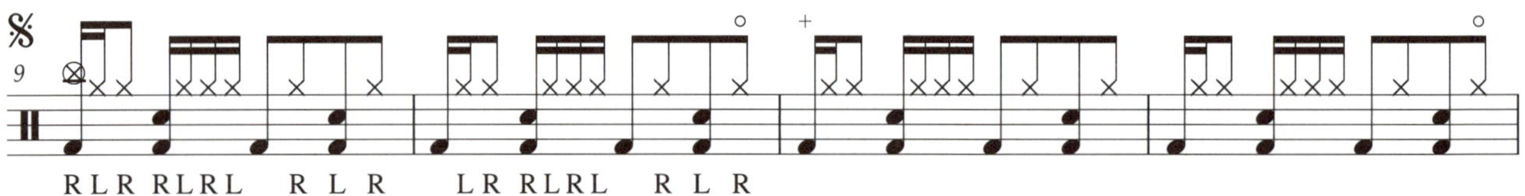

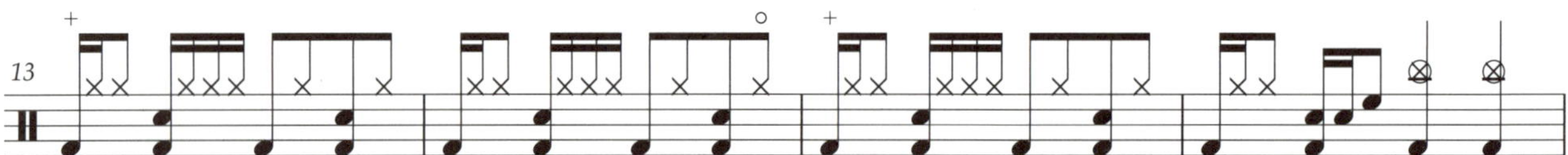

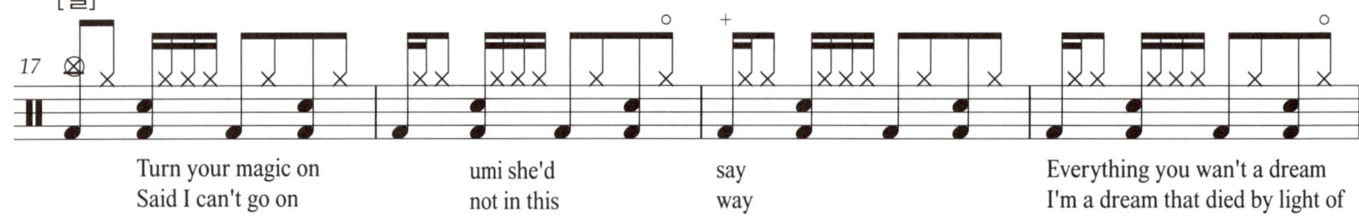

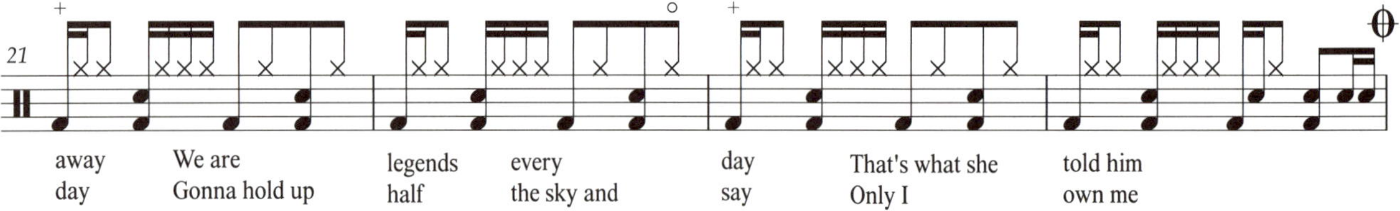

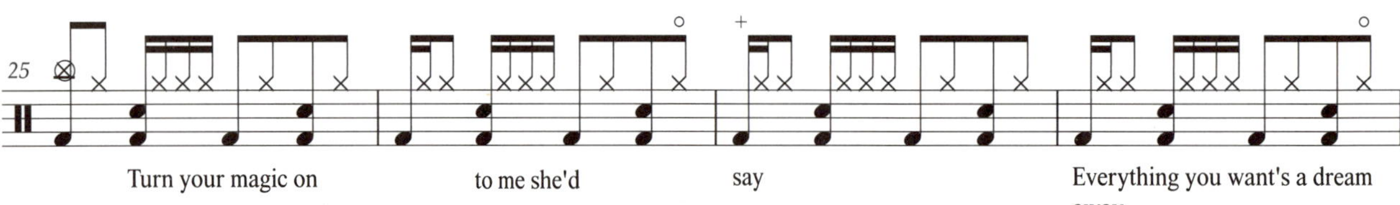

29
Under this pressure under this weight We are diamonds Now I feel my
[후렴]
33
heart beating I feel my heart beneath my skin I feel my
37
heart beating Oh you make me feel Like I'm alive again D.S. al Coda
41
heart beating I feel my heart beneath my skin I feel my
45
heart beating 'Cause you make me feel Like I'm alive again
[간주]
49
Alive again
53
Oh you make me feel Like I'm alive again
[후렴]
57
4
Turn your magic on umi she'd say Everything you want's a dream away

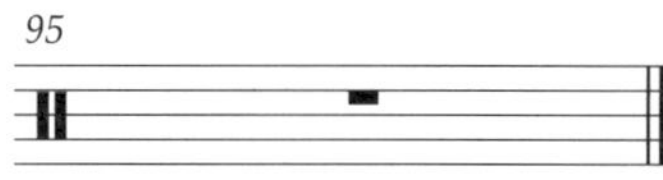

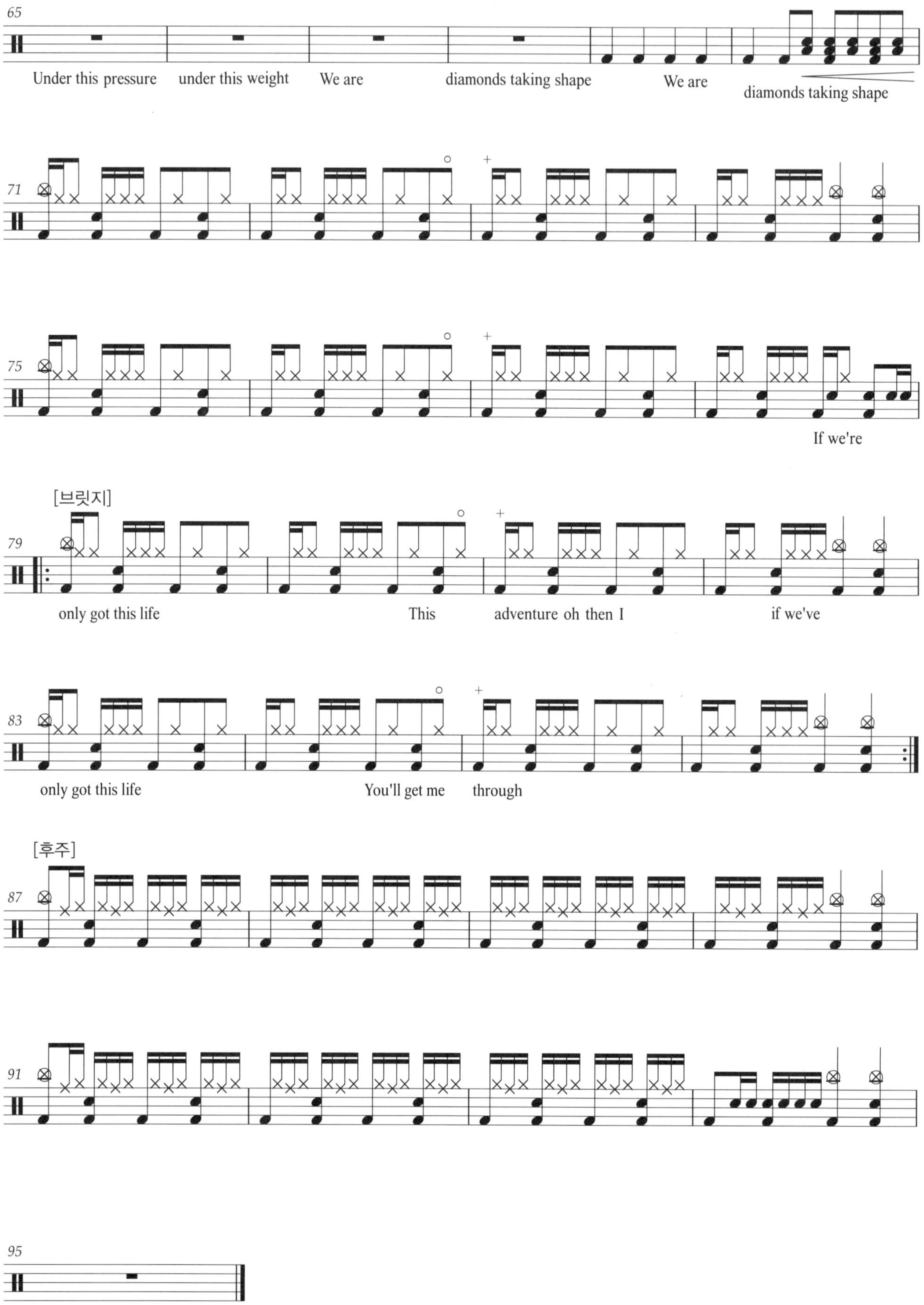

65
Under this pressure
under this weight
We are
diamonds taking shape
We are
diamonds taking shape
71
75
If we're
[브릿지]
79
only got this life
This
adventure oh then I
if we've
83
only got this life
You'll get me
through
[후주]
87
91
95

옥탑방

이승협 작사
이승협 작곡
엔플라잉 노래

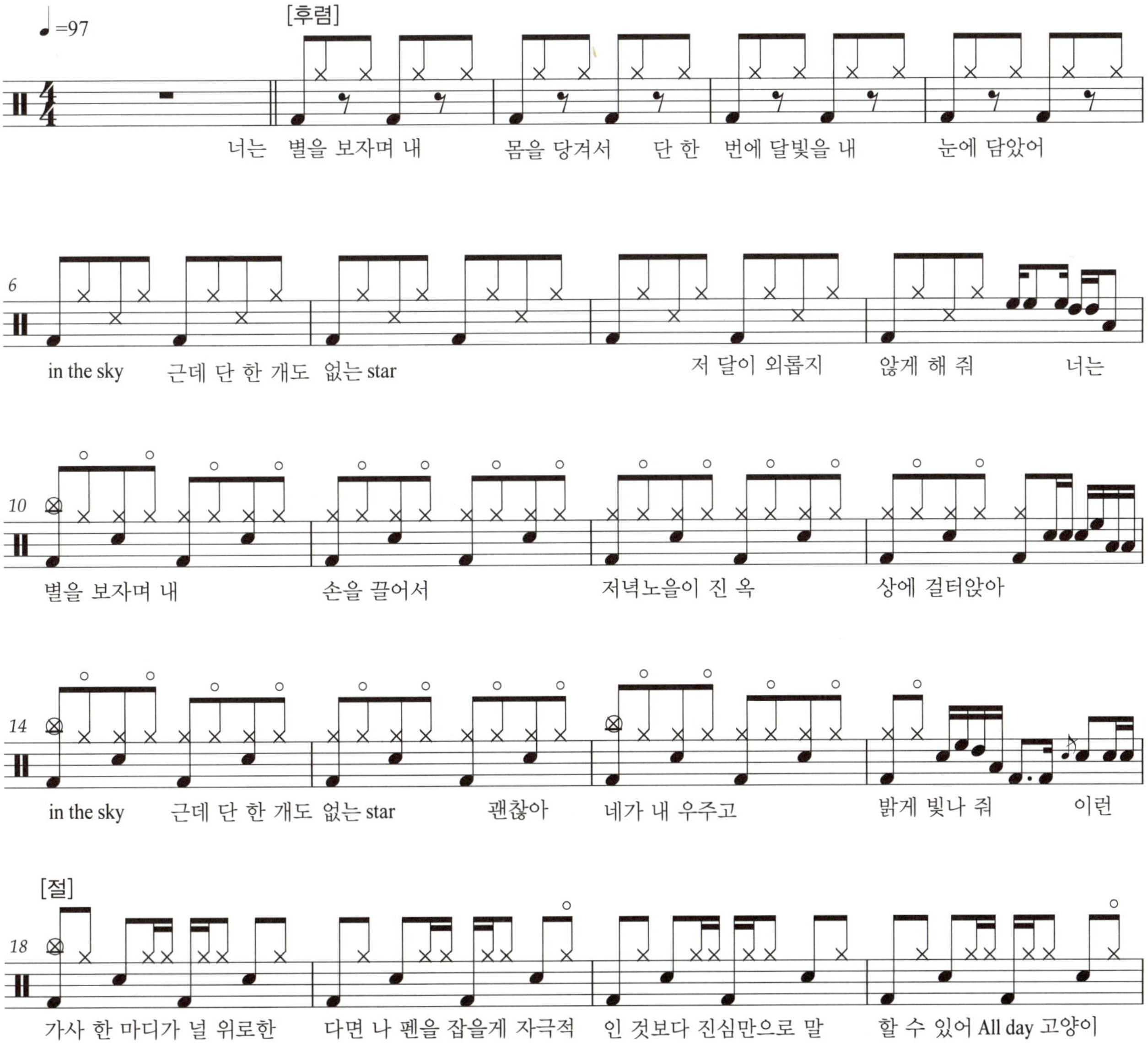

♩=97

[후렴]

너는 별을 보자며 내 몸을 당겨서 단 한 번에 달빛을 내 눈에 담았어

in the sky 근데 단 한 개도 없는 star 저 달이 외롭지 않게 해 줘 너는

별을 보자며 내 손을 끌어서 저녁노을이 진 옥 상에 걸터앉아

in the sky 근데 단 한 개도 없는 star 괜찮아 네가 내 우주고 밝게 빛나 줘 이런

[절]

가사 한 마디가 널 위로한 다면 나 펜을 잡을게 자극적 인 것보다 진심만으로 말 할 수 있어 All day 고양이

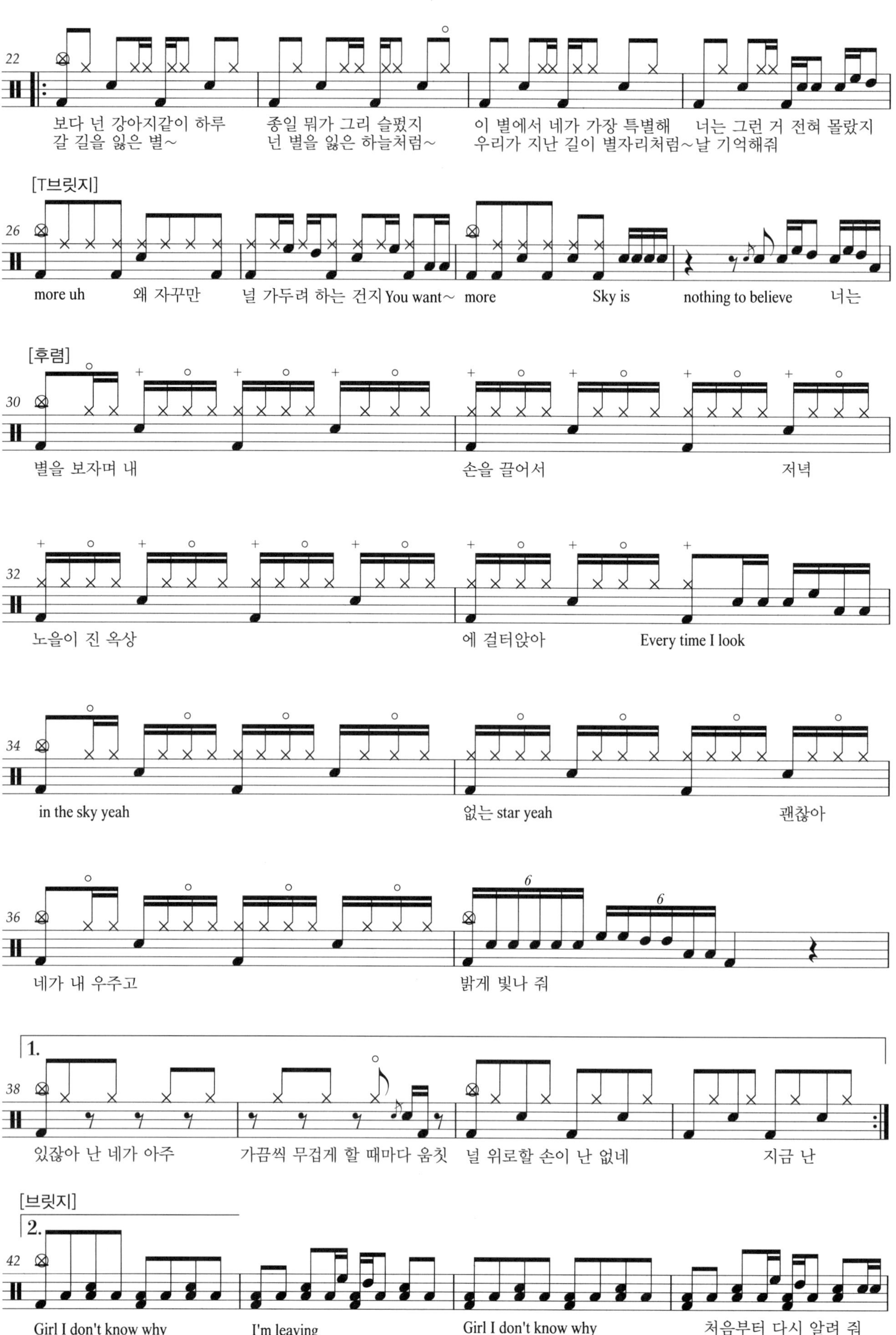
22
보다 넌 강아지같이 하루
갈 길을 잃은 별~
종일 뭐가 그리 슬펐지
넌 별을 잃은 하늘처럼~
이 별에서 네가 가장 특별해
우리가 지난 길이 별자리처럼~
너는 그런 거 전혀 몰랐지
날 기억해줘

[T브릿지]
26
more uh
왜 자꾸만
널 가두려 하는 건지 You want~ more
Sky is
nothing to believe
너는

[후렴]
30
별을 보자며 내
손을 끌어서
저녁

32
노을이 진 옥상
에 걸터앉아
Every time I look

34
in the sky yeah
없는 star yeah
괜찮아

36
네가 내 우주고
밝게 빛나 줘

1.
38
있잖아 난 네가 아주
가끔씩 무겁게 할 때마다 움찔
널 위로할 손이 난 없네
지금 난

[브릿지]
2.
42
Girl I don't know why
I'm leaving
Girl I don't know why
처음부터 다시 알려 줘

Girl I don't know why
I'm leaving
Girl I don't know why
너는
[후렴]
별을 보자며 내
손을 끌어서
저녁
노을이 진 옥상
에 걸터앉아
in the sky yeah
없는 star yeah
괜찮아
[후주]
네가 내 우주고
밝게 빛나 줘
Every time I look up
in the sky yeah
없는 star yeah
괜찮아
네가 내 우주고
밝게 빛나 줘

03
Track list

22. **Love Bites** - Def Leppard
23. **오래된 노래** - 스탠딩 에그
24. **Lying From You** - Linkin Park
25. **Wind of Change** - Scorpions
26. **여전히 이곳에** - 너드커넥션
27. **Smells Like Teen Spirit** - Nirvana
28. **Flashback** - 엔플라잉
29. **Still Loving You** - Scorpions
30. **She's gone** - Steelheart
31. **Discord** - QWER
32. **NO PAIN** - 실리카겔

33. **No One Like You** - Scorpions
34. **Ignorance** - Paramore
35. **눈물참기** - QWER
36. **고민중독** - QWER
37. **Marion** - 너드커넥션
38. **From The Inside** - Linkin Park
39. **Sage** - FT아일랜드
40. **That's What You Get** - Paramore
41. **Believer** - Imagine Dragons
42. **Whatever** - Oasis
43. **ONCE** - 유다빈밴드
44. **The Only Exception** - Paramore

03
고급 편

미치도록 쉬운 드럼 3권의 난이도로, 한 손 16비트 리듬을 시작으로 8비트/16비트 리듬, 16분음표와 쉼표 등 심화된 내용들을 다룬 챕터입니다. 이제까지 연주해 왔던 리듬 간격이 일정한 스트레이트 리듬에서 3연음을 기반으로 한 셔플리듬들도 배워봅시다.

한 손 16비트 리듬

한 손 16비트 리듬이란, 한 손으로 하이햇을 16분음표로 쪼개서 연주하는 리듬을 말합니다.

1. 손 패턴

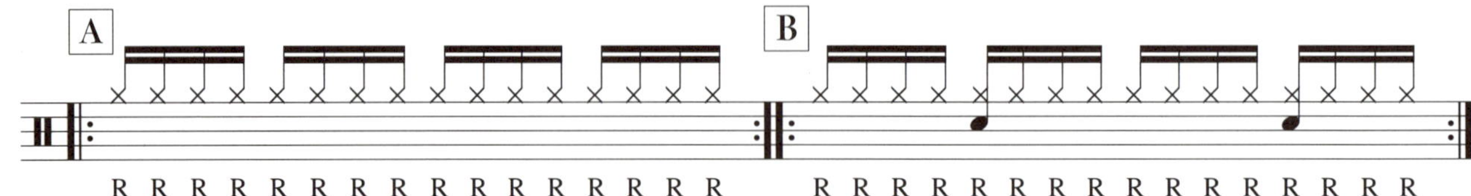

2. 한 손 16비트 리듬 예제

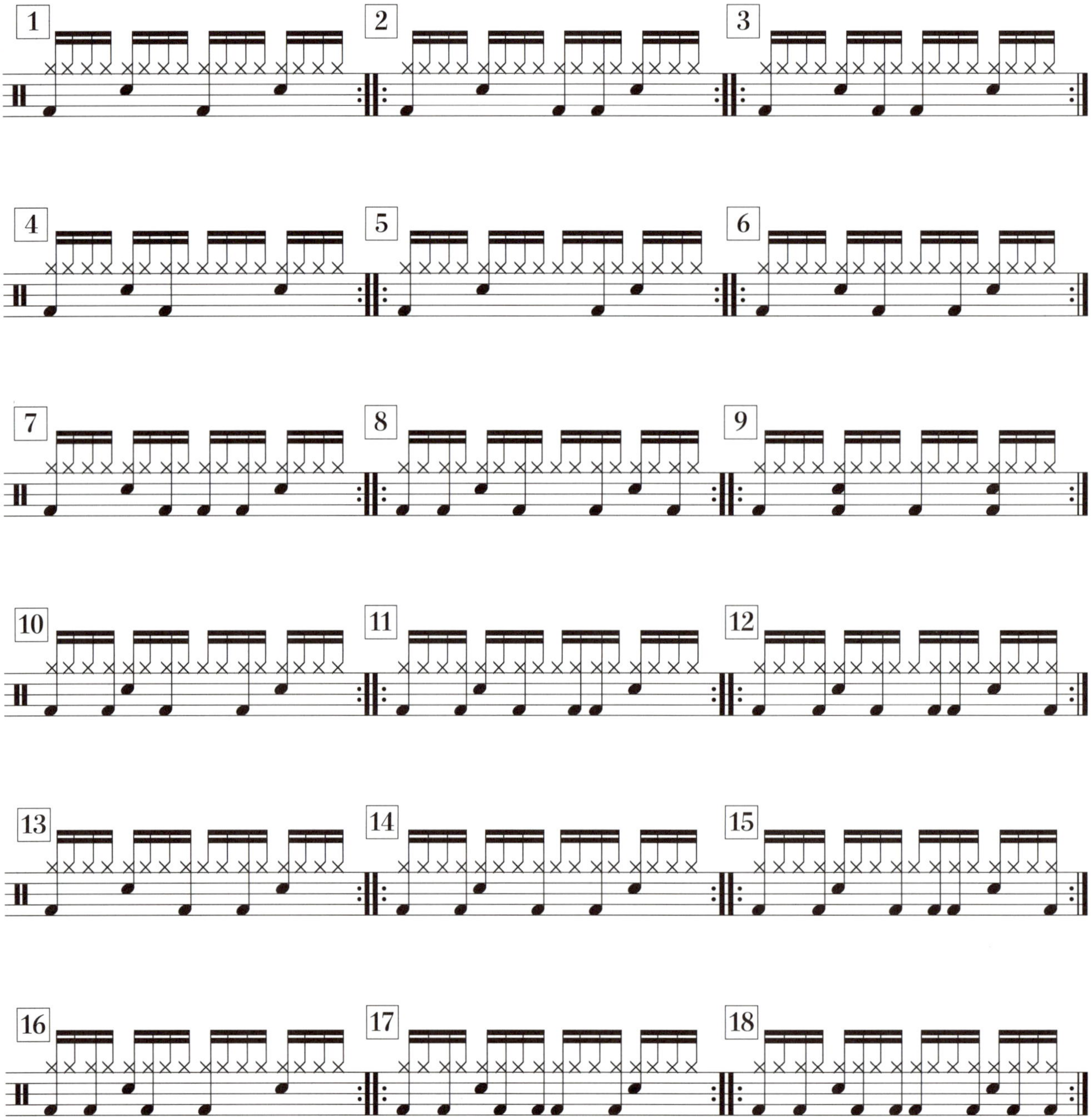

한 손 16비트 리듬 : 스네어 변형 패턴

스네어 리듬을 변형하여 한 손 16비트 리듬을 다양하게 연습해 봅시다.

패턴 1

패턴 2

패턴 3

응용 패턴

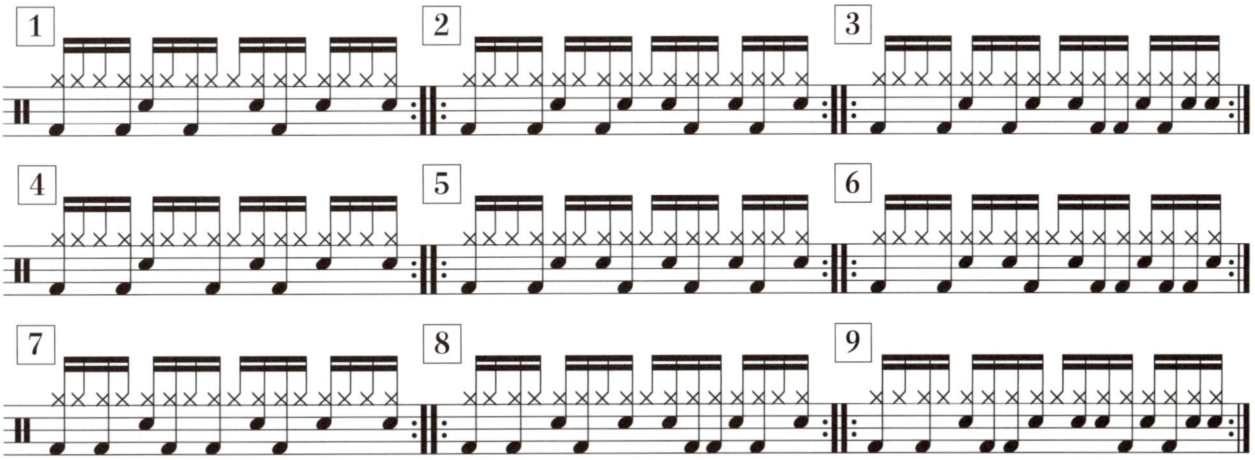

모범연주

Love Bites

ELLIOTT JOSEPH 외 5명 작사
ELLIOTT JOSEPH 외 5명 작곡
Def Leppard 노래

♩ = 65
[전주]
When you make love
[절]
do you look in your mirror
Who do you think of
does he look like me
Do you tell lies
and say that it's forever
Do you think twice or
just touch and see
Ooh babe
When you're alone
do you let go
Are you wild and willin' or
is it just for show
Ooh come on
[후렴]
I don't want to touch you too my
baby
'Cause making love to you might drive me crazy

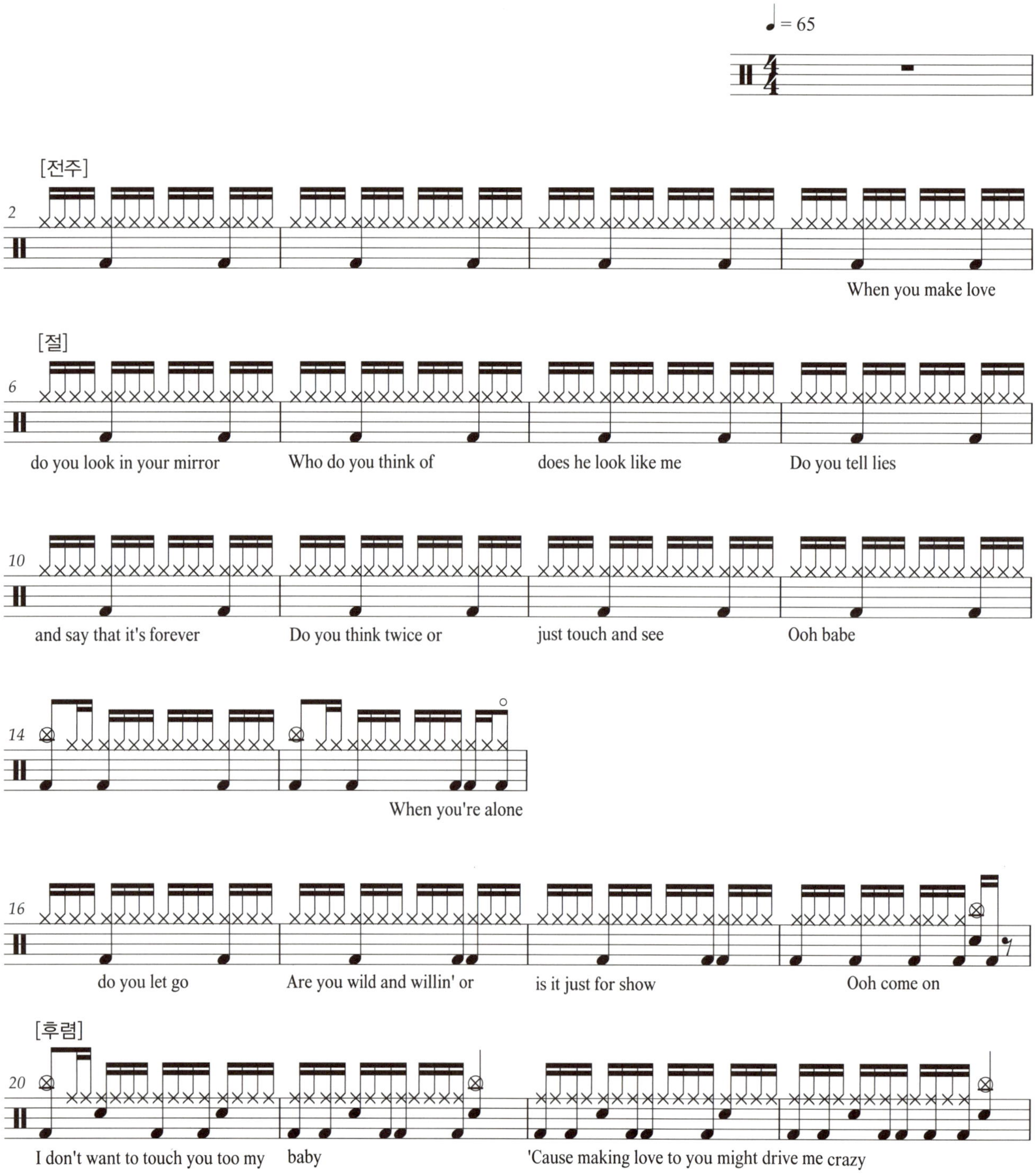

I know you think that love is the way you make it
So I don't wanna be there when you decide to break it
Love bites love bleeds
It's bringin' me to my knees
Love lives love dies
It's no surprise
Love begs love pleads
It's what I need
[간주]
When I'm with you
[절]
are you somewhere else
Am I gettin' through
or do you please yourself
When you wake up
will you walk out
It can't be love
if you throw it about
Ooh babe
[후렴]
I don't wanna touch you too much
baby
Cause making love to you might drive me crazy
Love bites love bleeds
It's bringin' me to my knees
Love lives love dies
It's no surprise
Love begs love pleads
It's what I need

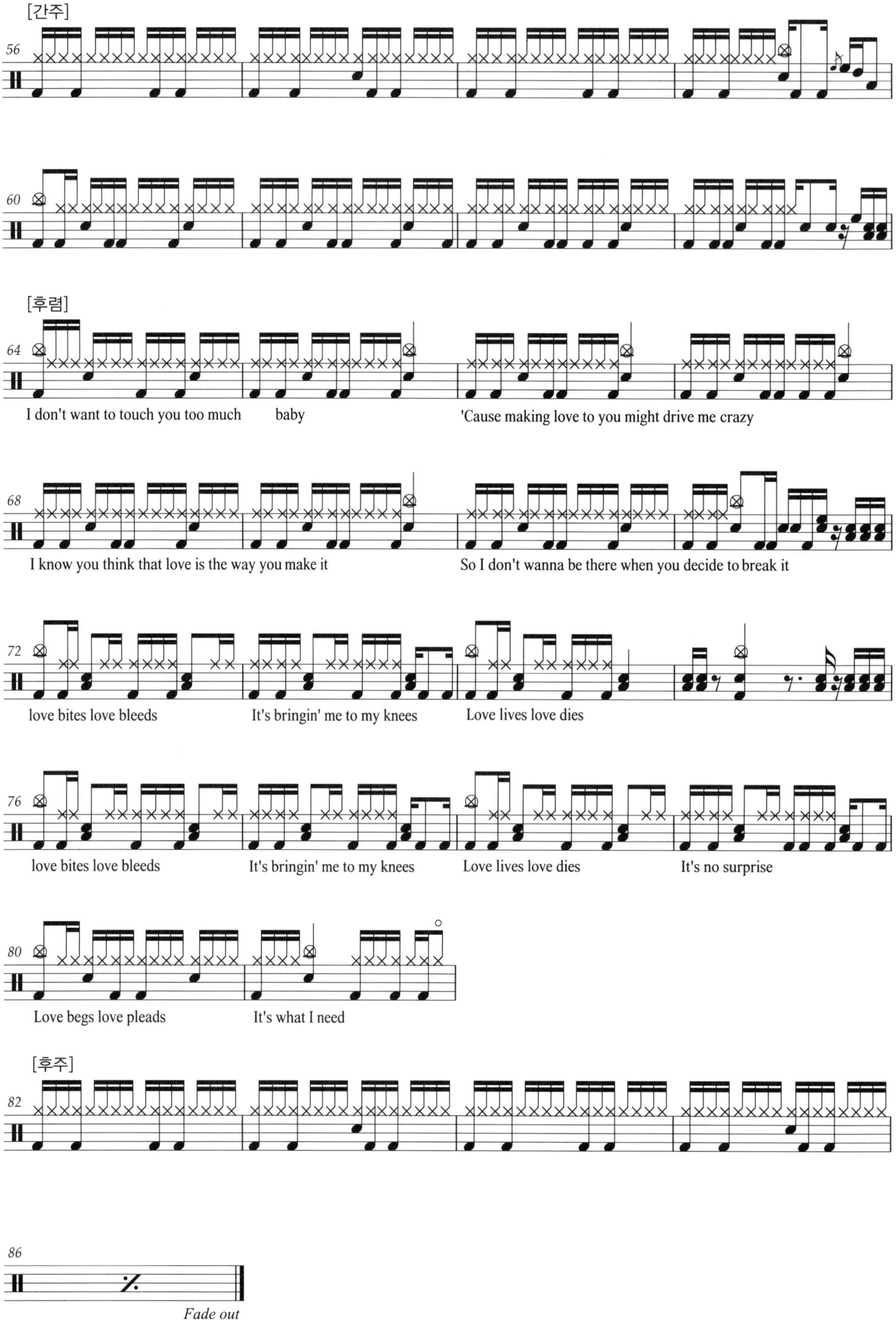

[간주]
56

60

[후렴]
64

I don't want to touch you too much   baby   'Cause making love to you might drive me crazy

68

I know you think that love is the way you make it   So I don't wanna be there when you decide to break it

72

love bites love bleeds   It's bringin' me to my knees   Love lives love dies

76

love bites love bleeds   It's bringin' me to my knees   Love lives love dies   It's no surprise

80

Love begs love pleads   It's what I need

[후주]
82

86

Fade out

16분음표와 16분쉼표 연습

8비트 킥과 함께 16분음표와 16분쉼표를 연습해 봅시다.

Warm-up

그룹 1

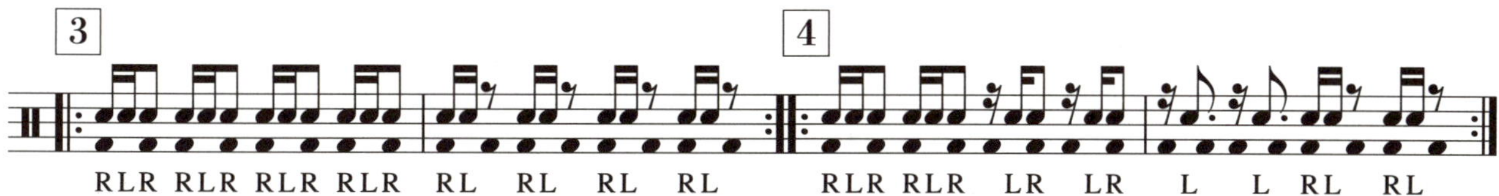

그룹 2

그룹 3

Level 14 — 8비트 리듬 심화

앞서 배웠던 8비트 리듬에서 베이스 드럼이 쪼개지는 다양한 리듬을 배워 봅시다.

Warm-up

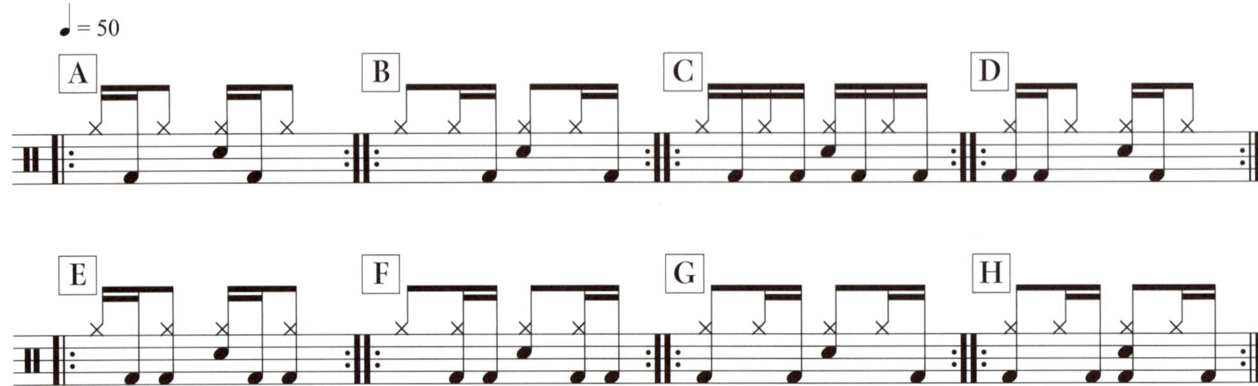

그룹 1

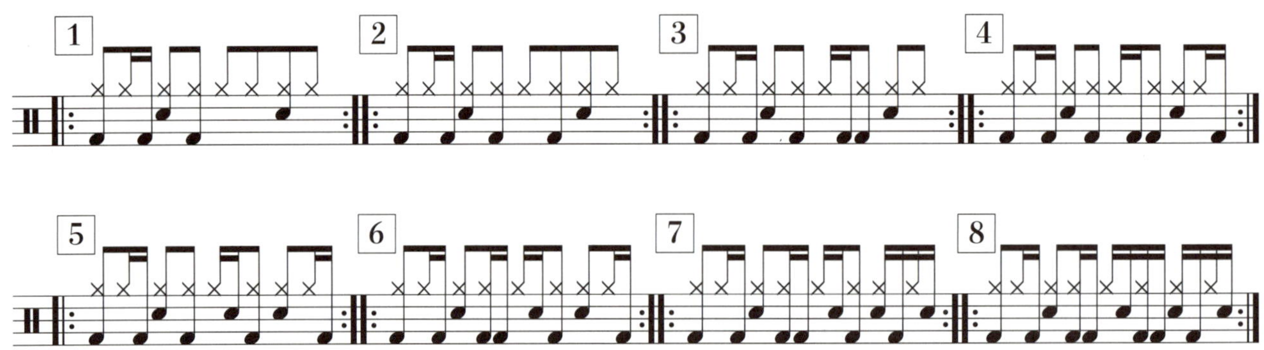

그룹 2

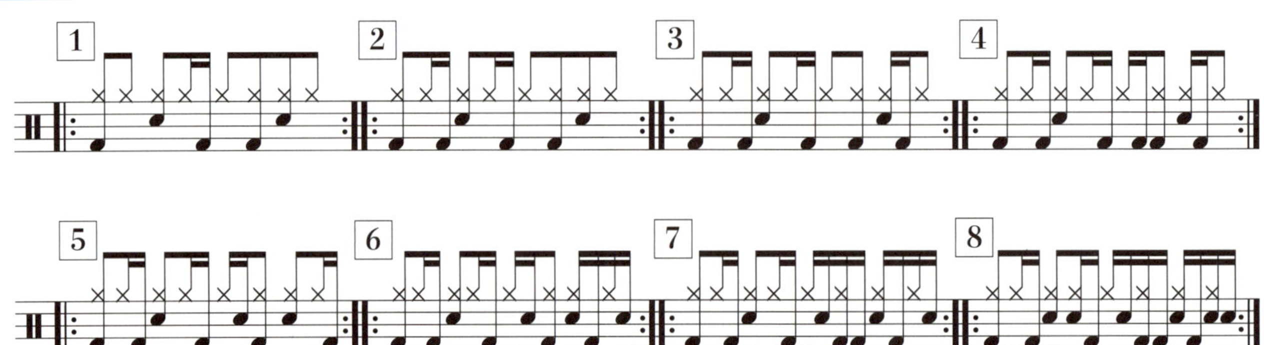

그룹 3

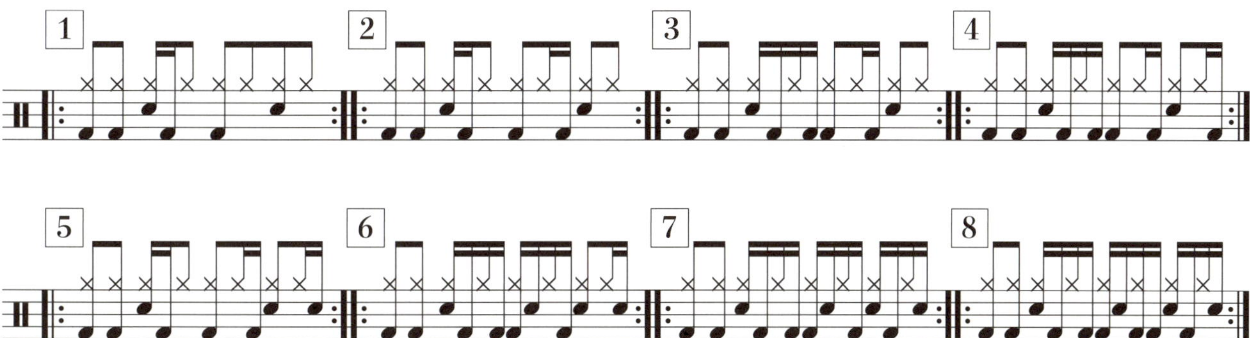

그룹 4

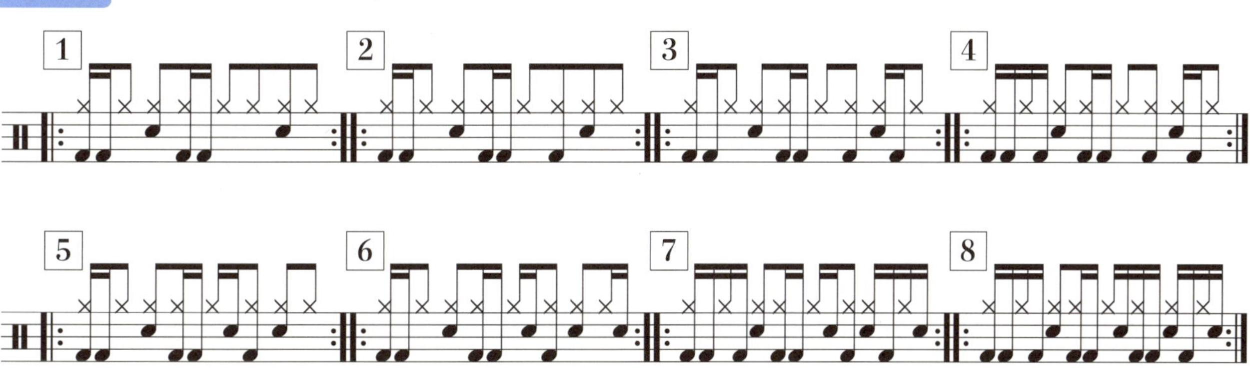

오래된 노래

EGG1 외 2명 작사
EGG1 외 2명 작곡
스탠딩 에그 노래

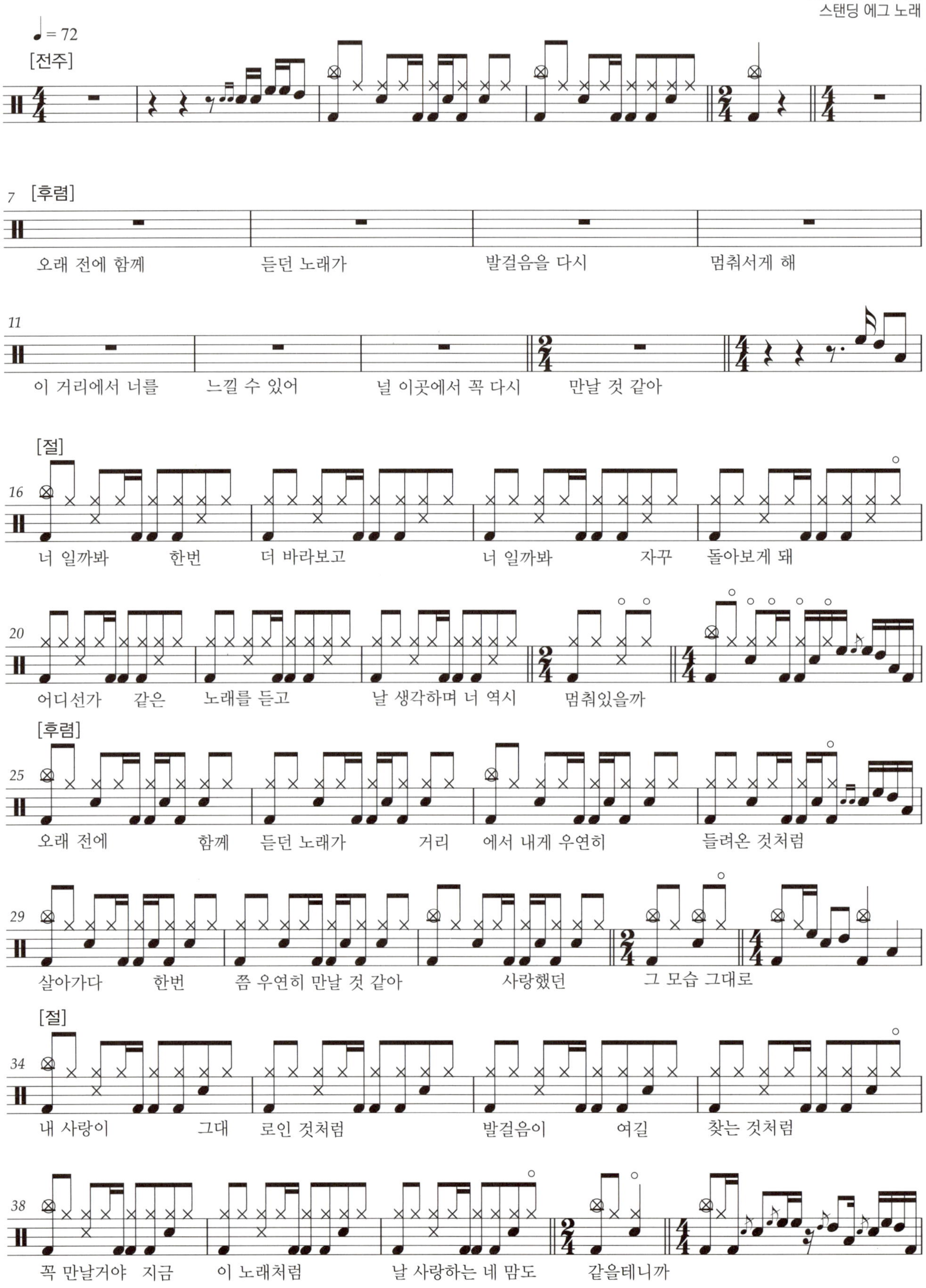

♩ = 72

[전주]

[후렴]
오래 전에 함께 | 듣던 노래가 | 발걸음을 다시 | 멈춰서게 해

이 거리에서 너를 | 느낄 수 있어 | 널 이곳에서 꼭 다시 | 만날 것 같아

[절]
너 일까봐 한번 | 더 바라보고 | 너 일까봐 | 자꾸 돌아보게 돼

어디선가 같은 | 노래를 듣고 | 날 생각하며 너 역시 | 멈춰있을까

[후렴]
오래 전에 | 함께 듣던 노래가 | 거리 에서 내게 우연히 | 들려온 것처럼

살아가다 한번 | 쯤 우연히 만날 것 같아 | 사랑했던 | 그 모습 그대로

[절]
내 사랑이 | 그대 로인 것처럼 | 발걸음이 여길 | 찾는 것처럼

꼭 만날거야 지금 | 이 노래처럼 | 날 사랑하는 네 맘도 | 같을테니까

[후렴]
오래 전에   함께   듣던 노래가   거리   에서 내게 우연히   들려온 것처럼
살아가다   한번   쯤 우연히 만날 것 같아   사랑했던   그 모습 그대로
[간주]
[절]
운명처럼 아니면   우연처럼 우리   가 다시 예전처럼   만날 수 있다면
너에게나   해주   고 싶은 말이 하나 있어   널 다시는   놓치지 않을게
[후렴]
오래 전에   함께   듣던 노래가   거리   에서 내게 우연히   들려온 것처럼
살아가다   한번   쯤 우연히 만날 것 같아   사랑했던   그 모습 그대로
[후주]

Lying From You

HAHN JOSEPH 외 5명 작사
HAHN JOSEPH 외 5명 작곡
Linkin Park 노래

♩ = 80
[전주]

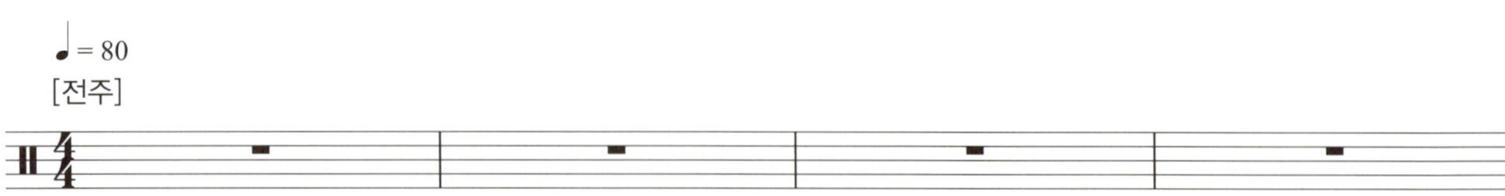

[절]
%
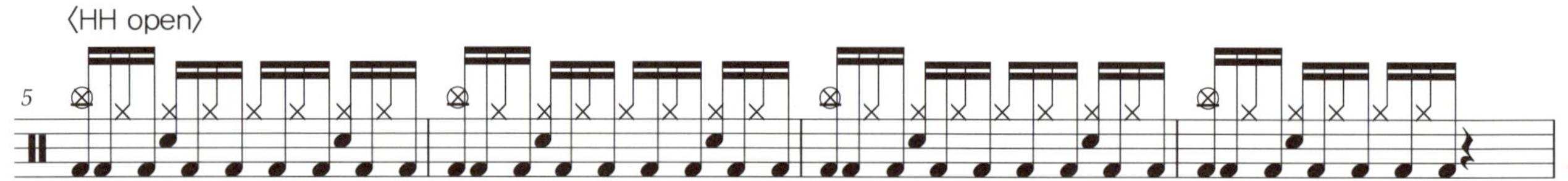

[후렴]

D.S. al Coda

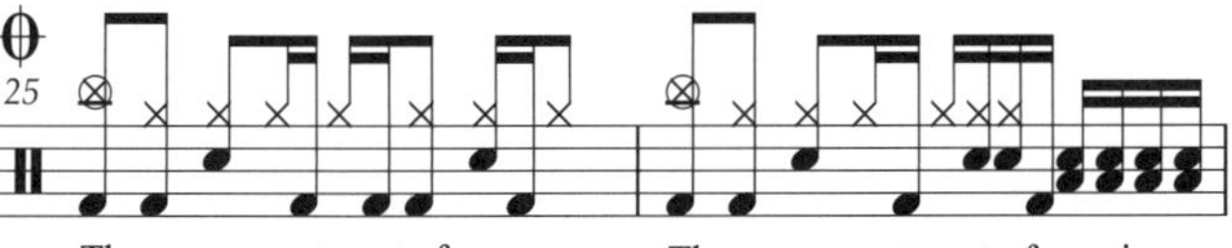

[브릿지]
〈HH open〉

〈HH open〉

[후렴]　〈HH open〉

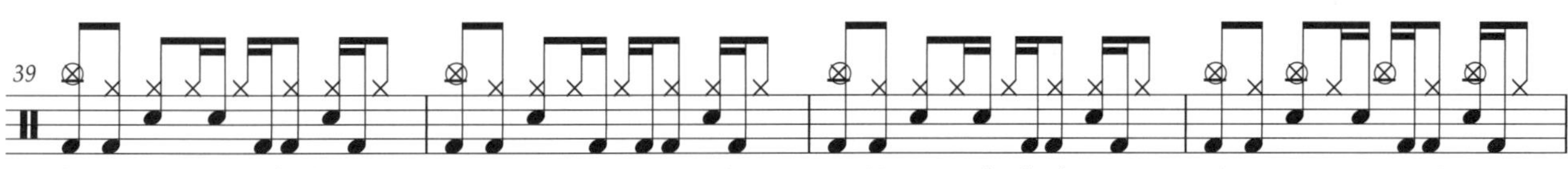

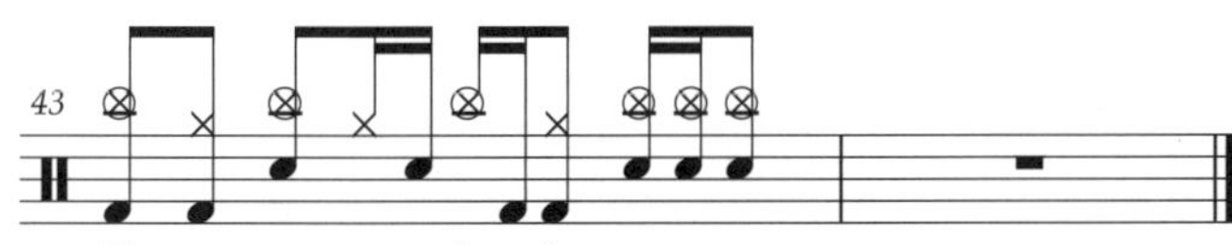

Wind of Change

MEINE KLAUS 작사
MEINE KLAUS 작곡
Scorpions 노래

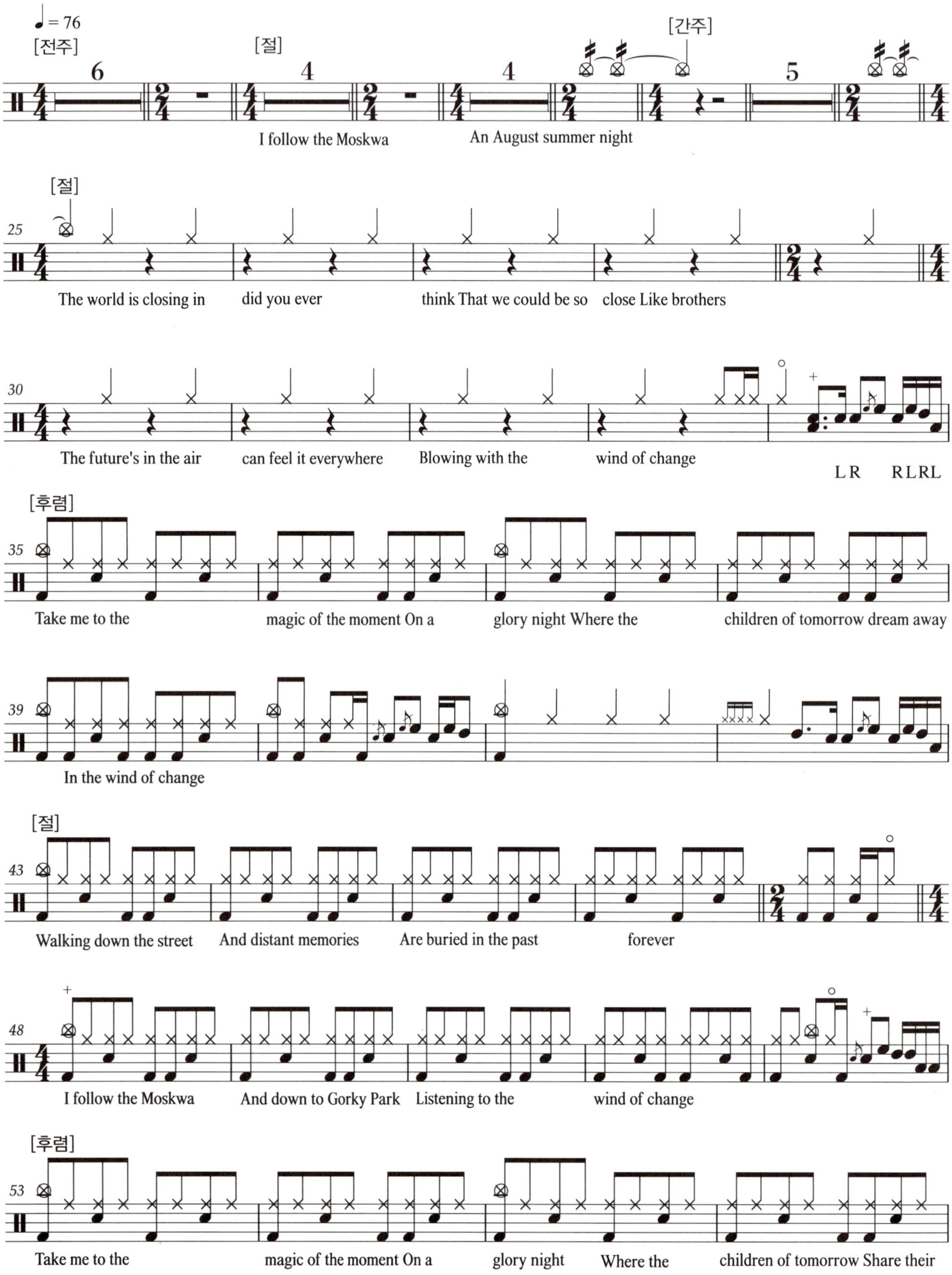

57
dreams With you and me
Take me to the
magic of the moment On a
61
glory night Where the
children of tomorrow dream away
In the wind of change
[브릿지]
65
The wind of change Blows
straight into the face of
time Like a storm wind that will
ring~
69
mind
What my guitar
sing
[간주]
〈HH open〉
73
77
[후렴]
81
Take me to the
magic of the moment
glory night Where the
children of tomorrow
85
dreams With
Take me to the
magic of the moment
89
glory night
children of tomorrow
In the wind of change

여전히 이곳에

박재현 외 2명 작사
박재현 외 2명 작곡
너드커넥션 노래

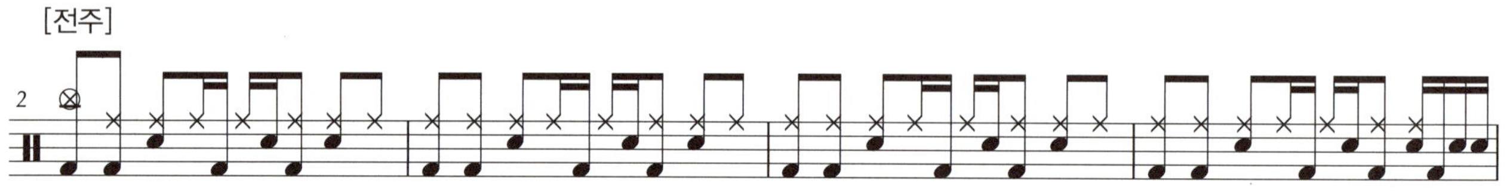

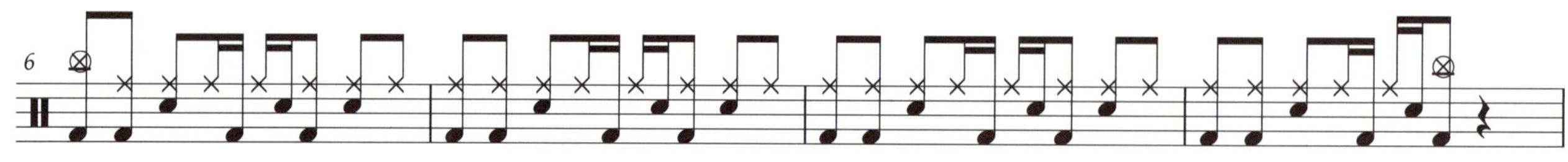

[후렴]
그런 게 좋은 걸   삶을 노래하는 게   난 말야   내가 사랑한   시절을 더 부를래

그렇게 우린 하루를 더   살 수 있는 걸   그렇게 우린 한 걸음 더   갈 수 있는 걸

[간주]

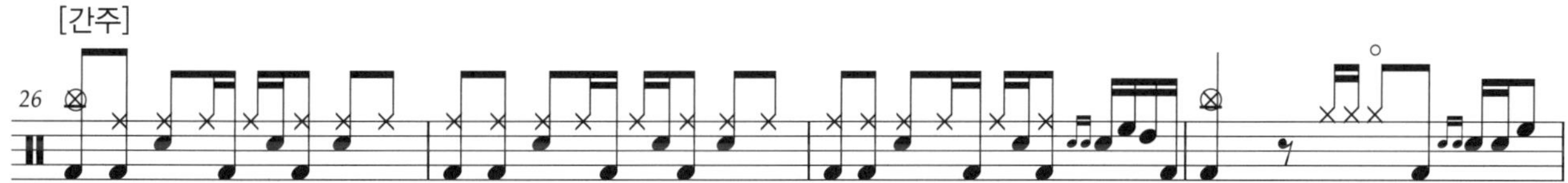

[절]
난 믿어   변하지   않는 무언가가 있단 걸   언젠가   내가   너에게 말해줄게

넌 내게   예전 그   모습이 아니라 하지만   여전히   이곳에 난 서 있어   난 그냥

[후렴]
38
아직도 좋은 걸   삶을 노래하는 게 넌 말야   우리가 사랑한   시절을 떠올려봐
42
46
그렇게 우린 하루를 더 살 수 있는 걸   그렇게 우린 한 걸음 더   갈 수 있는 걸
[간주]
〈HH open〉
50
54
[브릿지]
58
모든 것들이   거짓이라 해도   상관없어   이대로 영원할 수 있다면
62
모두 사라질   허상이라 해도   상관없어   끝없이 자유로울 수 있다면

[후주]
〈HH open〉

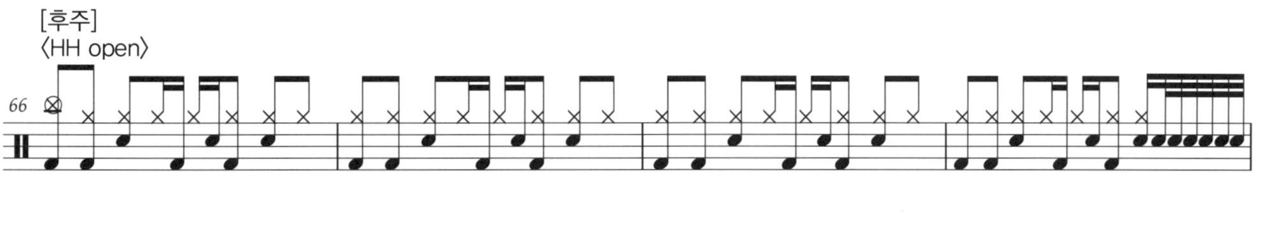
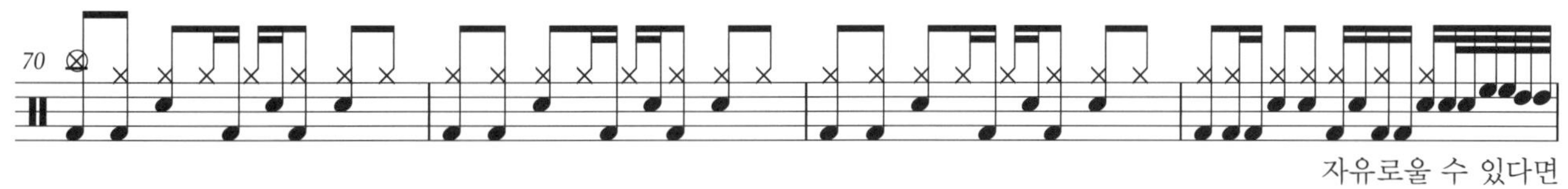
자유로울 수 있다면
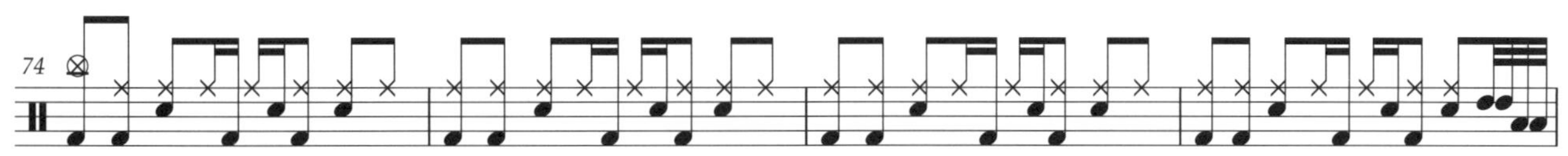
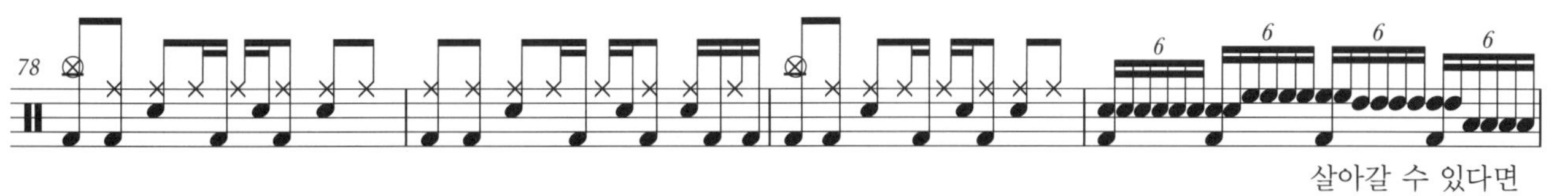
살아갈 수 있다면

나아갈 수 있다면
자유로울 수 있다면

영원할 수 있다면

손과 발 연습 하기 1

손과 발을 함께 사용하는 기본적인 패턴을 연습해 봅시다.
다양한 리듬과 필인에 기초가 되는 패턴으로 꾸준히 연습하여 숙달되도록 해봅시다.

스네어

탐탐

손과 발 연습 하기 2

오른손은 하이햇을, 왼손은 스네어를 연주하며 손과 발의 동작을 자연스럽게 연결되도록 연습합니다.
숙달된 후에는 오른손을 라이드로, 왼손은 스네어 – 탐탐 등으로 자유롭게 손을 옮겨 보면서 연습해 봅시다.

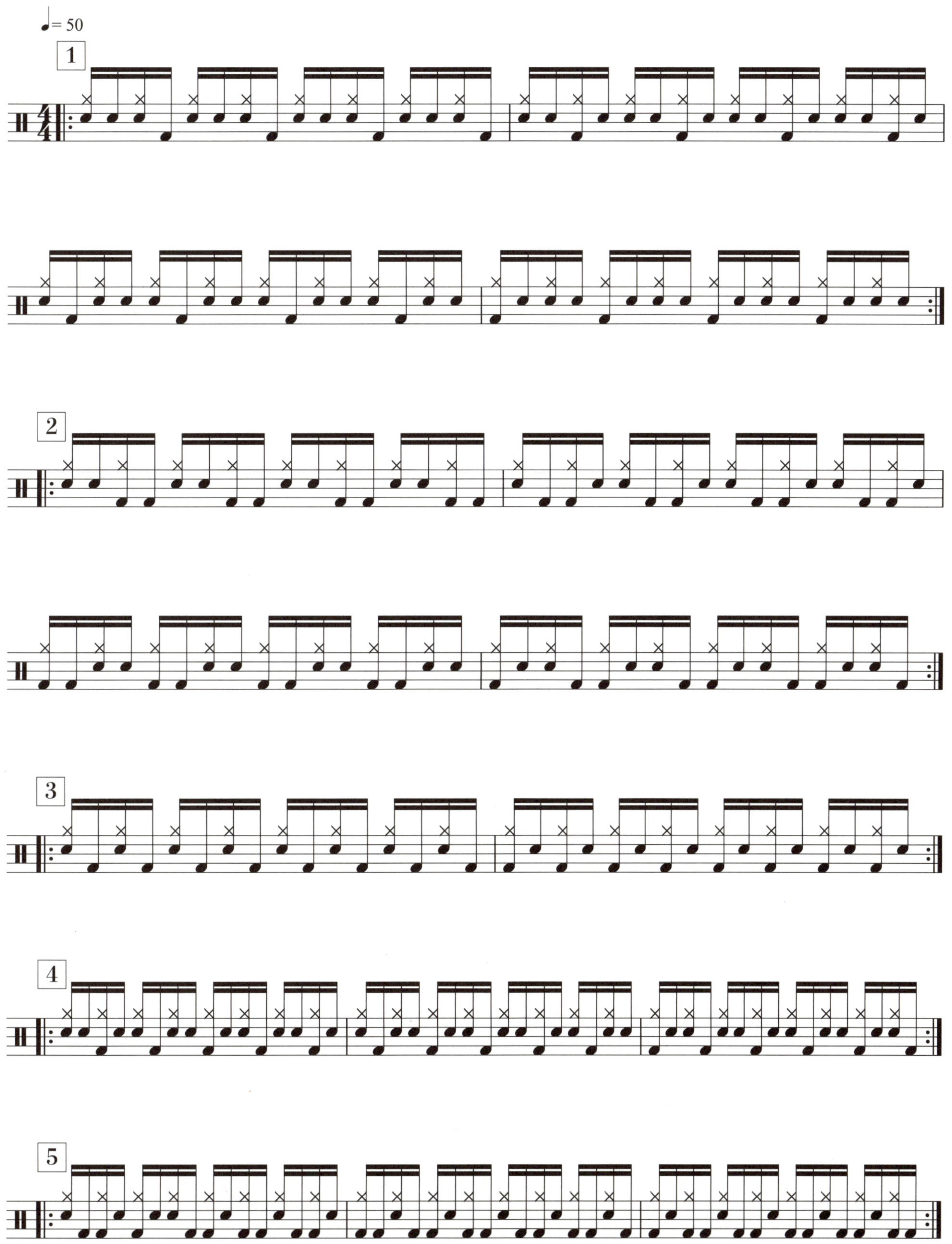

Smells Like Teen Spirit

GROHL DAVID ERIC 외 2명 작사
GROHL DAVID ERIC 외 2명 작곡
Nirvana 노래

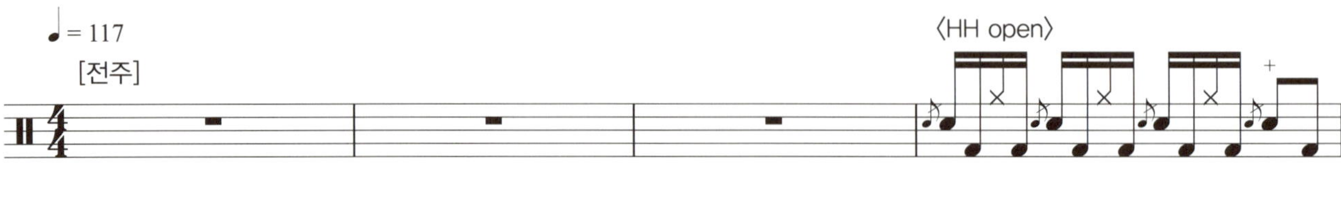

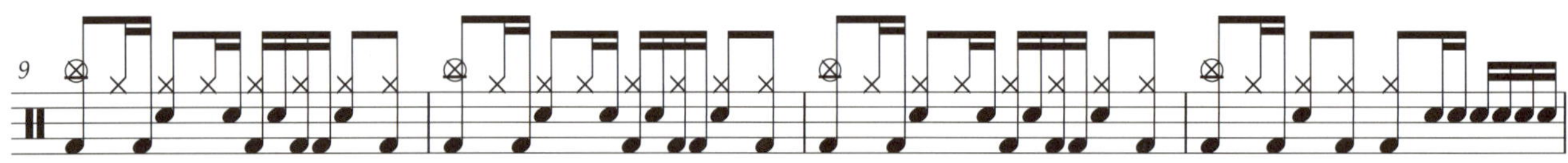

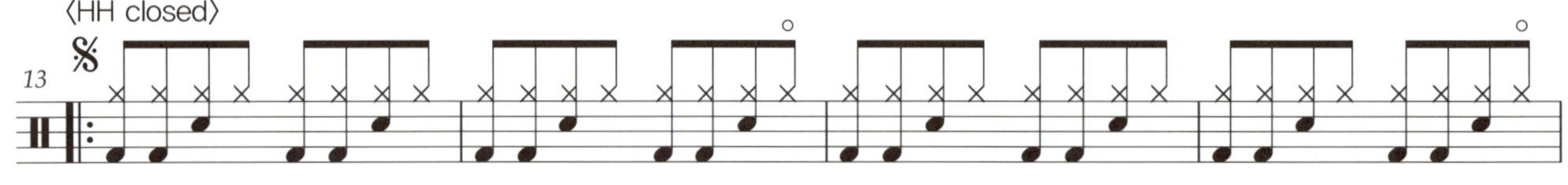

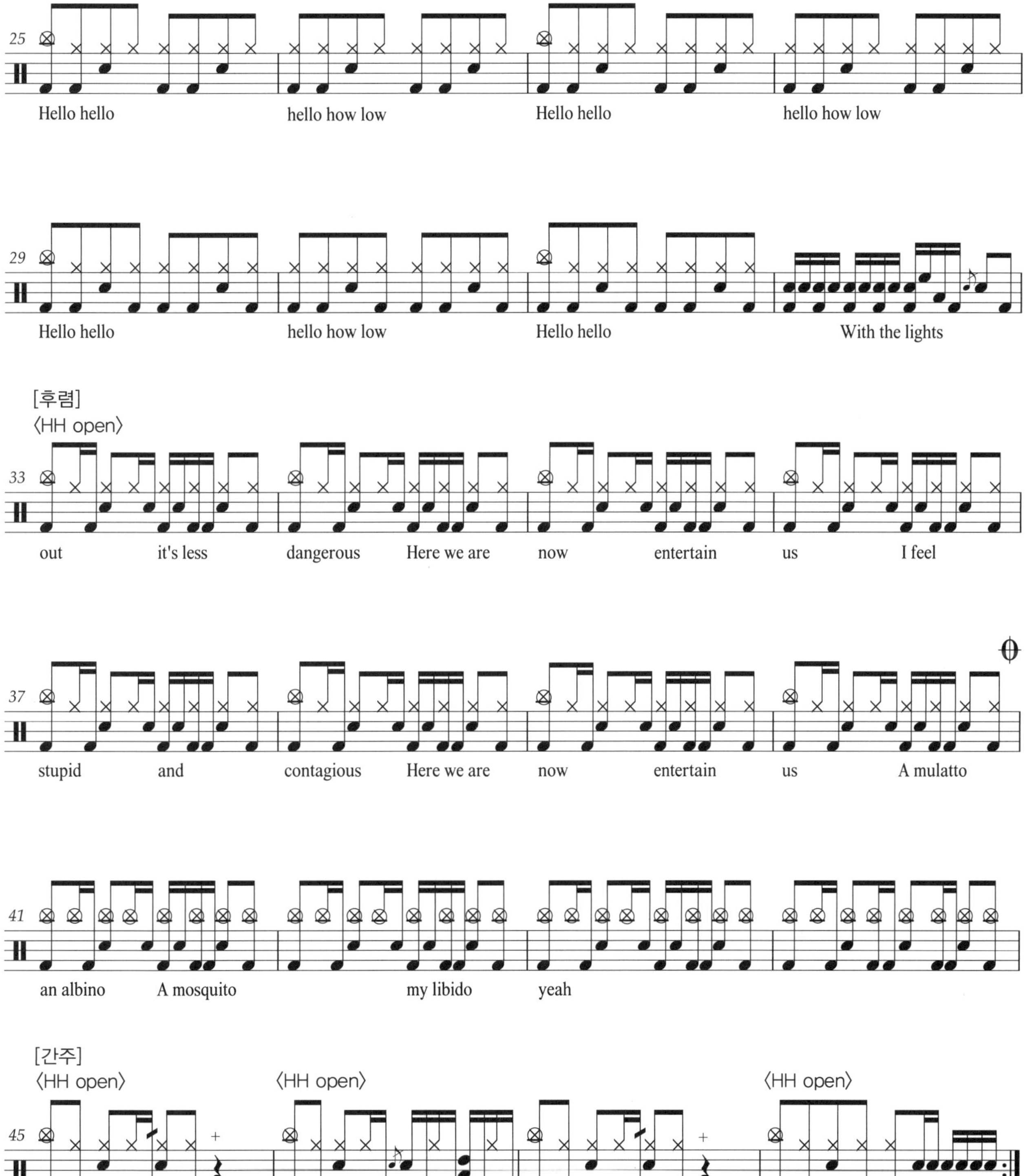
〈HH open〉
25
Hello hello
hello how low
Hello hello
hello how low
29
Hello hello
hello how low
Hello hello
With the lights
[후렴]
〈HH open〉
33
out
it's less
dangerous
Here we are
now
entertain
us
I feel
37
stupid
and
contagious
Here we are
now
entertain
us
A mulatto
41
an albino
A mosquito
my libido
yeah
[간주]
〈HH open〉
〈HH open〉
〈HH open〉
45

[기타 솔로]
〈HH open〉
49
53
57
61
D.S. al Coda
65
an albino   A mosquito   my libido
[후주]
69
73

Flashback

♩ = 83
[전주]

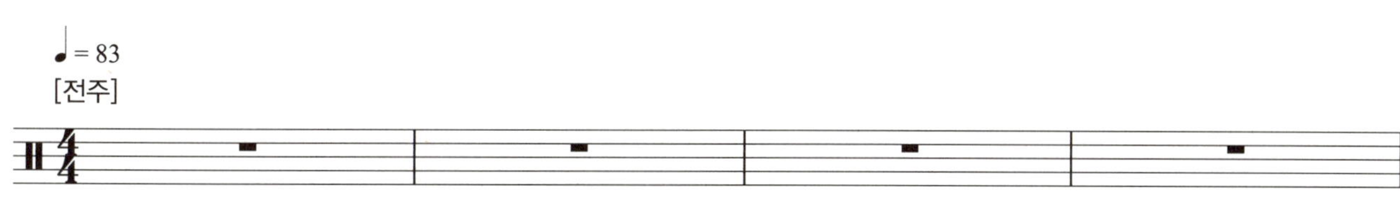

[후렴]
21
언젠가 네가 말하던 그   사랑 얘기에 착각   속 살았던 날 다시   돌아본대도   행복해
25
말하던 너의   표정의 의미가   놓쳐버린 행복인 걸   알겠죠
29
시간
[절]
31
지나며 사라진 내   기억   생각   없이 생각나기 참   쉽죠   웃겨
35
난 그땐   무표정했었는데   예전의 나를 그리워하죠   새하얀
[T브릿지]
39
눈꽃들을 마주하고   거짓같이 사라지죠   계절은 변하고   기다림은
43
먼지가 쌓여서 멀리   하게 되죠 보고 싶어   모습을   떠올리면   언젠가
[후렴]
〈HH open〉
47
네가 말하던 그   사랑 얘기에 착각   속 살았던 날 다시   돌아본대도   행복해

말하던 너의
표정의 의미가
놓쳐
버린 행복인 걸
알겠죠
[기타 솔로]
〈HH open〉
어느 날
[후렴]
내게 주었던
그 사랑 얘기는
다시는 잊을 수 없는 큰
설렘이었어 고마워
전하고 싶은 내
말의 의미가
놓쳐
버린 진심인 걸
알았죠
[후주]
〈HH open〉
행복해
말하던 너의 표
정의 의미가 놓쳐
버린 행복인 걸
알겠죠

Still Loving You

MEINE KLAUS 작사
SCHENKER RUDOLF 작곡
Scorpions 노래

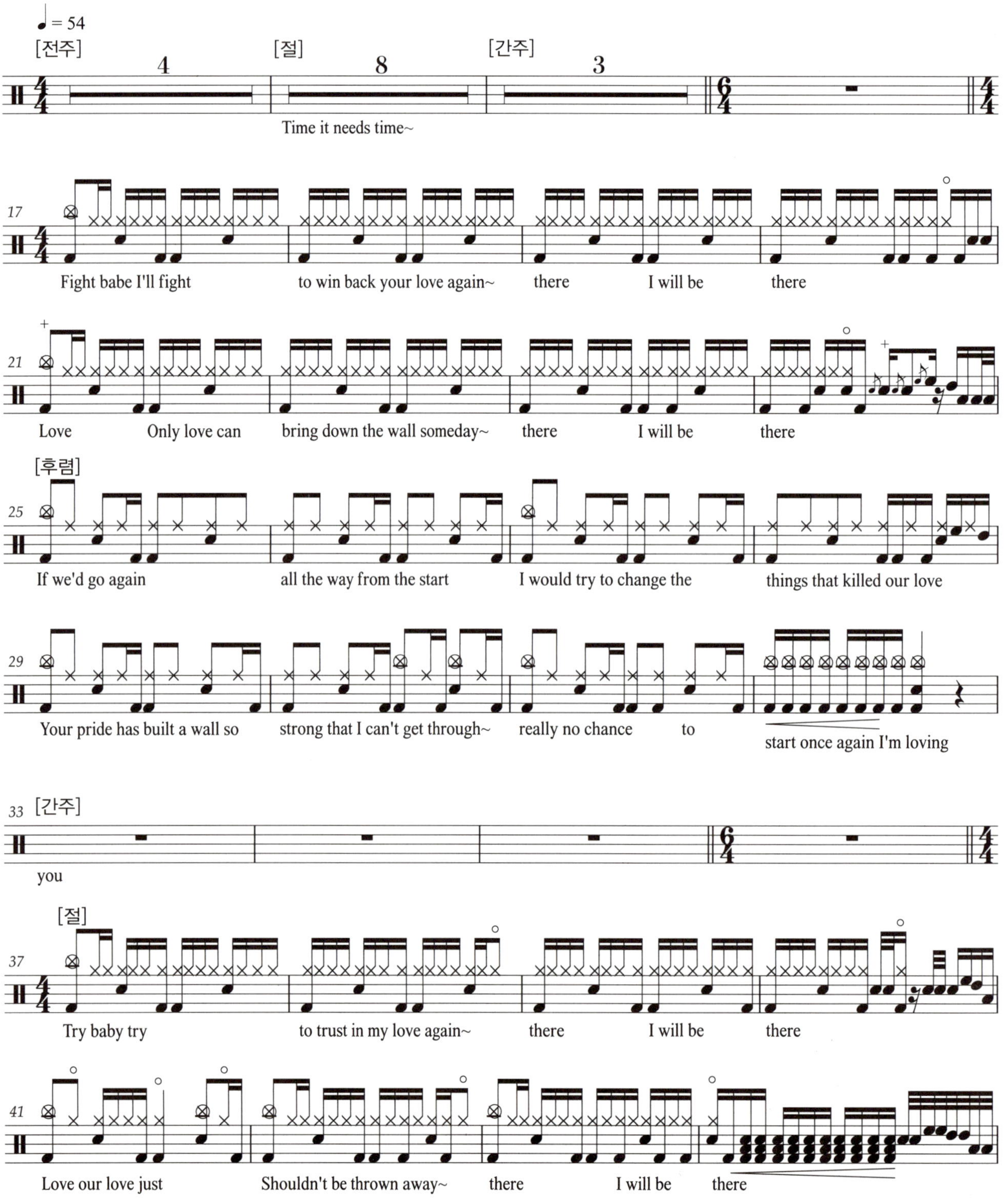

[절]
45
If we'd go again   all the way from the start   I would try to change the   things that killed our love
49
Your pride has built a wall so   strong that I can't get through~   really no chance   to   start once again
53
If we'd go again   all the way from the start   I would try to change the   things that killed our love
57
Yes I've hurt   I know what you've been through~ give me a chance   this   can't be the end I'm still loving
61
you   I'm still loving   you   I'm still loving
65
you   I'm still loving   you   I'm still loving
[후주]
⟨HH open⟩
69
you
72
6
75
6
78

She's gone

MATTJEVIC MICHAEL 작사
MATTJEVIC MICHAEL 작곡
Steelheart 노래

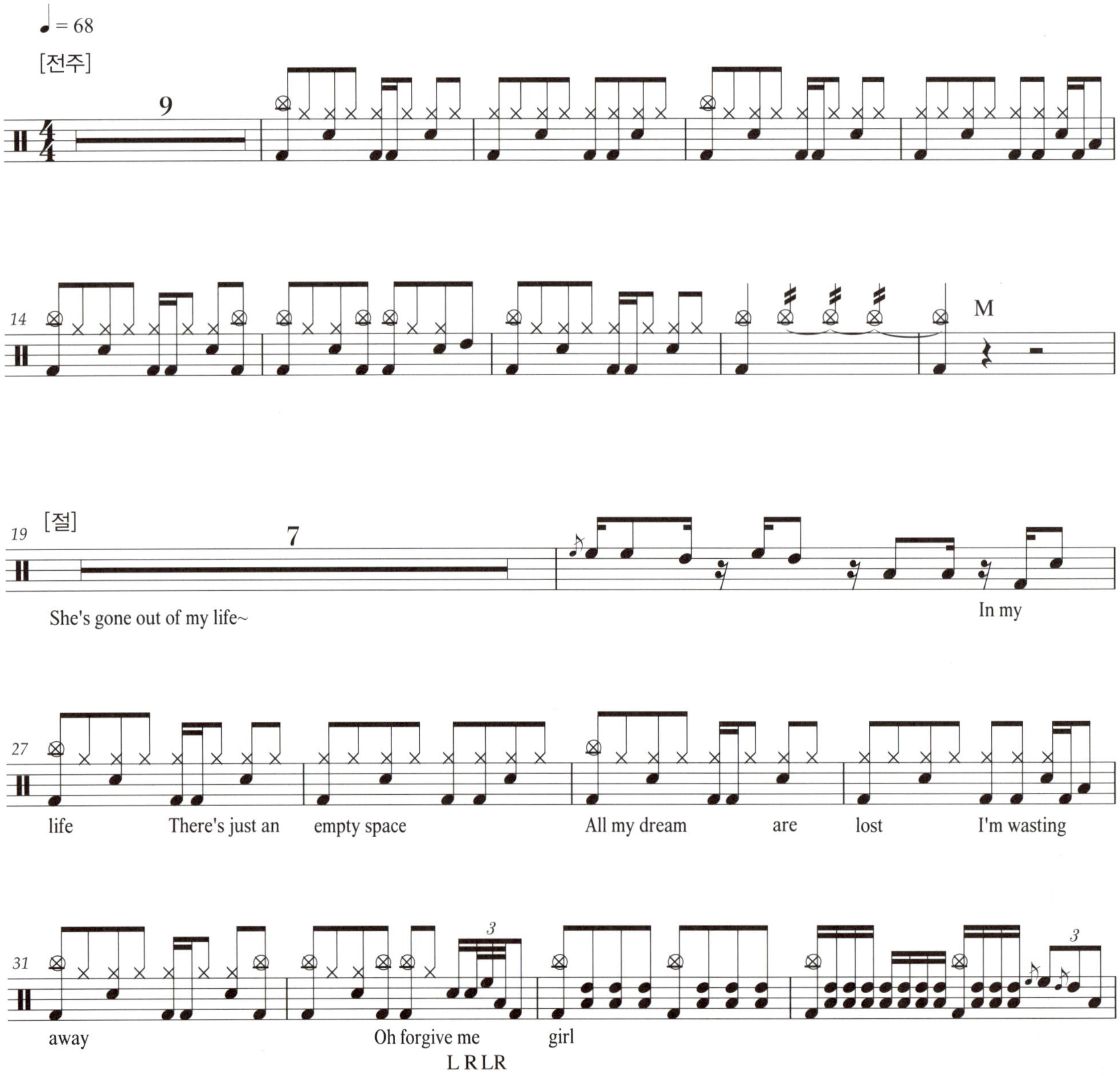

[후렴]
35
Lady won't you save me my heart belongs to you
39
Lady can you forgive me for all I've done to you
43
3
8
lady Oh lady She's gone out of my life~ Come
L RLR
[절]
55
back into my arms I'm so alone I'm begging you I'm down on
59
3
3
my knees Oh forgive me girl
L R LR
[후렴]
63
Lady won't you save me my heart belongs to you
67
3
Lady can you forgive me for all I've done to you
71
3
3 3
Lady Oh Lady Oh Lady
RLR L RLR L L R L R L R L R L

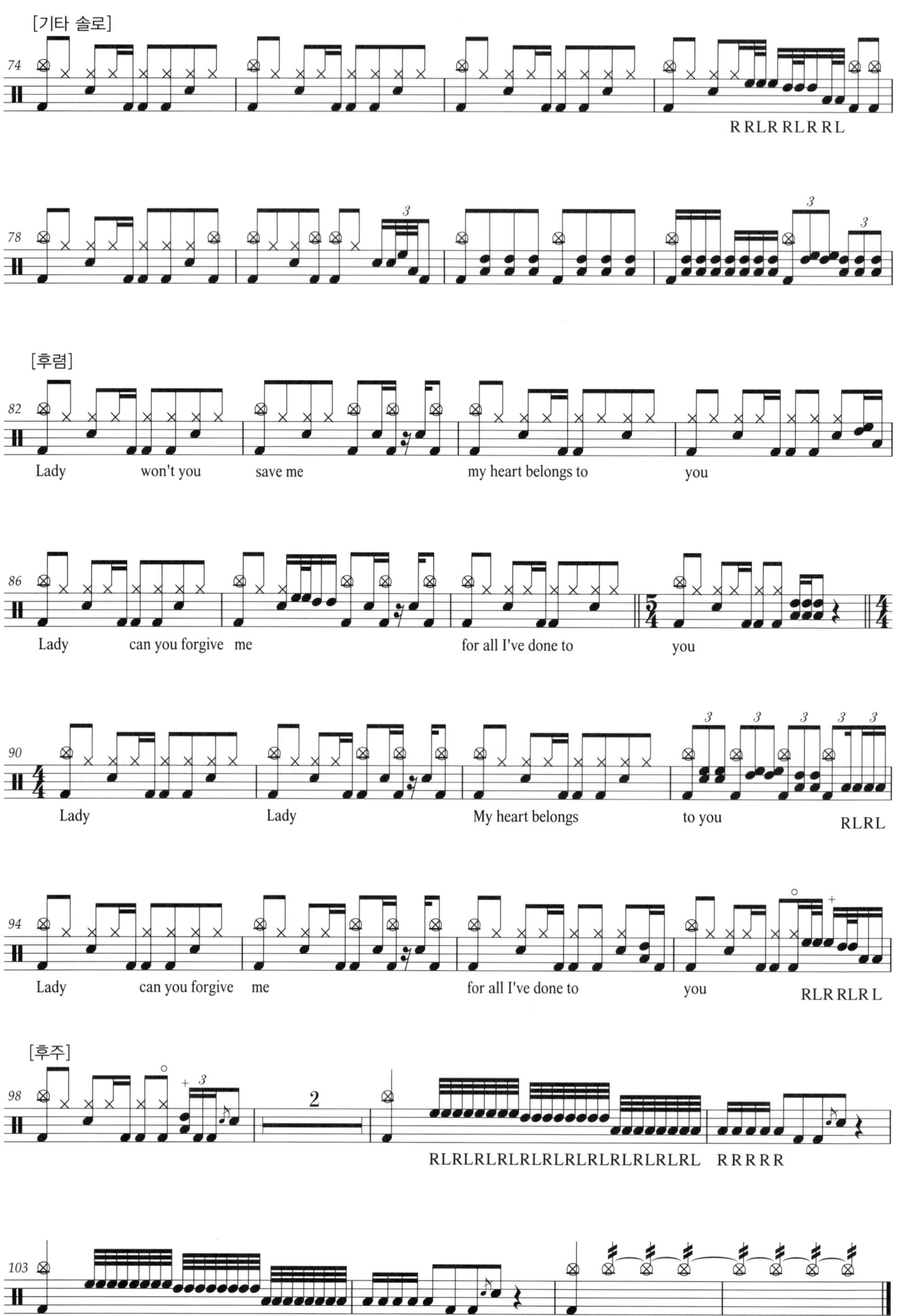

[기타 솔로]
74
R R L R R L R R L
78
[후렴]
82
Lady won't you save me my heart belongs to you
86
Lady can you forgive me for all I've done to you
90
Lady Lady My heart belongs to you
RLRL
94
Lady can you forgive me for all I've done to you
RLR RLR L
[후주]
98
RLRLRLRLRLRLRLRLRLRLRL R R R R R
103

하이햇 오픈 & 클로즈 힐업

힐업은 왼발을 오른발처럼 들었다가 밟아서 소리를 내는 연주법으로, 'HH Foot'으로 표기하기도 합니다.

하이햇 오픈 & 클로즈 힐업

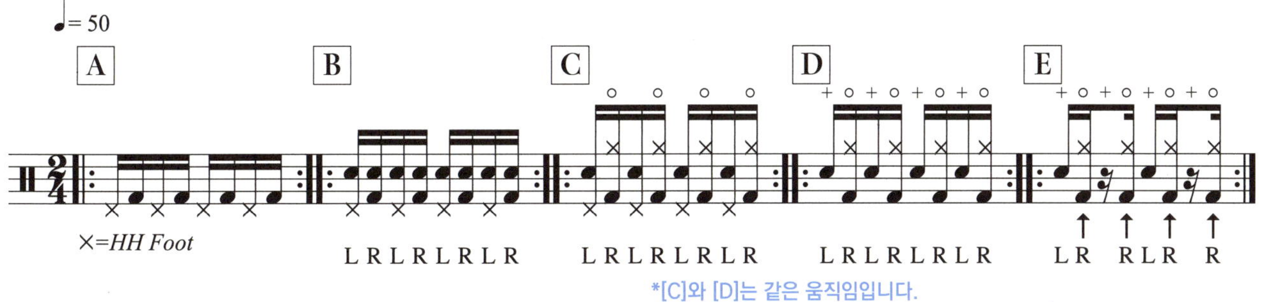

↑은 힐업 주법으로 뒷꿈치를 든 상태에서 발 전체를 들었다 내리며 하이햇을 여는 방식이고,
↓은 힐다운 주법으로 뒷꿈치를 바닥에 두고 앞꿈치를 들어 하이햇을 여닫는 방식입니다.

연습 예제

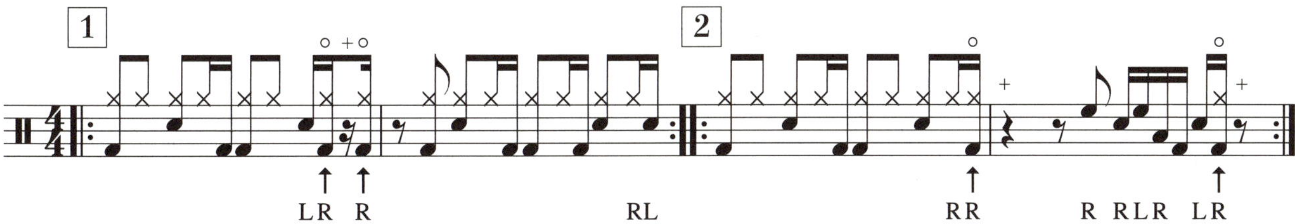

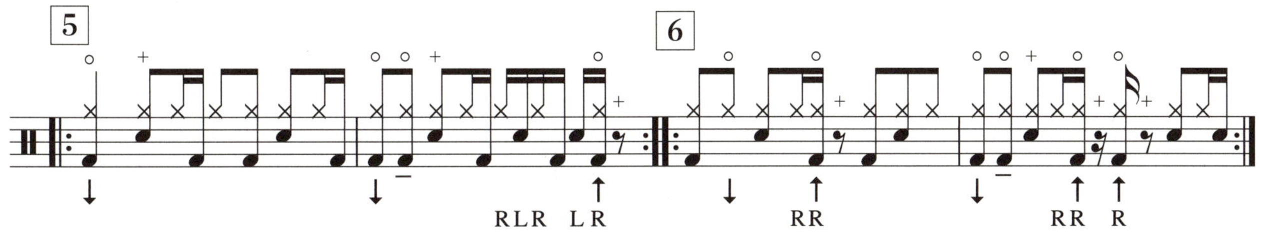

Discord

이동혁 외 2명 작사
이동혁 외 6명 작곡
QWER 노래

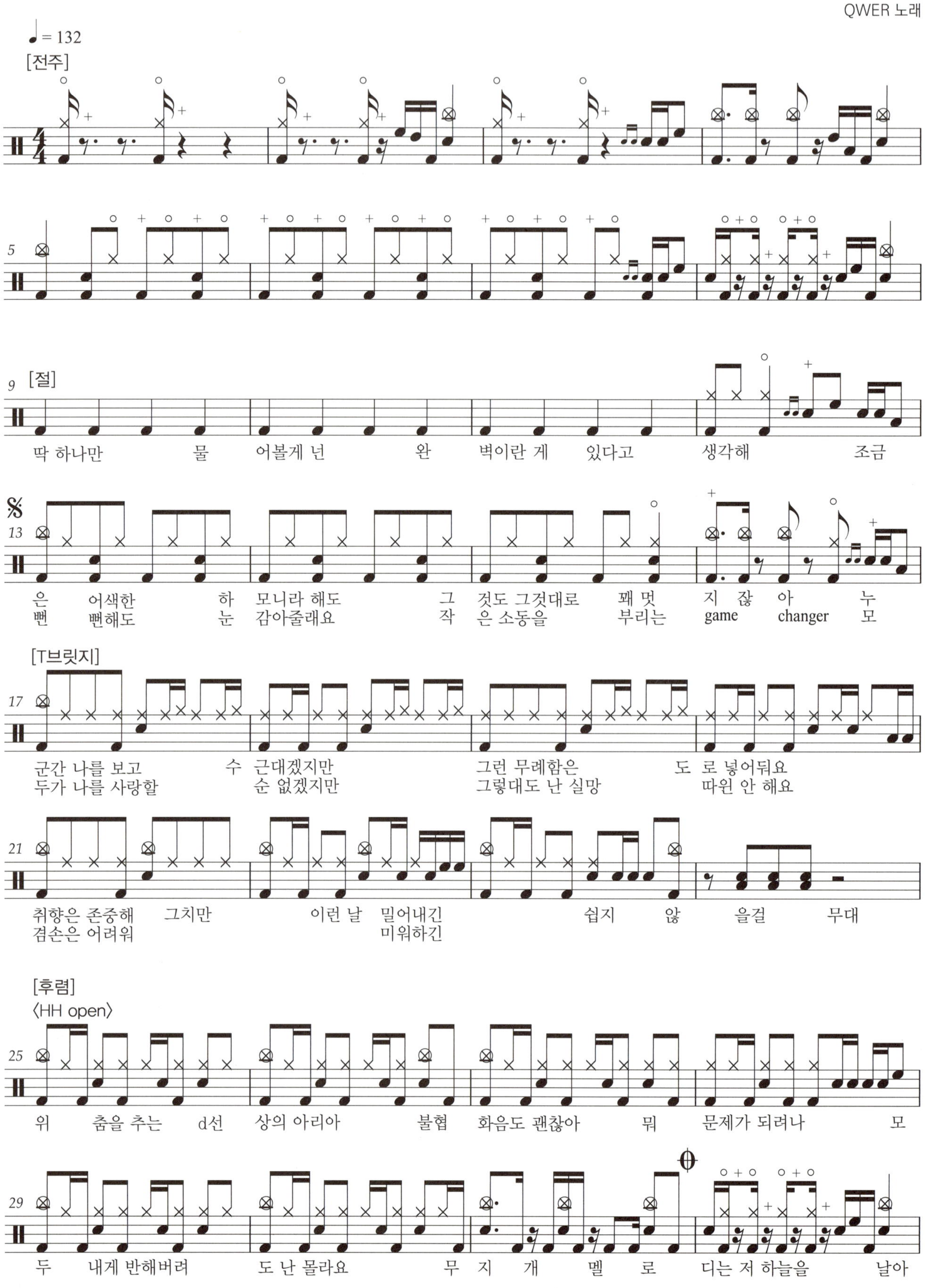

♩ = 132

[전주]

[절]
딱 하나만　　물　어볼게 넌　　완　벽이란 게　있다고　　생각해　　　조금

은　어색한　　　하　모니라 해도　　　그　것도 그것대로　꽤 멋　지 잖 아　　누 모
뻔　뻔해도　　눈　감아줄래요　　작　은 소동을　부리는　game　changer

[T브릿지]
군간 나를 보고　　　수　근대겠지만　　　그런 무례함은　　　도　로 넣어둬요
두가 나를 사랑할　　순 없겠지만　　그렇대도 난 실망　　따윈 안 해요

취향은 존중해　그치만　　이런 날 밀어내긴　　쉬지　않　을걸　무대
겸손은 어려워　　미워하긴

[후렴]
〈HH open〉
위　춤을 추는　d선　상의 아리아　불협　화음도 괜찮아　뭐　문제가 되려나　　모

두　내게 반해버려　도 난 몰라요　무 지 개 멜 로　디는 저 하늘을　　날아

이것도 나야 나야
나
이런 내가 궁금하니
뭘 해도 나야 나야
나
들어줘 나의 Discord
[절]
주사위는 던져 졌고
이 젠 눈앞에 온 거야
my turn
조금
D.S. al Coda
디는 저 하늘을
[브릿지]
사실
조금은
떨렸다랄까
두근두근대
지금 난
〈HH closed〉
자꾸 자꾸 듣고 싶어
내가 너의 최애라고
말해
[후렴]
무대 위 춤을 추는 d 선상의 아리아
〈HH open〉
불협
화음도 괜찮아
뭐
문제가 되려나
모
두
내게 반해버려
도 난 몰라요
무 지 개 멜 로
디는 저 하늘을
날아
이것도 나야 나야
나
이런 내가 궁금하니
뭘 해도 나야 나야
나
들어줘 나의 Discord

양손 16비트 리듬 심화 

양손 16비트 리듬에서 왼손 또는 연속적으로 베이스 드럼이 나오는 좀 더 복잡한 형태의 리듬을 배워 봅시다.
충분히 느린 템포에서 손과 발이 정확히 맞도록 유의하여 연습해 봅시다.

그룹 1

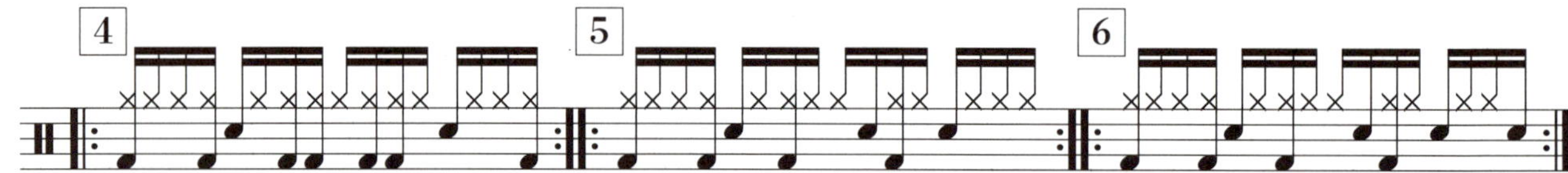

그룹 2

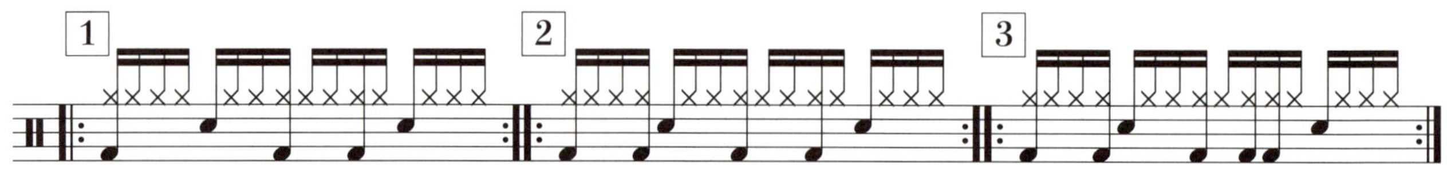

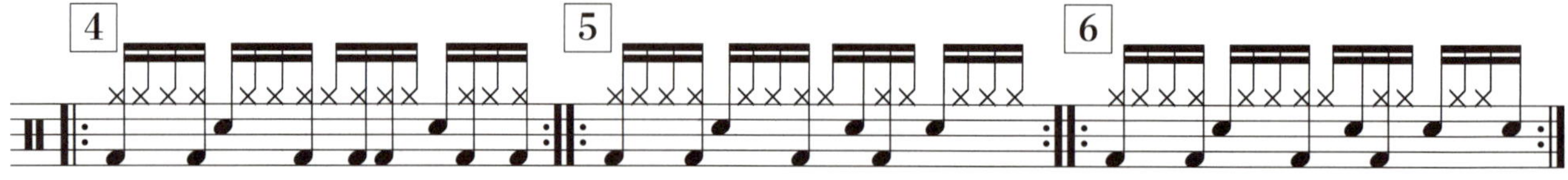

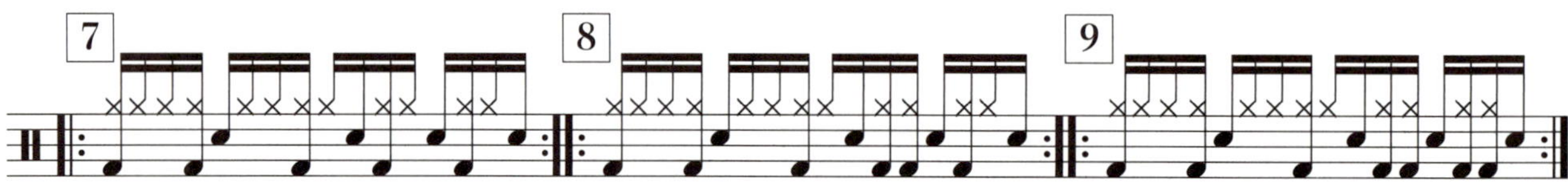

그룹 3

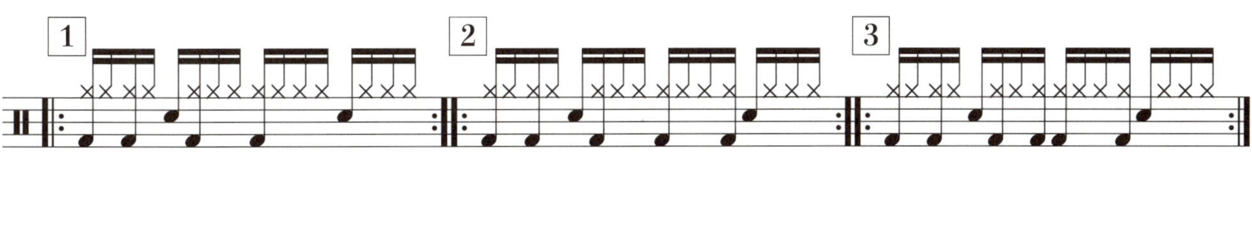

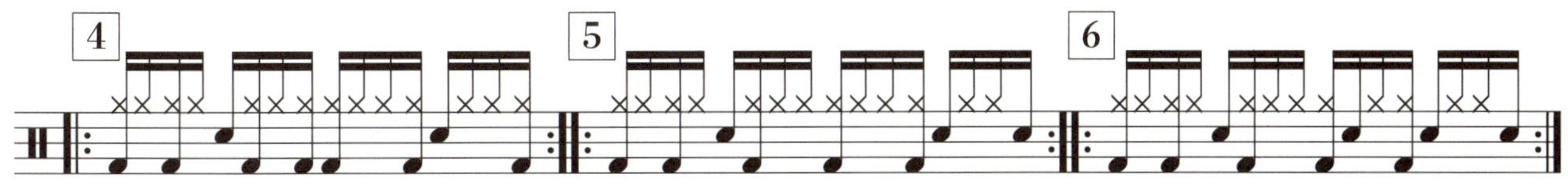

그룹 4

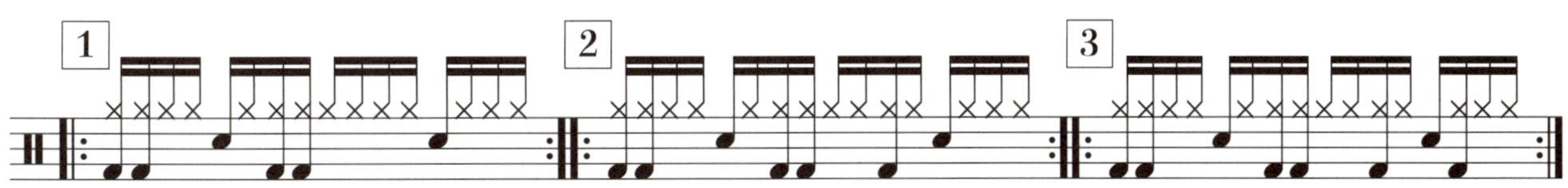

양손 16비트 리듬 응용

양손 16분음표 리듬의 여러가지 패턴을 연습해 봅시다.
리듬뿐 아니라 필인에서도 자주 쓰이는 기본적인 패턴들이니, 숙달 후 자유롭게 응용해 보세요.

패턴 1

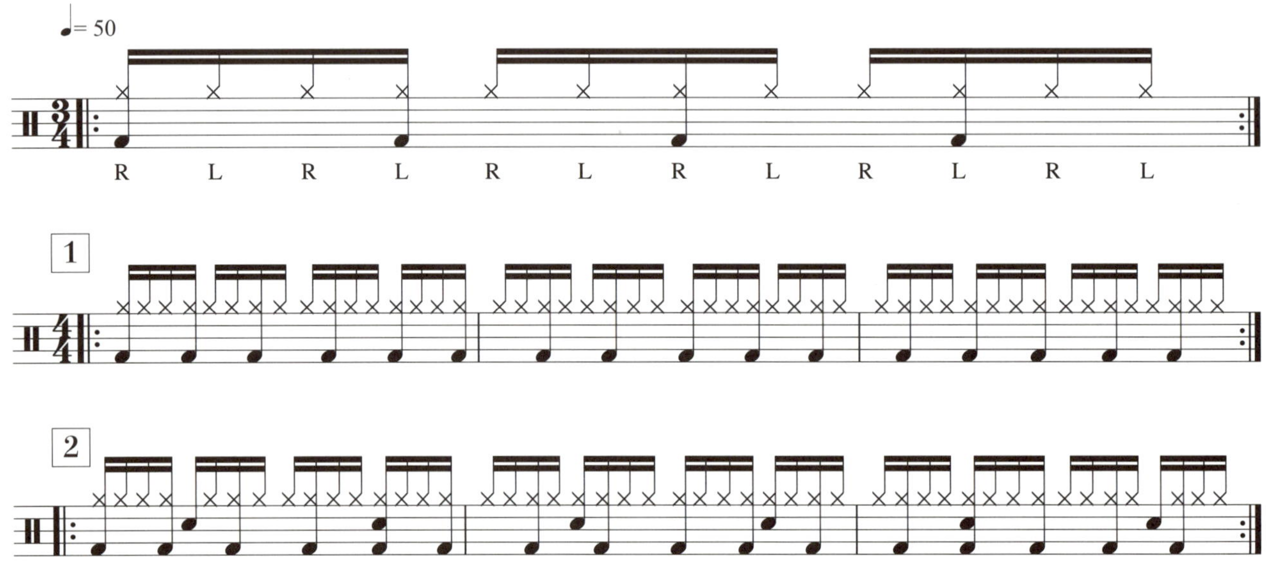

패턴 2

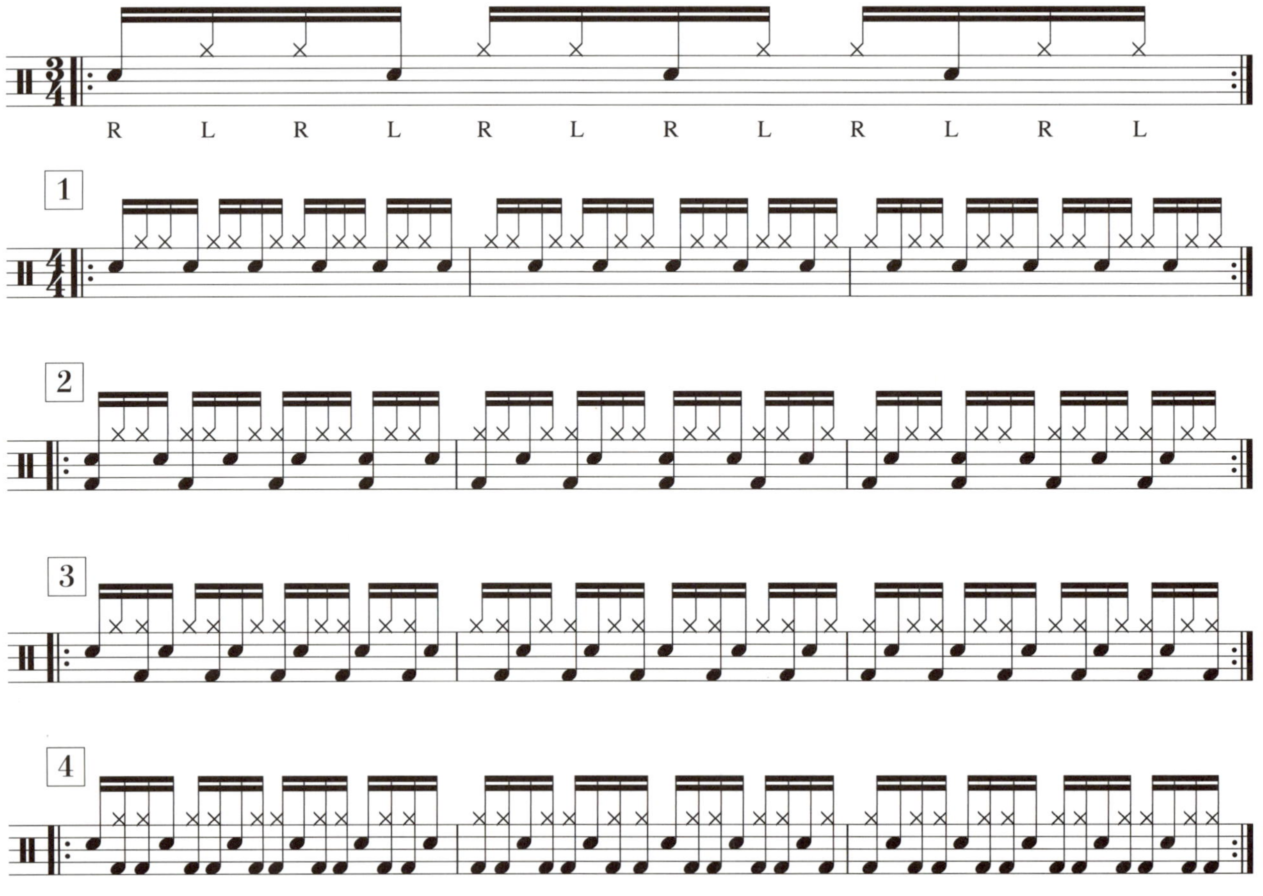

NO PAIN

김한주 외 3명 작사
김한주 외 3명 작곡
실리카겔 노래

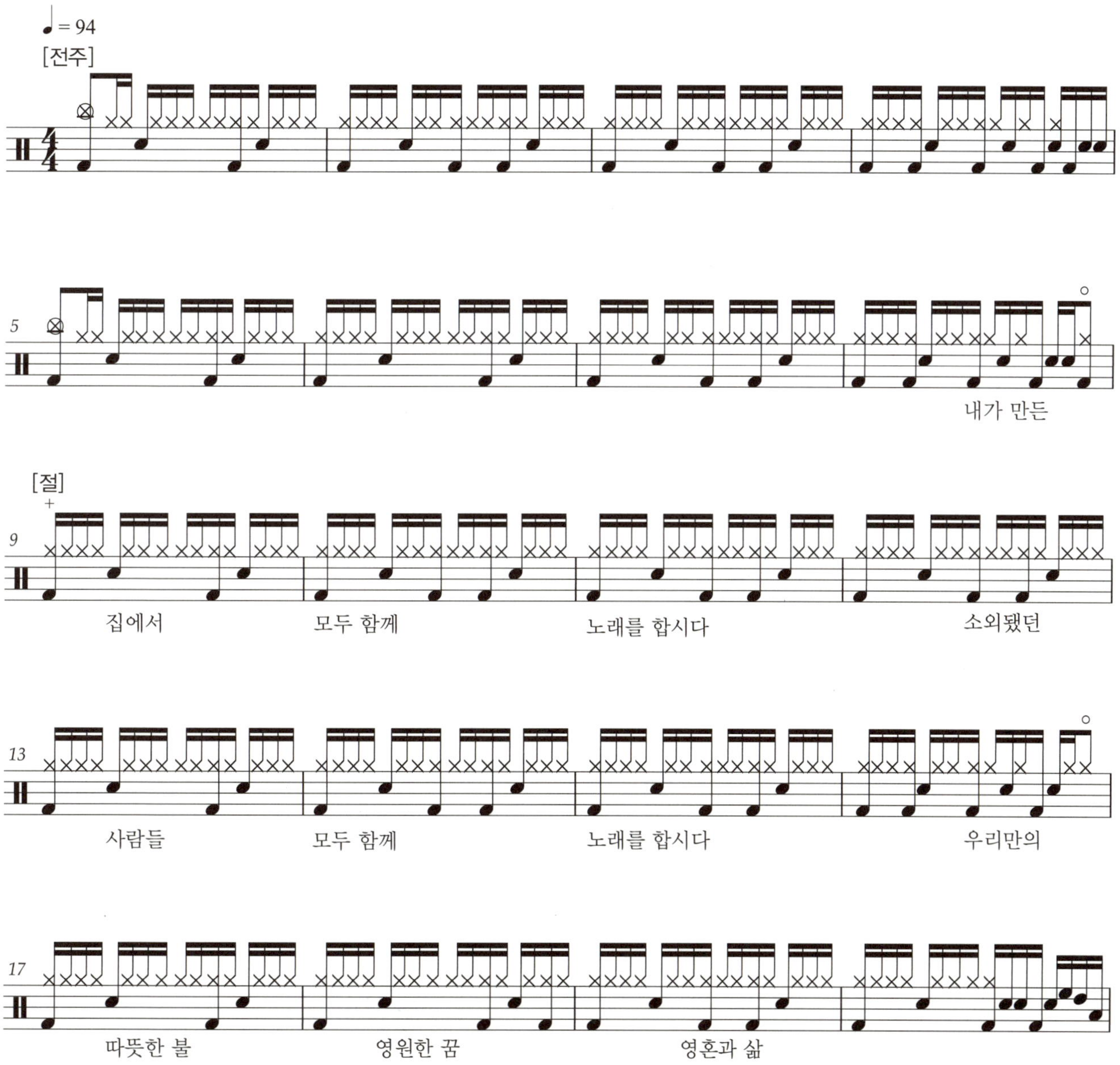

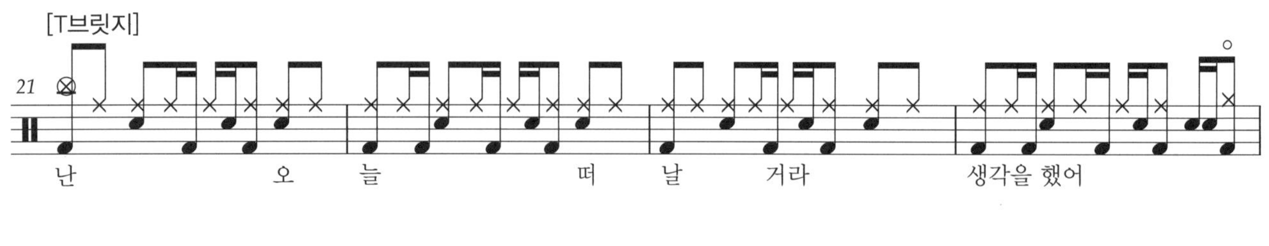
[T브릿지]
21
난   오   늘   떠 날 거라   생각을 했어

25
날   미 워하   지 마

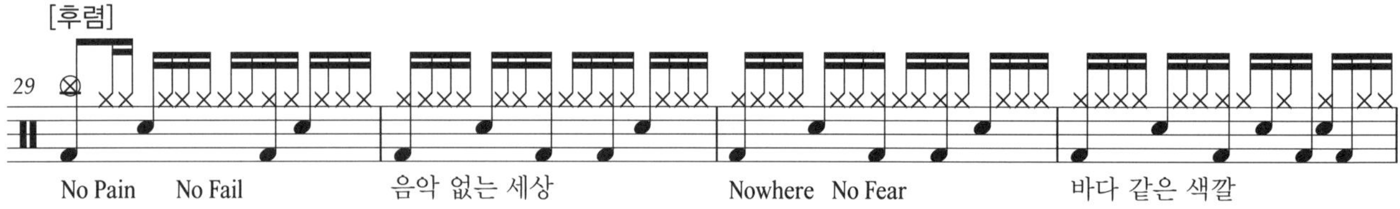
[후렴]
29
No Pain   No Fail   음악 없는 세상   Nowhere No Fear   바다 같은 색깔

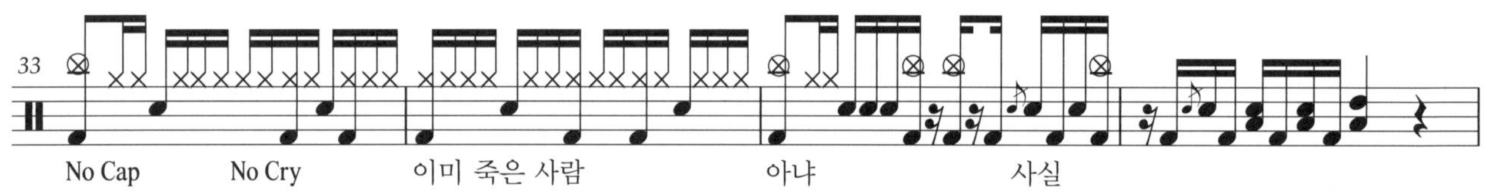
33
No Cap   No Cry   이미 죽은 사람   아냐   사실

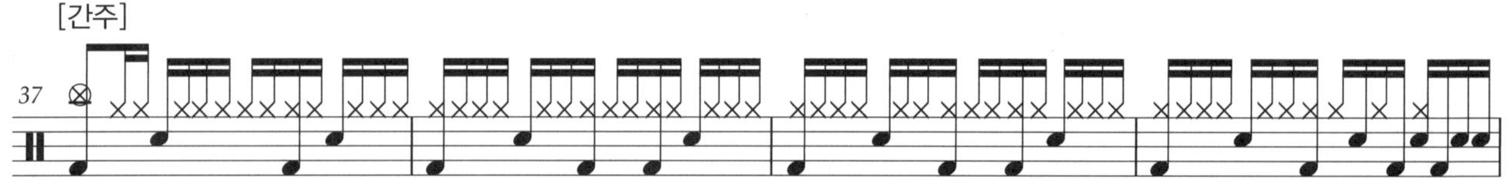
[간주]
37

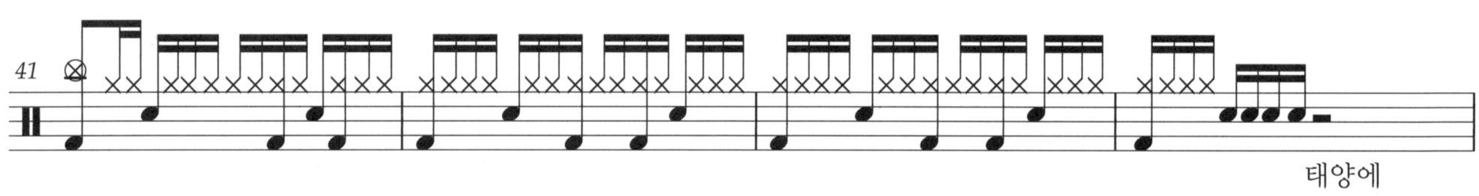
41
태양에

45 [절]
맡겨 뒀던   가족과 모든   분들의 사랑   밤안개

49
짙어진 뒤   훔치려고   모인 자경단

[T브릿지]
53
난
난 오늘
떠날 거라고
생각했어
57
날
미 워하
지 마
61 [후렴]
No Pain No Fail
음악 없는 세상
Nowhere No Fear
바다 같은 색깔
65
No Cap
No Cry
이미 죽은 사람 아냐
69
No Pain
No Fail
음악 없는 세상
Nowhere No Fear
바다 같은 색깔
73
No Cap
No Cry
이미 죽은 사람 아냐
사실
[후주]
77
81
85 +

4비트 리듬

4비트 리듬은 하이햇을 4분음표 단위로 연주하는 리듬으로, 일반적으로 빠른 노래에 많이 사용됩니다.
메트로놈에 맞춰 80~160까지 속도를 올려보세요.

1. 기본 패턴

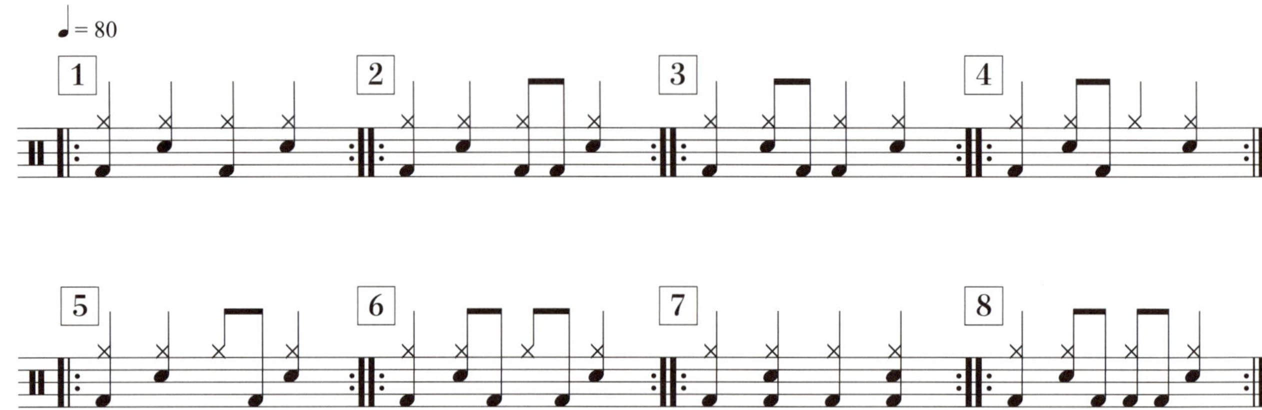

2. 당김음 패턴

4비트 리듬 응용

킥과 스네어를 더 쪼개서 아래와 같은 리듬으로 응용할 수 있습니다.

패턴 1

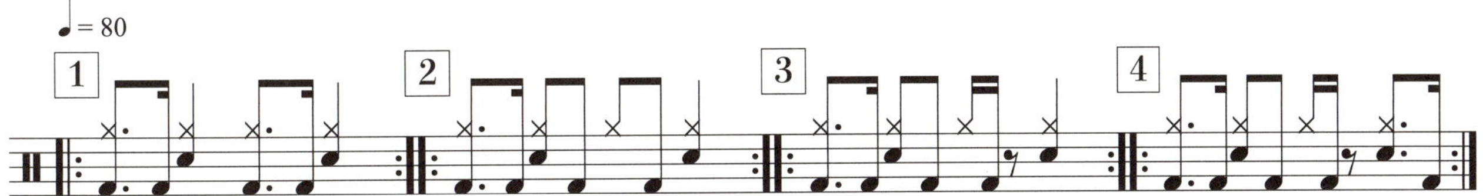

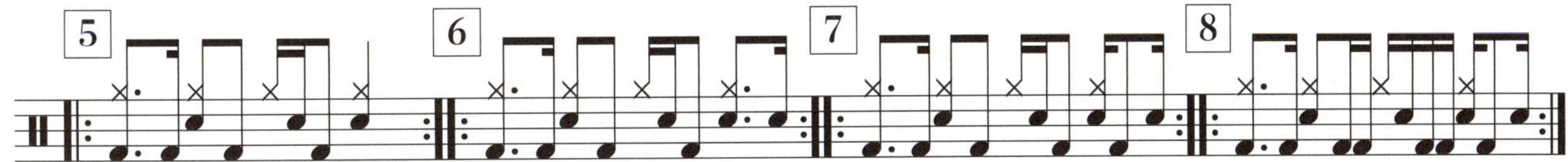

패턴 2

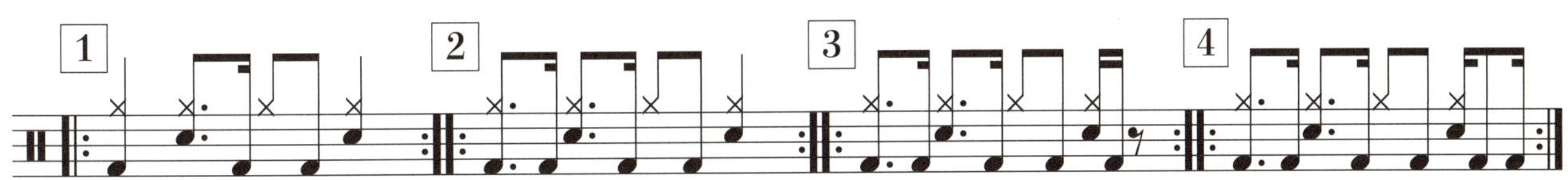

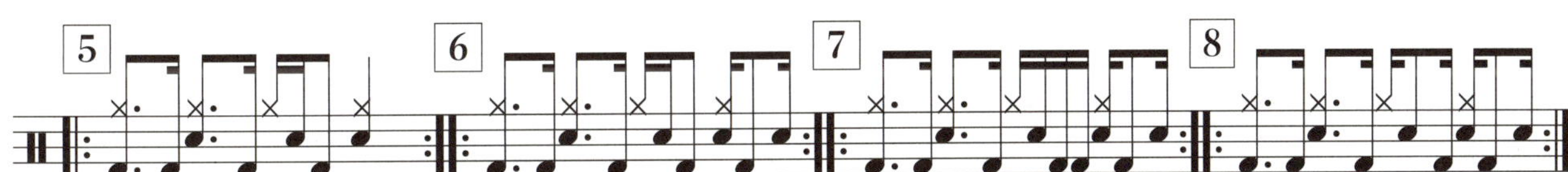

패턴 3

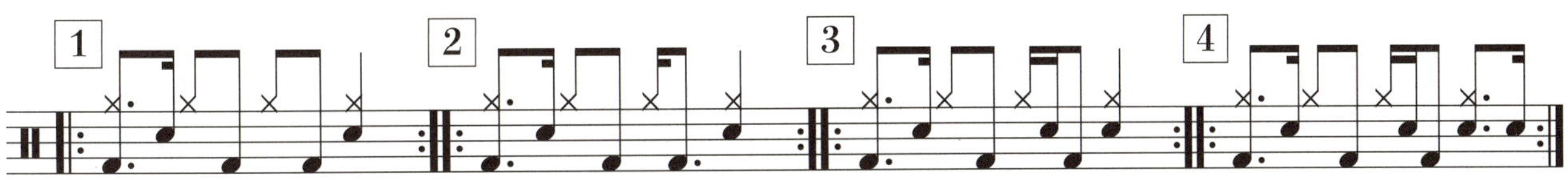

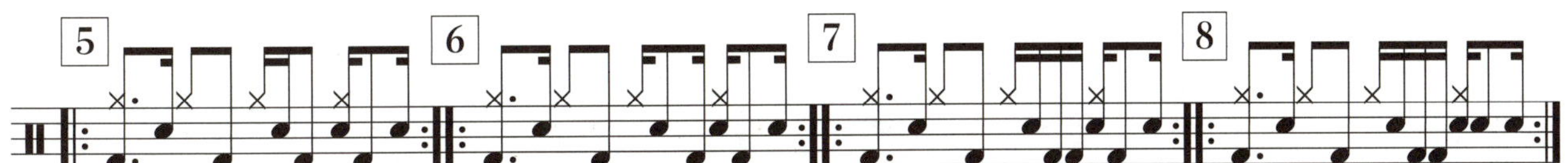

16분음표와 쉼표 손 발로 연습하기

다양한 16분음표와 쉼표를 손과 발을 이용하여 연습해 봅시다.
다양한 필인 등에 사용되는 기초가 되는 연습입니다.

그룹 1

그룹 2

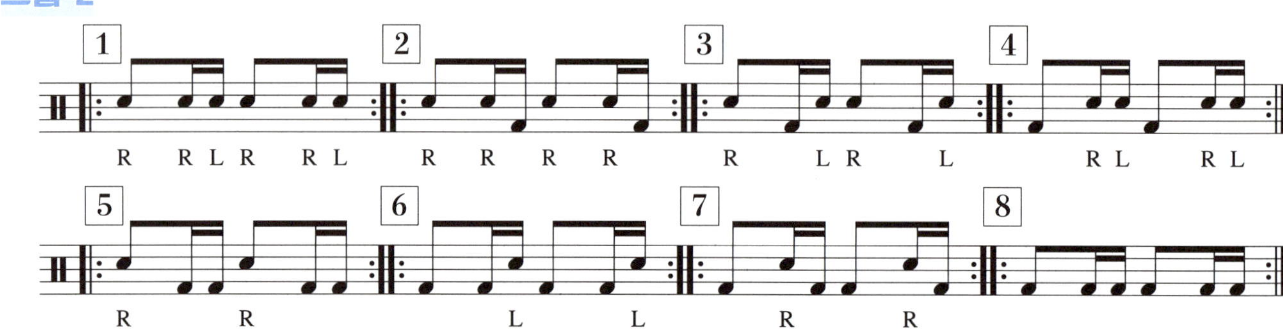

그룹 3

그룹 4

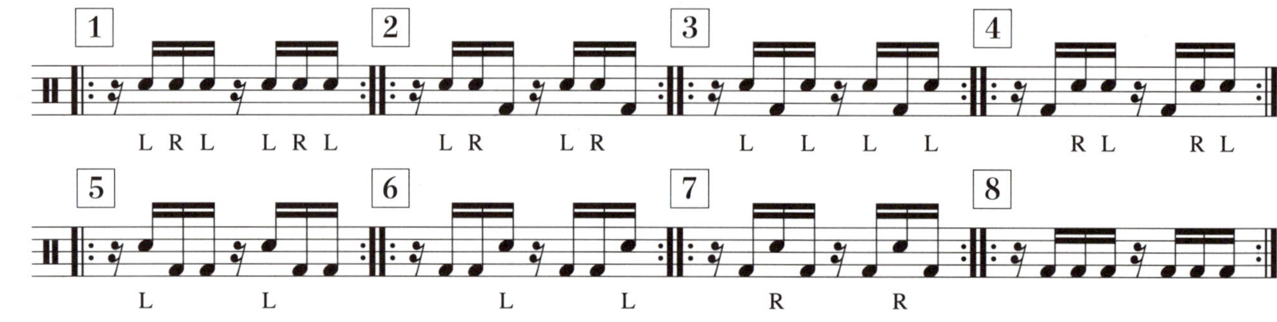

그룹 5

싱글 스트로크 속도 올리기

메트로놈으로 40~90까지 속도를 올려보세요.
팔이나 손가락을 사용하지 않고 손목을 움직이는 형태로 연습해 봅시다.

그룹 1

그룹 2

No One Like You

MEINE KLAUS 작사
SCHENKER RUDOLF 작곡
Scorpions 노래

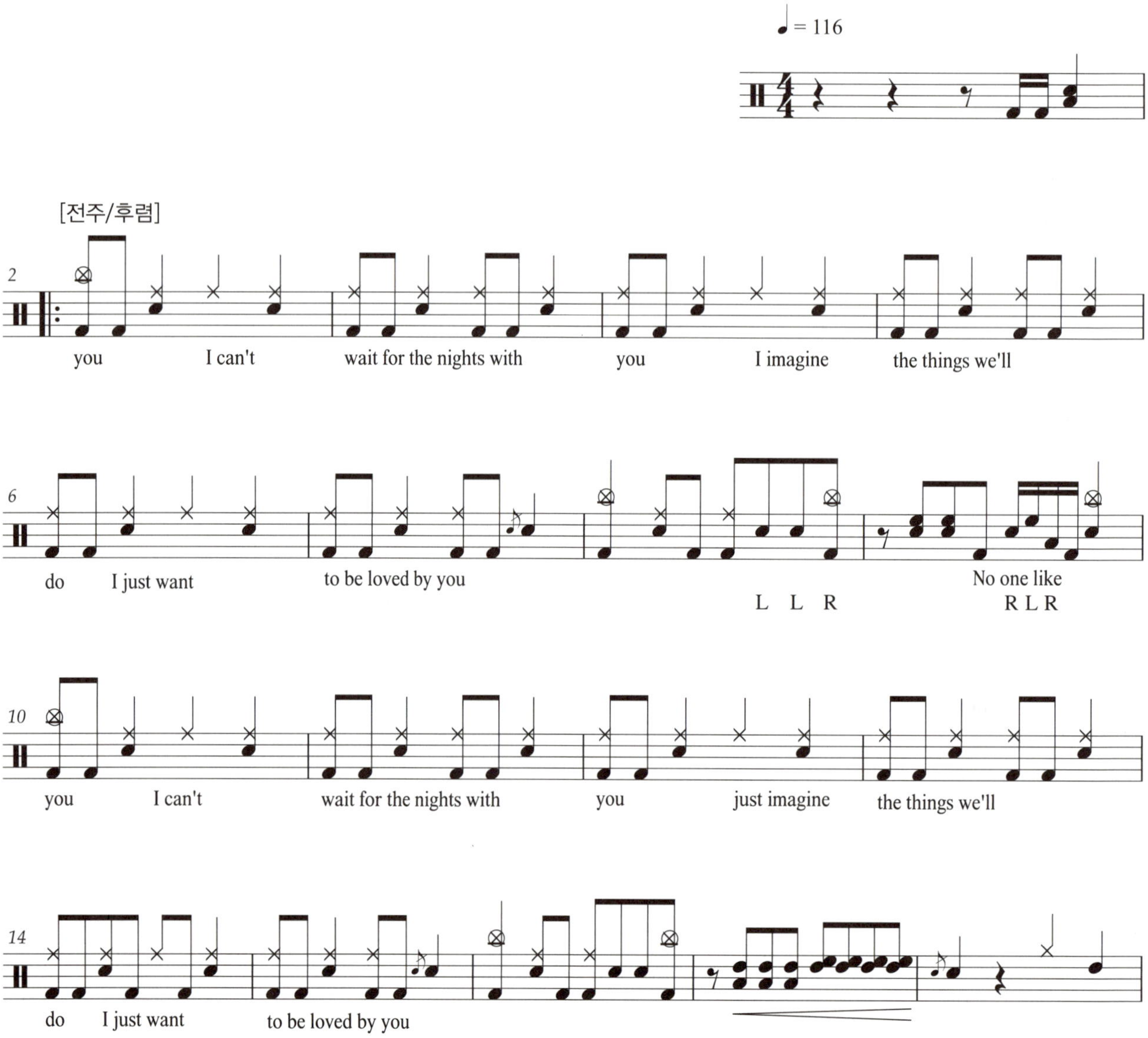

[절]
Girl it's been a
Girl there are
long time that we've been
really no words strong
apart
enough
Much too
To describe
long for a man who needs
all my longing for
love
I miss you since I've been
I don't want my feelings
away
restrained
(2nd only)
Babe
I just
It wasn't
easy to leave you
need you like never
alone
before
It's getting
just imagine
harder each time that I
come through this
1.
go
if
I had the choice I would
stay
There's no one like
2.
door
You'd
take all my sorrow
away
There's no one like
[후렴]
you
I can't
wait for the nights with
you
I imagine
the things we'll
do
I just want
to be loved by you
No one like
you
I can't
wait for the nights with
you
just imagine
the things we'll

53
do   I just want   to be loved by you
[기타 솔로]
⟨HH open⟩
57
61
65
69
There's no one like
[후렴]
73
you   I can't   wait for the nights with   you   I imagine   the things we'll
77
do   I just want   to be loved by you   No one like you
81
you   I can't   wait for the nights with   you   I imagine   the things we'll
85
do   to be loved by you
89
There's no one like

146

♩ = 172

[전주]

〈HH open〉

[절A]

1.

2.

If I'm a bad person   you don't like me   I guess I'll   make my own way   anymore
It's a circle   a mean cycle   I can't excite you

Where's your gavel   your jury   What's my   offense this time

You're not a judge but   if you're gonna judge me   Well sentence me to   another life

[절B]
〈HH open〉
30
Don't wanna hear your   sad songs I don't wanna feel your   pain When you swear it's all my   fault 'Cause you know we're not the

34
same We're not   the same   Oh we're not   the same

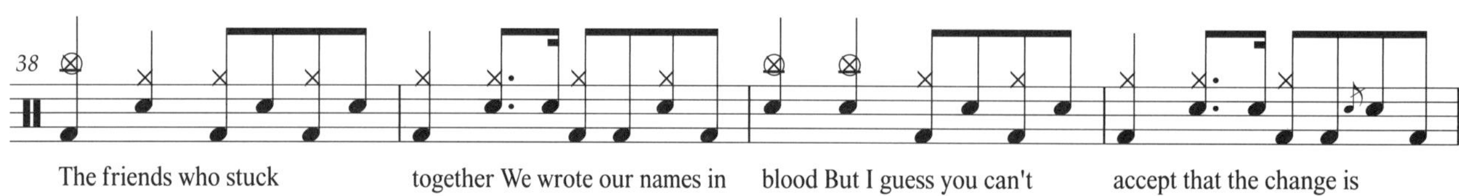
38
The friends who stuck   together We wrote our names in   blood But I guess you can't   accept that the change is

42
good It's   good   It's   good

46

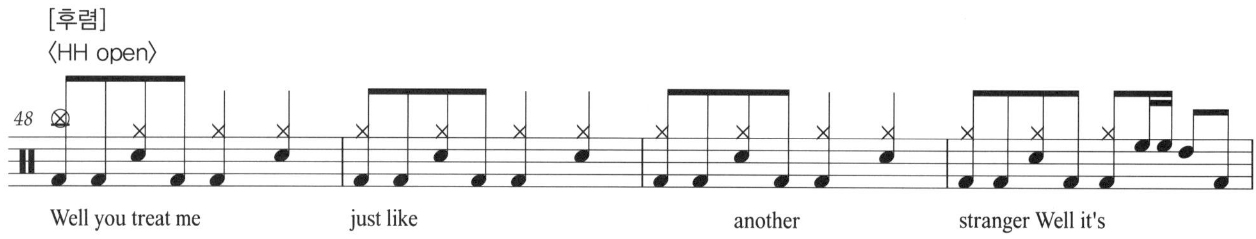
[후렴]
〈HH open〉
48
Well you treat me   just like   another   stranger Well it's

52
nice to meet you   sir I guess I'll   go I best be   on my way out

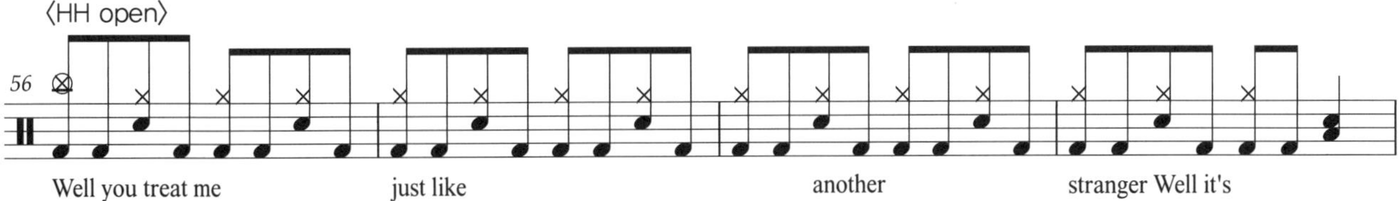
〈HH open〉
56
Well you treat me   just like   another   stranger Well it's

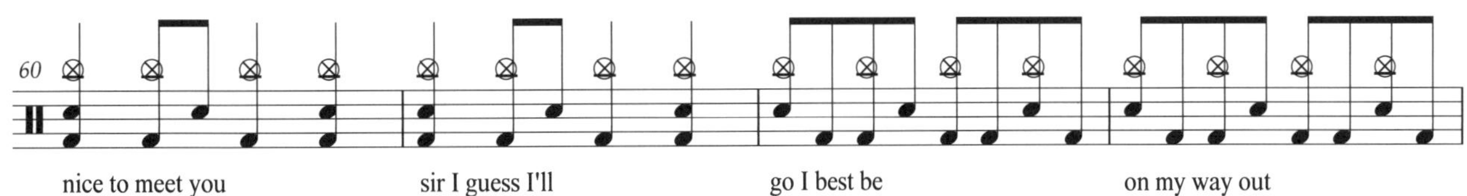
60
nice to meet you   sir I guess I'll   go I best be   on my way out

[브릿지]
64
Ignorance is your   new best friend   Ignorance is your   new best friend

[절A]
68
This is the best thing   that could've happened   Any longer and I   wouldn't have made it

72
It's not a war no,   it's not a rapture   I'm just a person but   you can't take it

76
The same tricks that   that once fooled me   They won't get you   anywhere

80
I'm not the same kid   from your memory   Well, now I can   fend for myself

[절B]
〈HH open〉
Don't wanna hear your sad songs I don't wanna feel your pain When you swear it's all my fault 'Cause you know we're not the
same We're not the same Oh We're not the same
We're the friends who together We wrote our names in blood But I guess you can't accept That the change is
good It's good It's good
[후렴]
〈HH open〉
Well you treat me just like another stranger Well it's
nice to meet you sir I guess I'll go I best be on my way out
Your treat me just like another stranger Well it's
nice to meet you sir I guess I'll go I best be on my way out

[브릿지]
118
Ignorance is your
new best friend
Ignorance is your
new best friend
122
Ignorance is your
new best friend
Ignorance is your
new best friend
[간주]
126
130
134
[후렴]
136
You treat me
just like
another
stranger well it's
140
nice to meet you
sir I guess I'll
go I best be
on my way out
144
You treat me
just like
another
stranger well it's
148
nice to meet you
sir I guess I'll
go I best be
on my way out
M

눈물참기

이동혁 외 8명 작사
이동혁 외 3명 작곡
QWER 노래

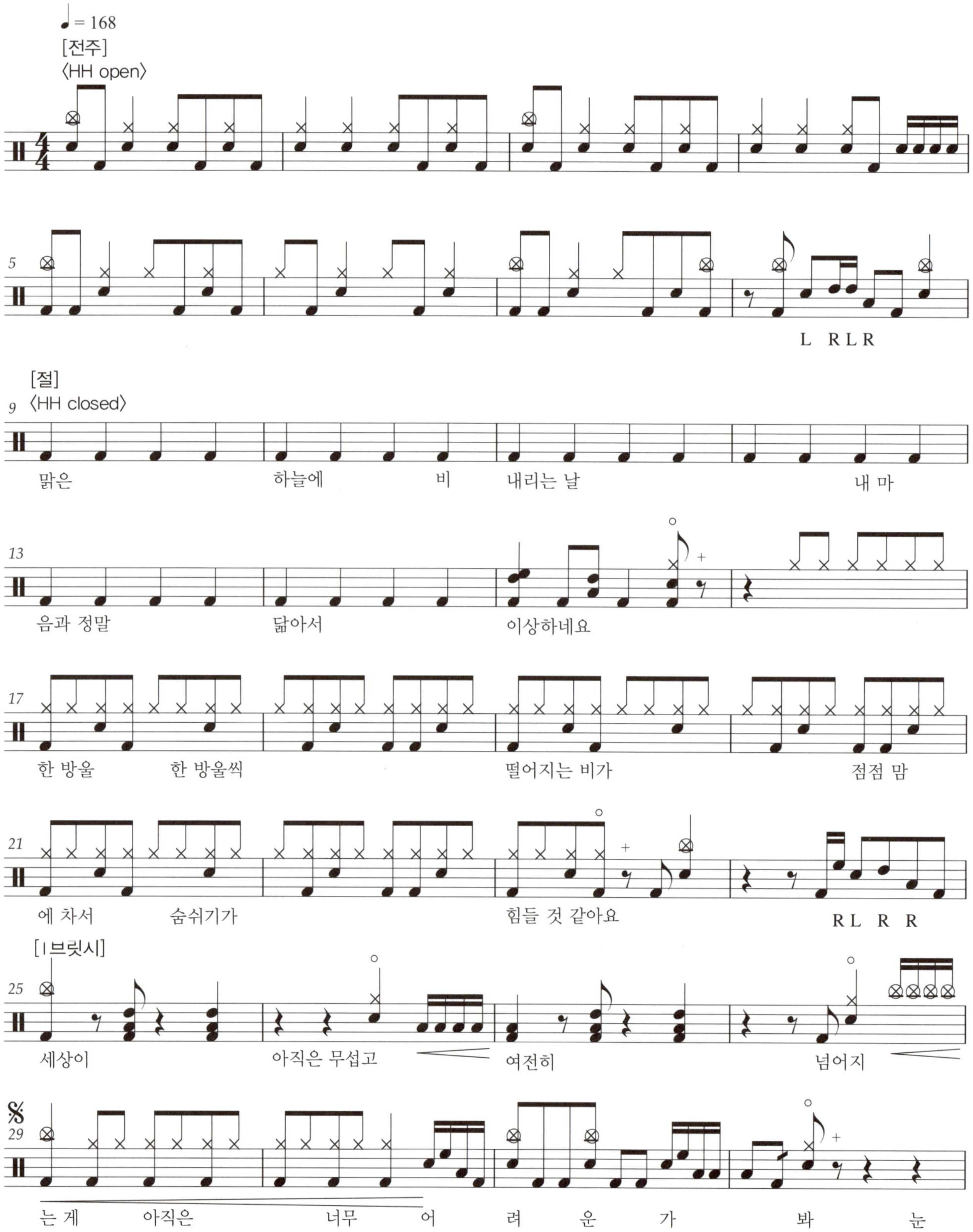

[후렴]
〈HH open〉
33
물 멈추는 법을 몰라요 차디차고 너무 아파요
37
괜찮다 는 말 은 다 거 짓 말 비
41
가 내리는 여기 남겨져 혼자 울고 싶지 않아요
45
알려 주세요 눈물을 참 는 방법
[간주]
49
53
[절]
57
하나둘 한숨 위로 차오른 슬픔이 이제는
61
밖으로 다 쏟아져 넘칠 것 같아요
RLRR
[T브릿지]
65
말해줘 다 잘될 거라고 도와줘 겁 많은 나라서
69
날 믿을 수 없을 땐 어떡 해야 하나요
73
누 구라도 말 해줘요 넘어지
D.S. al Coda
77
눈물을 참 는 방법

[브릿지]
79
내리   던 비가   그치   고 나면   내일이   꼭 올 테니까
85
[후렴]
눈   물 멈추는   법을 몰라도
91
이런 내가   자꾸 미워도   잠시   멈춰   눈물을 삼키   고   일
[절]
〈HH open〉
97
기   장 속에   적어   놓았던   잘 지내나   요 란 말 위에
101
적어봐   요   이젠 잘   지   낼게요
105
잘   지낼게요
109
[후주]
113
117

고민중독

이동혁 외 4명 작사
이동혁 외 4명 작곡
QWER 노래

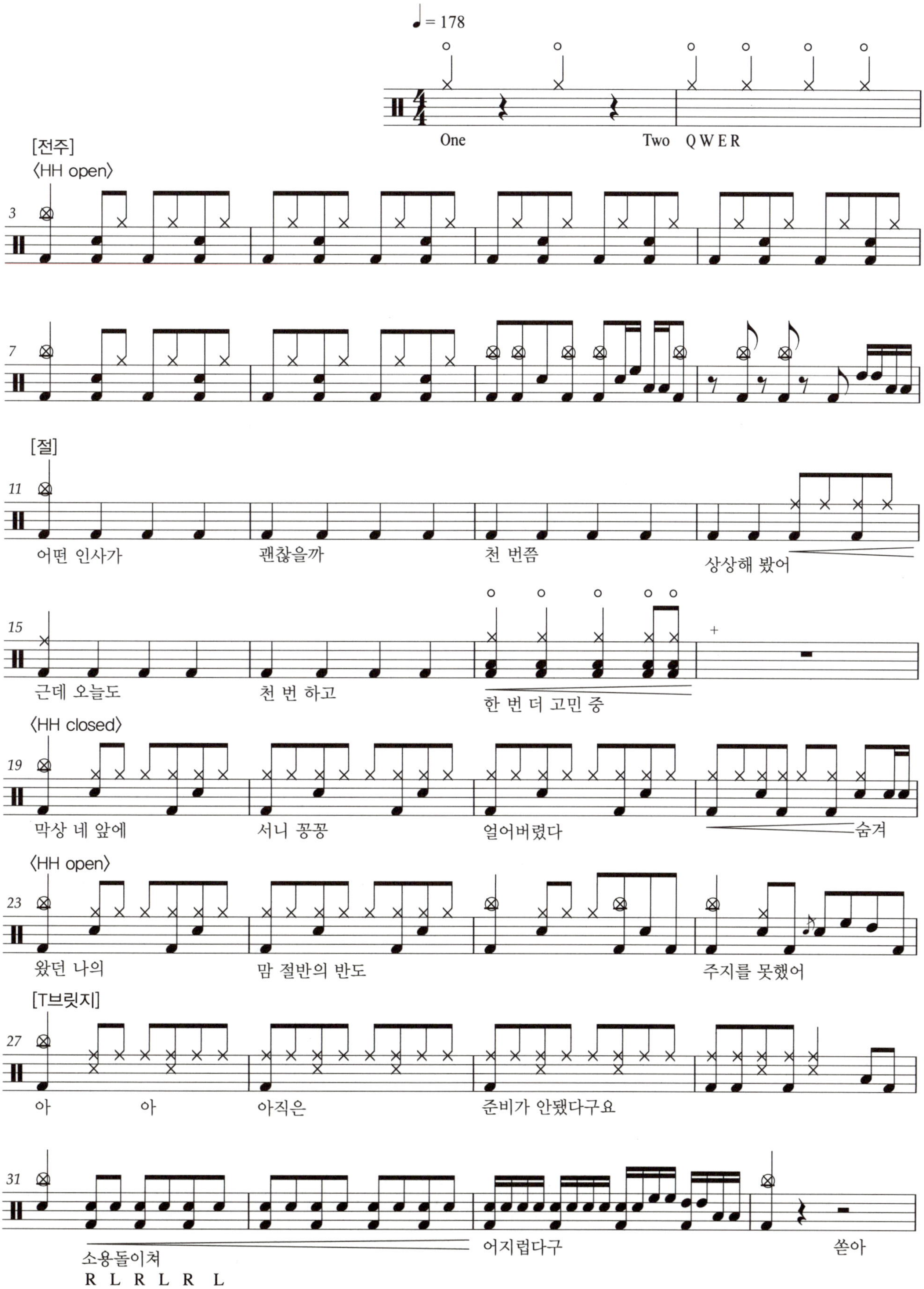

[후렴]
〈HH open〉
지는 맘을 멈출 수가 없을까 너의
작은 인사 한마디에 요란해져서
네 맘의 비밀번호 눌러 열고 싶지만 너를
고민고민해도 좋은 걸 어쩌니
[간주]
[절]
〈HH closed〉
거울 앞에서 새벽까지 연습한 인사가 손을
〈HH open〉
들고 웃는 얼굴을 하고서 고개를 숙였다
[T브릿지]
아 아 아직도 준비가 안됐나 봐요
소용돌이쳐 어지럽다구 쏟아
D.S. al Coda

76
고민고민해도   좋은 걸
[브릿지]
80
이러지도 저러지도   못하는데 속이   왈칵 뒤집히고
84
이쯤 왔으면 눈치   챙겨야지   날 봐달라구요
[후렴]
88
좋아   한다 너를   좋아한다   좋아해   너를
〈HH open〉
94
많이 많이   좋아한단   말이야   벅차
98
오르다   못해 내 맘이   쿡쿡   아려와
102
두 번은 말   못 해 너   지금 잘 들어봐   매일
106
고민하고   연습했던   말   좋아해
[후주]
110
114

Marion

서영주 외 3명 작사
서영주 외 3명 작곡
너드커넥션 노래

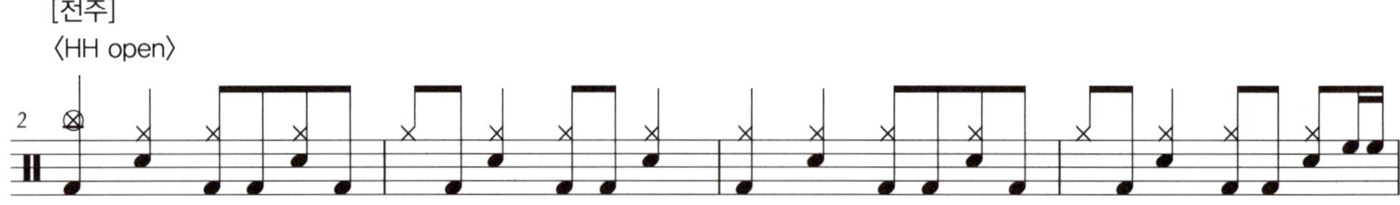

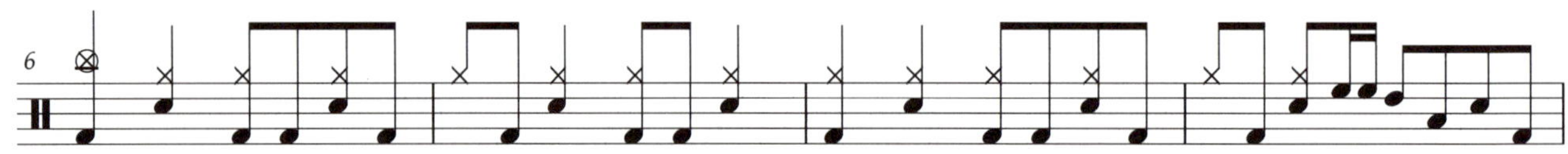

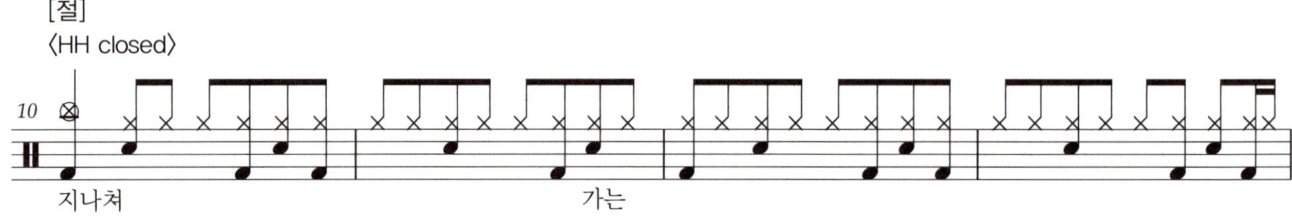

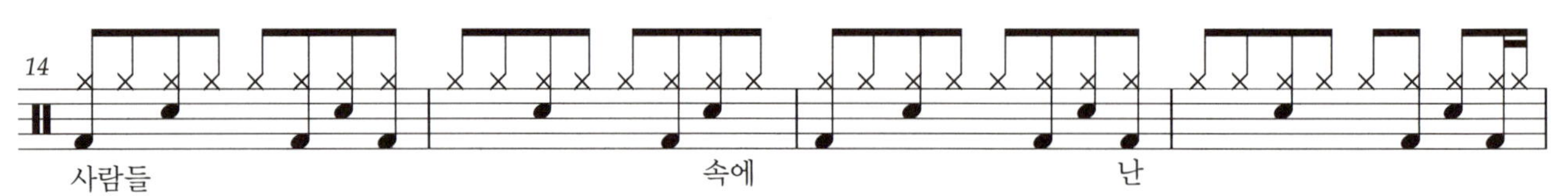

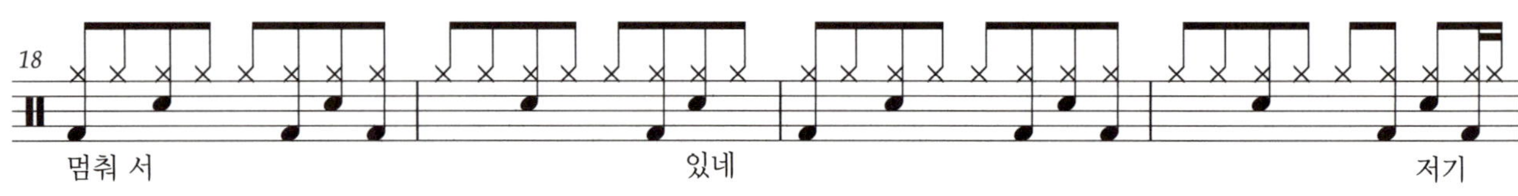

보이는
너
[간주]
[절]
〈HH closed〉
지나쳐
가는
사람들
속에
넌
꽃잎
을
판 돈으로
이제
낙원을
사려
하네
Falling

[절]
〈HH open〉
50
down straight down the line
Down the line
54
Lost in
those shadows
Fading
58
out into the hands
into the night
Open
62
up your eyes
before the dawn
[간주]
66
70
74
78
끝나지
[후렴]
〈HH open〉
82
않을
이 밤엔
천사와
86
다시
눈 맞추네
Falling
[브릿지]
90
down straight down the line
Down the line

Lost in
those shadows
Fading
out into the hands
into the night
Open
up your eyes
before the dawn
[기타 솔로]
1.
2.
Falling
D.S. al Coda
[후주]
〈HH open〉
3

8분의 6박자 리듬 심화

8분의 6박자 리듬에서 베이스 드럼이 쪼개지는 리듬을 배워 봅시다.

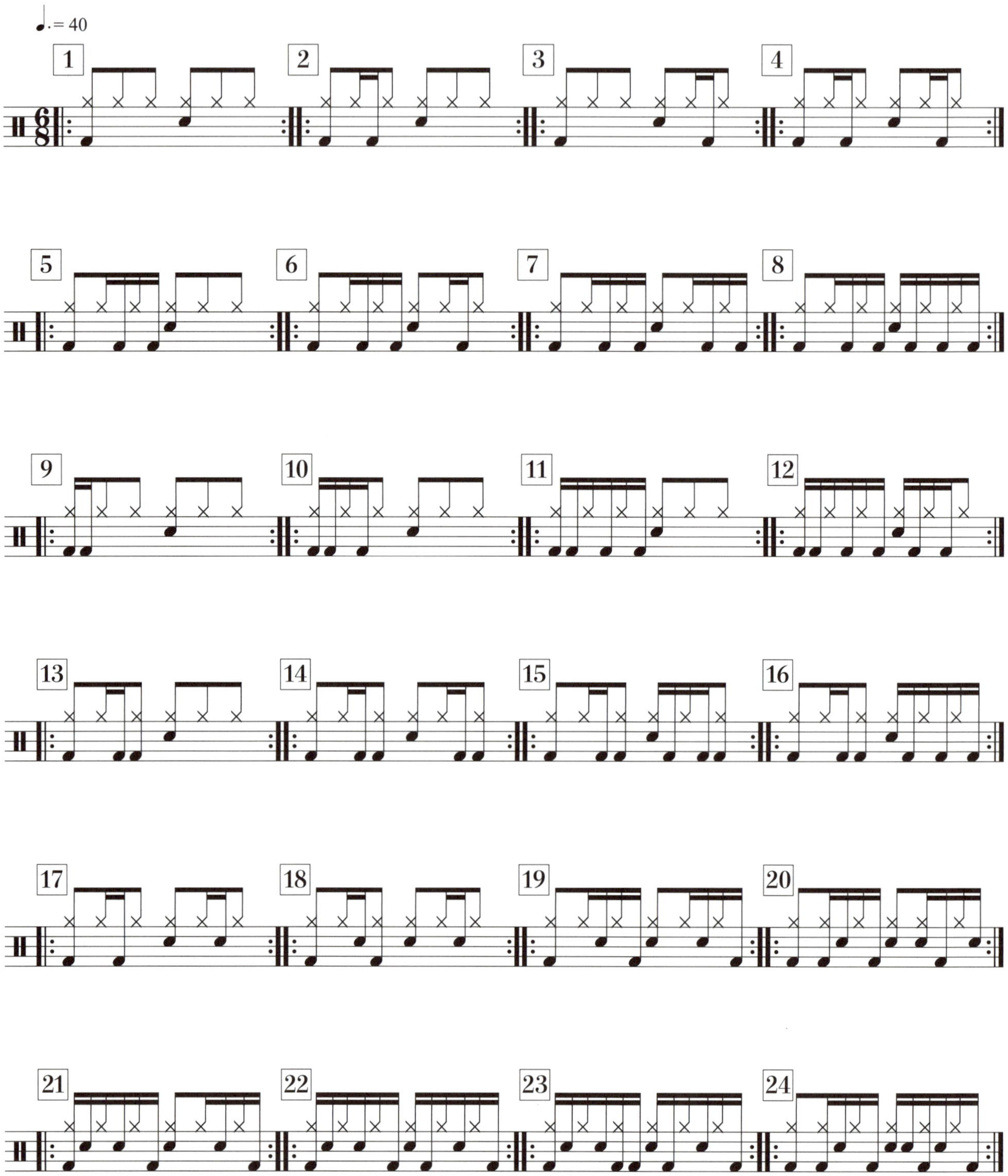

8분의 6박자 음표와 쉼표 연습

처음 나오는 기본형 리듬에서 음표가 하나씩 빠진다고 이해해 봅시다.
(A)와 (B)는 표기는 다르지만, 같은 리듬으로 이해할 수 있습니다.

From The Inside

BOURDON ROB 외 5명 작사
BOURDON ROB 외 5명 작곡
Linkin Park 노래

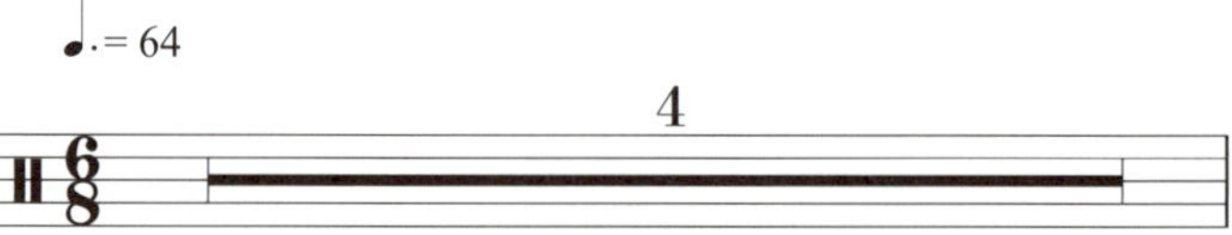

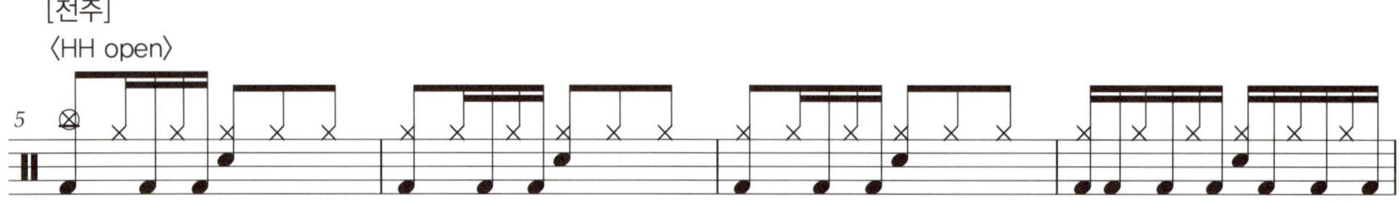

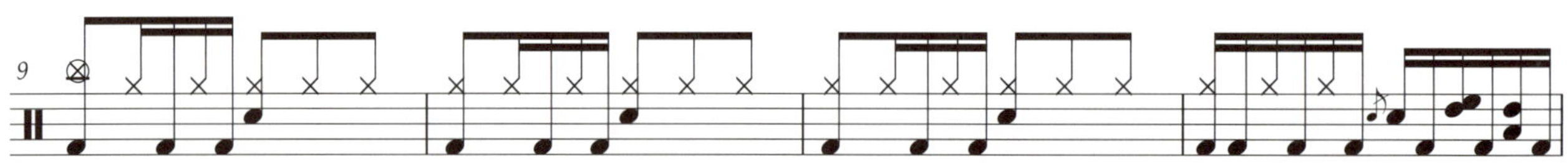

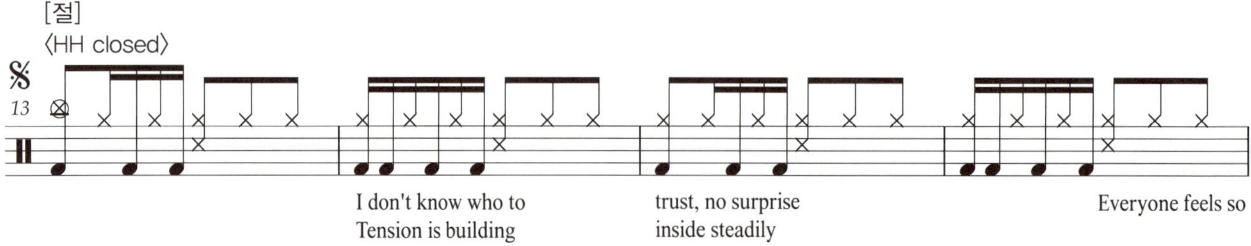

[후렴]
〈HH open〉

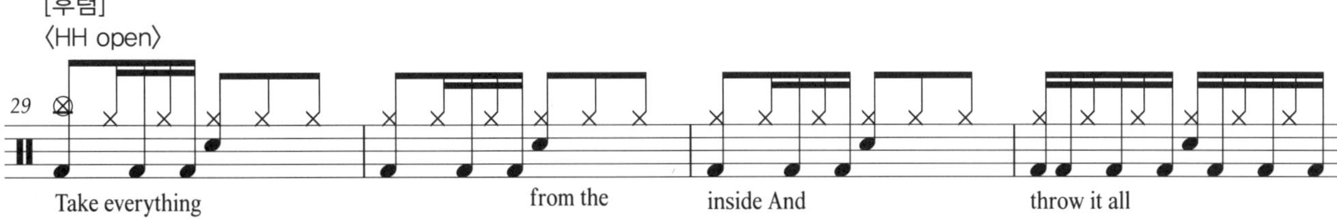

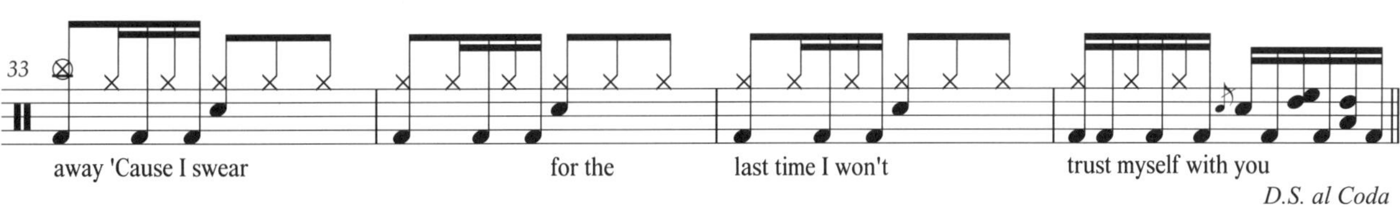

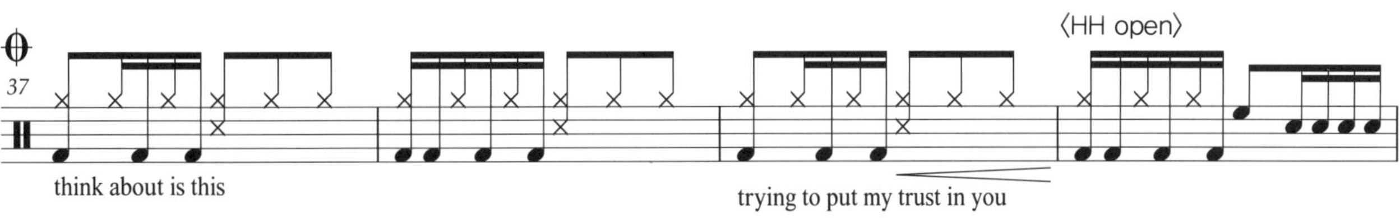

〈HH open〉

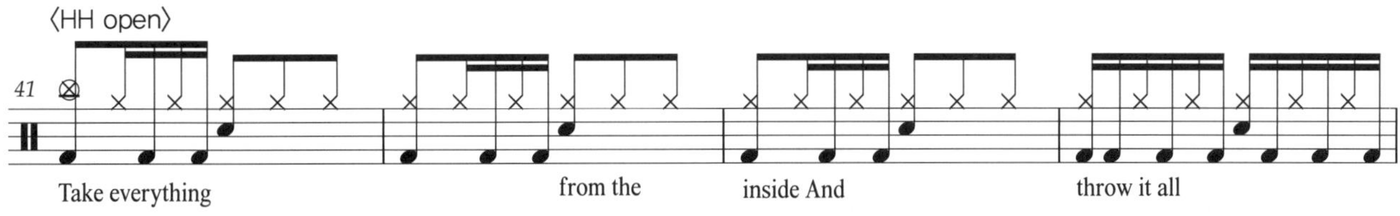

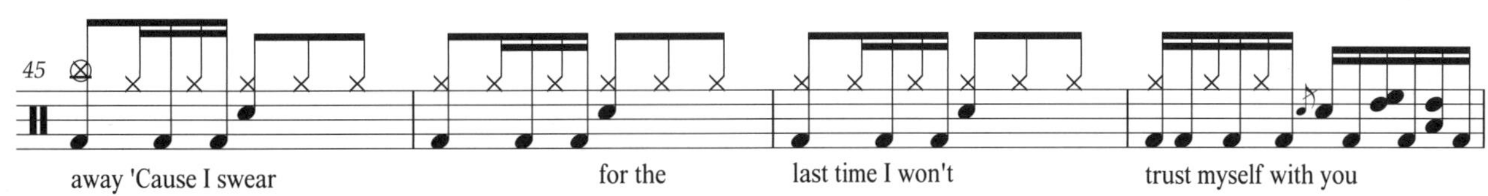

[T브릿지]
49
I won't
waste myself on
〈HH open〉
53
You
You
You
Waste myself on
57
You
You
You
I'll
〈HH open〉
61 [후렴]
take everything
from the
inside And
throw it all
65
away 'Cause I swear
for the
last time
trust myself with
69
you
Everything from the
inside And just
throw it all
73
away 'Cause I swear
for the
last time I won't
trust myself with
[T브릿지]
77
you
you
you

손과 발 연습

> 메트로놈으로 40~60까지 속도를 올려보세요.
> 일정한 박자를 유지하며 연음의 변화를 연습해 봅시다. 특히 3연음의 경우 홀수 리듬으로 손과 발이 바뀌는 부분을 유의하세요.

♩ = 40

2연음

3연음

4연음

6연음

8연음

6연음

4연음

3연음

Sage

이홍기 외 1명 작사
KUSUGO YUZURU 외 1명 작곡
FT아일랜드 노래

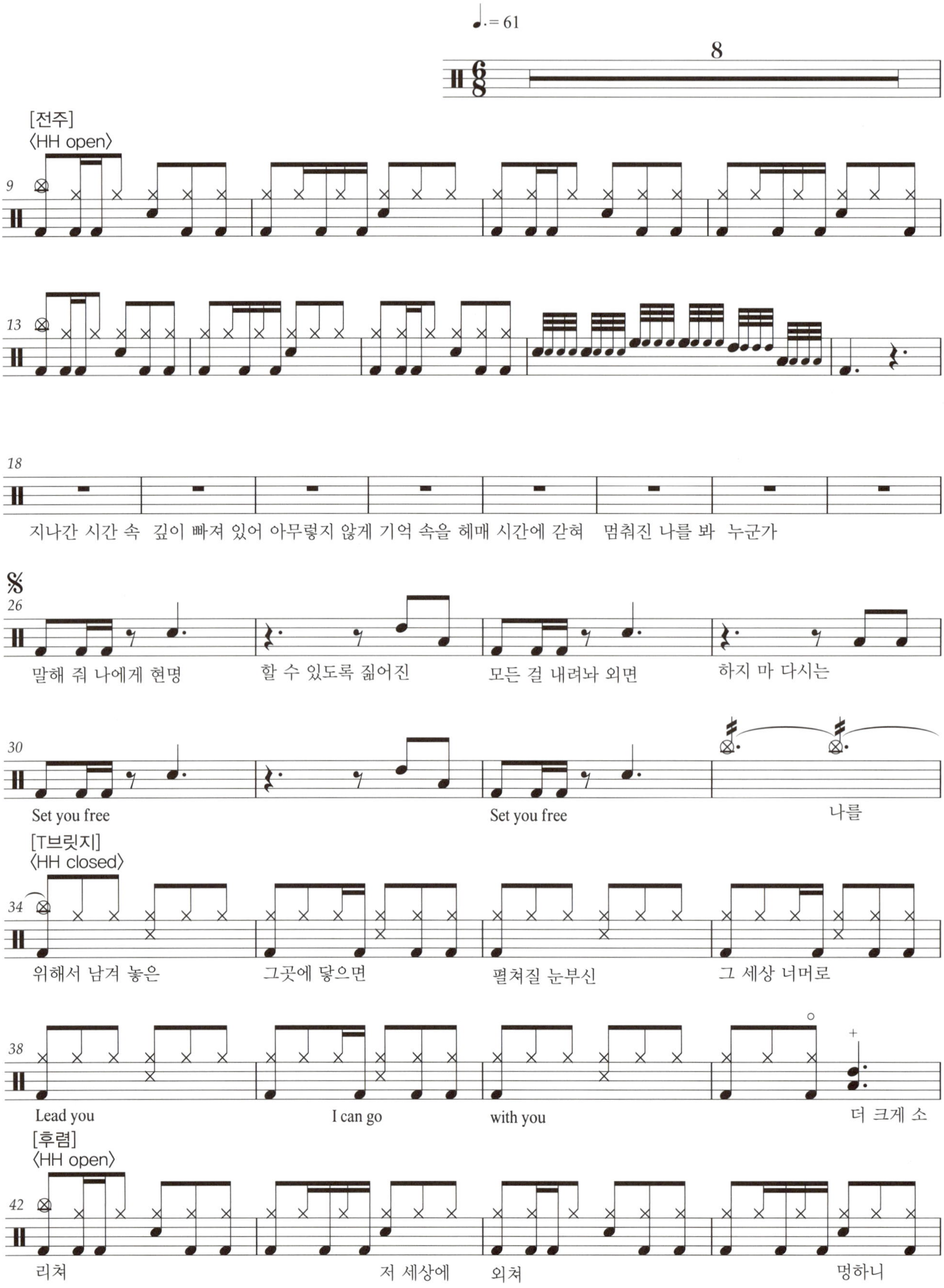

46
서럽게 울고 있던
그때의 나를 잊고서
내 길을 걸어갈래
남겨진
50
페이지
더 그려질
페이지
우리 안
54
에 많은 걸 채워 나가
볼 거야 멈추지 마
새롭게 태어날래
[간주]
58
62
[절]
67
사라진 기억 속
웃고 있는 우리
아무렇지 않게
순수한 멜로디
71
생각을 멈춰
지금의 나를 봐
모두가
D.S. al Coda
[P브릿지]
75
내 무거웠던
마음을
잊어버리게
79
더 힘들지
않도록
내려놔야 해

I won't fade away
늘 바라 온
[후렴]
시간
늘 꿈꿔 온
시간
언제나
나를 위해 반짝이는
커다란 별들을
향해 날아갈래
더 크게 소
〈HH open〉
리쳐
저 세상에
외쳐
멍하니
서럽게 울고 있던
그때의 나를 잊고서
내길을 걸어갈래
[후주]
〈HH open〉
늘 바라온
시간
늘 꿈꿔 온
시간

양손 리듬 연습

오른손에 왼손을 더한다는 생각으로 연습해 봅시다.

손 패턴

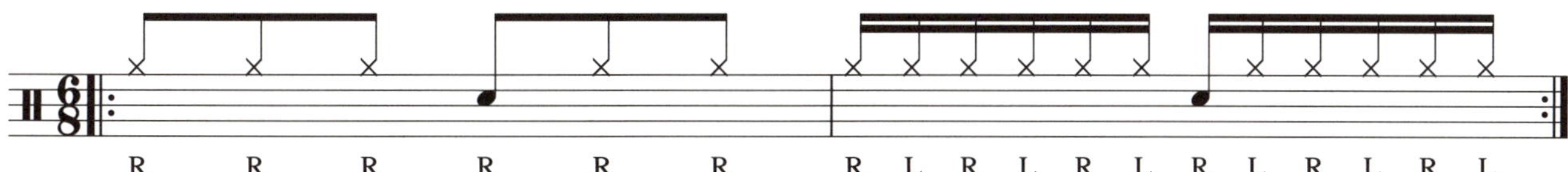

응용 연습

That's What You Get

WILLIAMS HAYLEY NICHOLE 외 2명 작사
WILLIAMS HAYLEY NICHOLE 외 2명 작곡
Paramore 노래

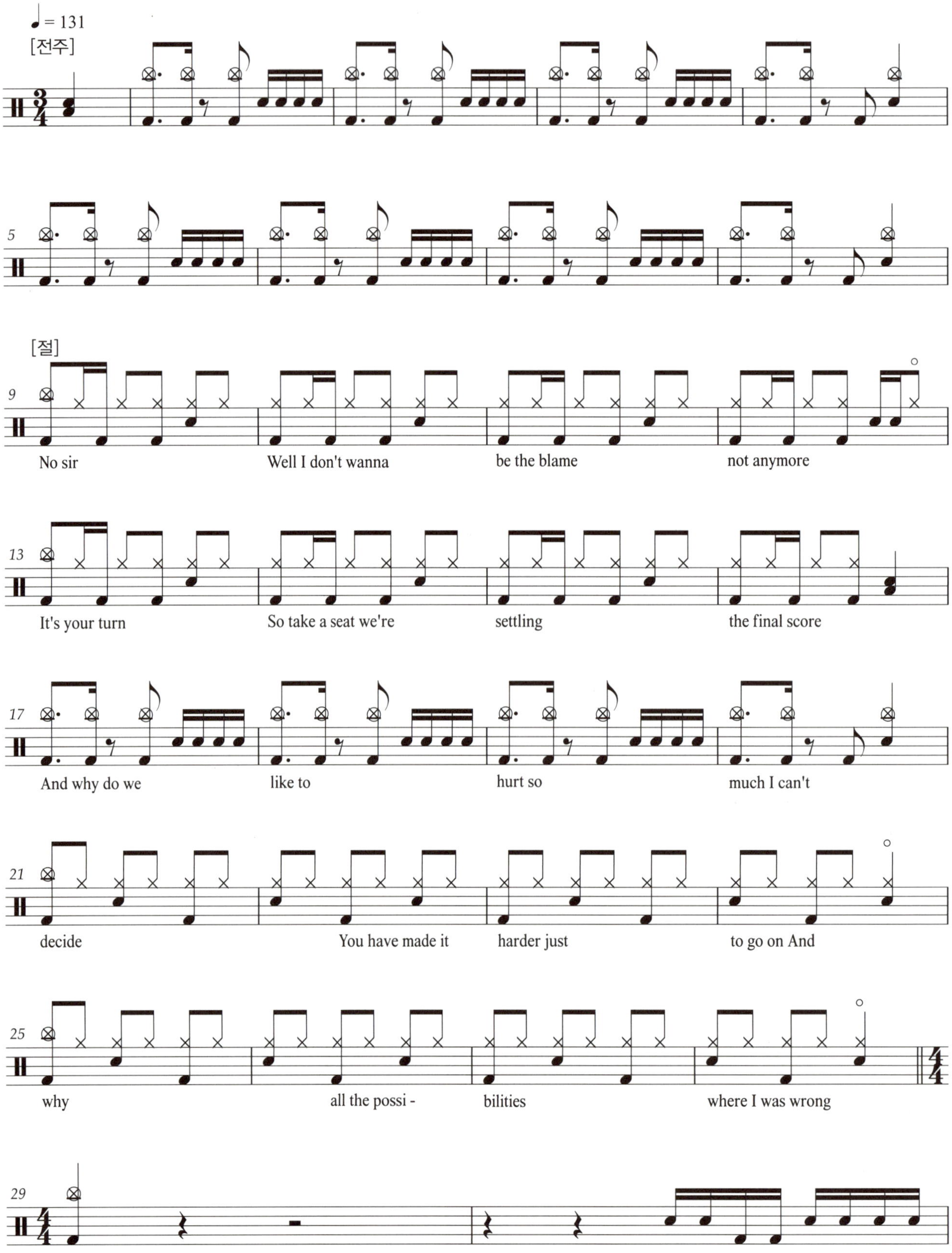

[후렴]
〈HH open〉
31
That's what you get when you   let your heart win whoa
35
That's what you get when you   let your heart win whoa
39
I drowned out all my   sense away with   the sound of its   beating
43
And that's what you get when you let your heart win whoa
[간주]
47
51
[절]
〈HH closed〉
55
I wonder   how am I   supposed to feel   when you're not here 'Cause
59
I burned   every bridge   I ever built   when you were here
63
I still try   holding onto   silly things   I never learn Oh

why all the possi - bilities I'm sure you've heard
[후렴]
〈HH open〉
That's what you get when you let your heart win whoa
That's what you get when you let your heart win whoa
I drowned out all my sense away with the sound of its beating And
that's what you get when you let your heart win whoa
[브릿지]
Pain make your way to me to me And
I'll always be just so inviting
If I ever start to think straight This

heart
will start a riot in me
Let's start
start hey
Why do we
like to
hurt so
much Oh
Why do we
like to
hurt so
much
That's what you get when you
let your heart win whoa
[후렴]
〈HH open〉
That's what you get when you
let your heart win whoa
That's what you get when you
let your heart win whoa
Now I can't trust
myself with
anything but this And
that's what you get when you
let your heart win whoa
[후주]

Level 18 — 8비트 셔플리듬

셔플리듬은 3연음을 기반하며, 가운데 리듬을 건너뛰는 리듬입니다.
아래 리듬 표기법을 활용하여 (B)와 같이 표기할 수 있습니다.

1. 리듬의 이해

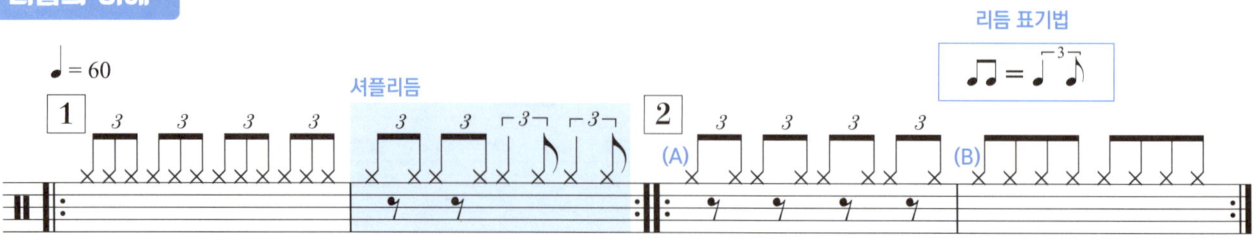

*(A)와 (B)는 동일한 리듬입니다.

2. 리듬 연습하기

각 번호의 2마디는 리듬 표기법을 적용하여 연습해 보세요.

8비트 빠른 셔플리듬

8비트 빠른 셔플리듬의 경우 아래와 같이 하이햇을 간소화하여 연주할 수 있습니다.
각 번호의 2마디는 리듬 표기법을 적용하여 연습해 보세요.

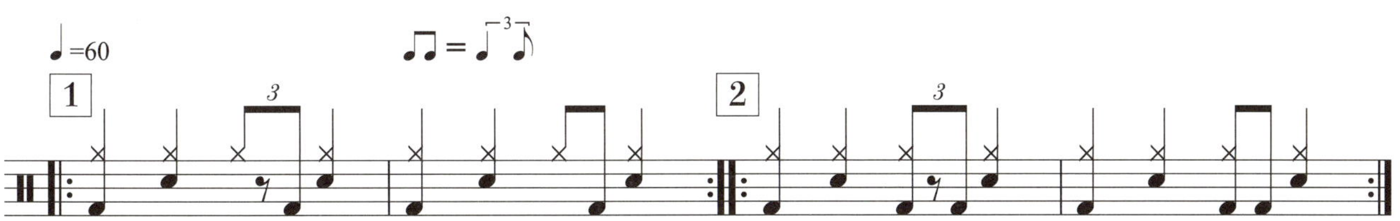

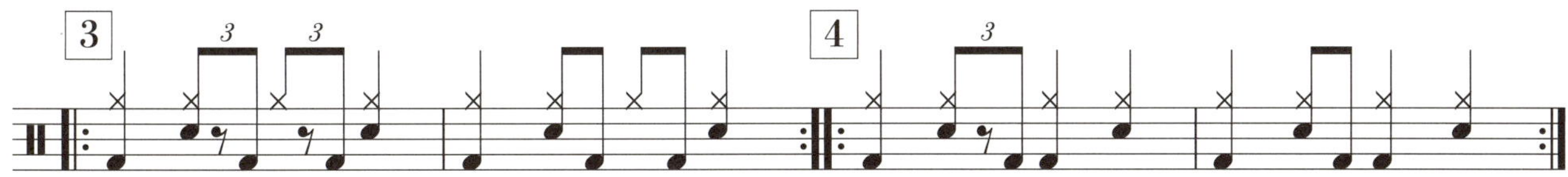

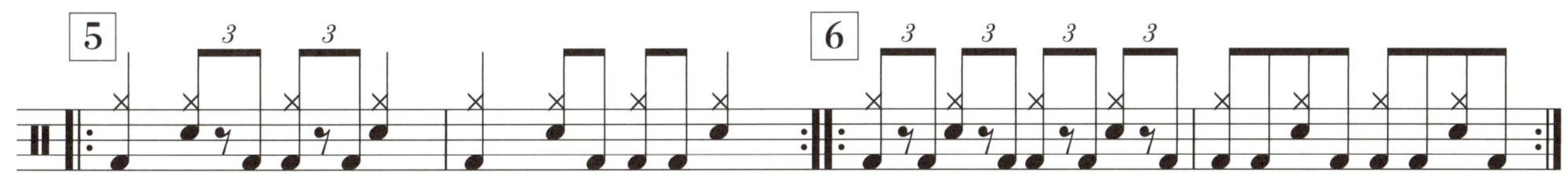

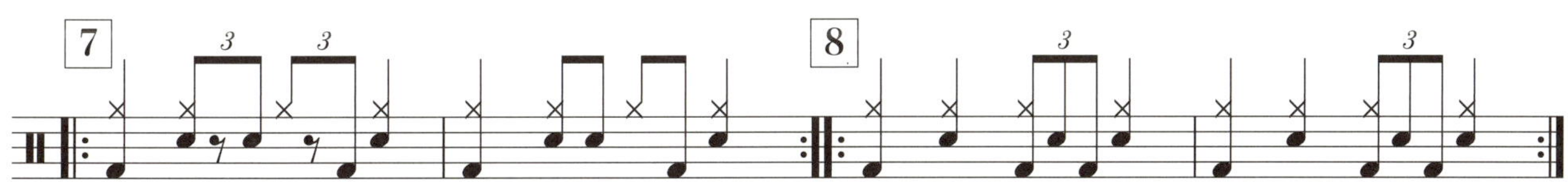

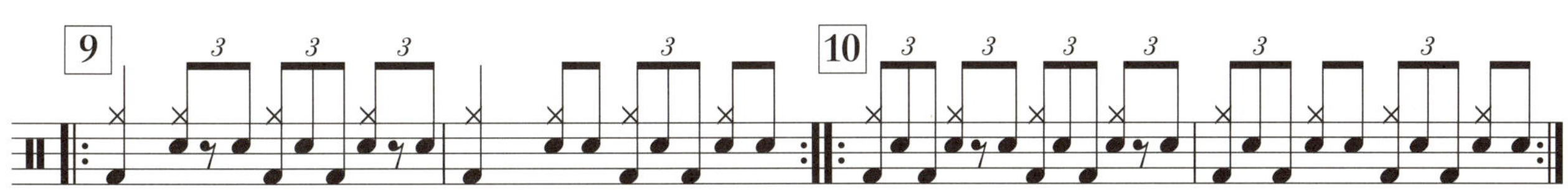

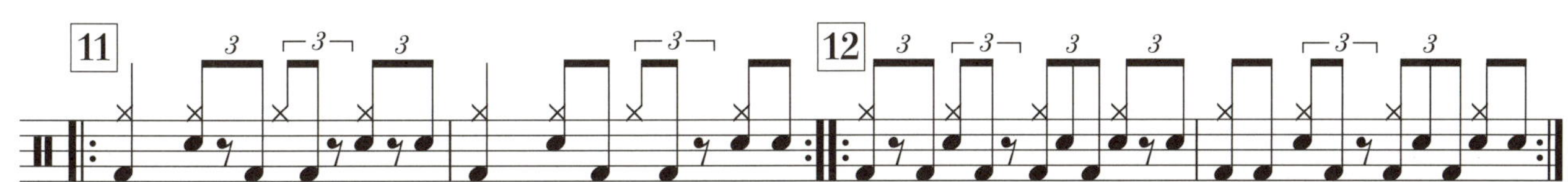

Believer

REYNOLDS DANIEL COULTE 외 6명 작사
REYNOLDS DANIEL COULTE 외 6명 작곡
Imagine Dragons 노래

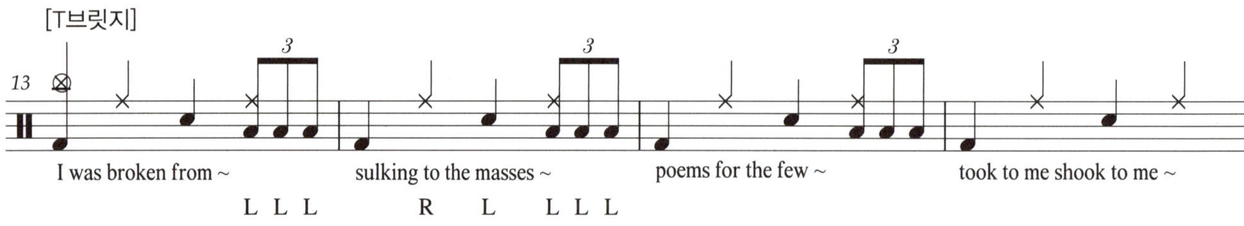

[후렴]
〈HH open〉

21
Pain   You made me a ~   believer   believer
R L L   R L L

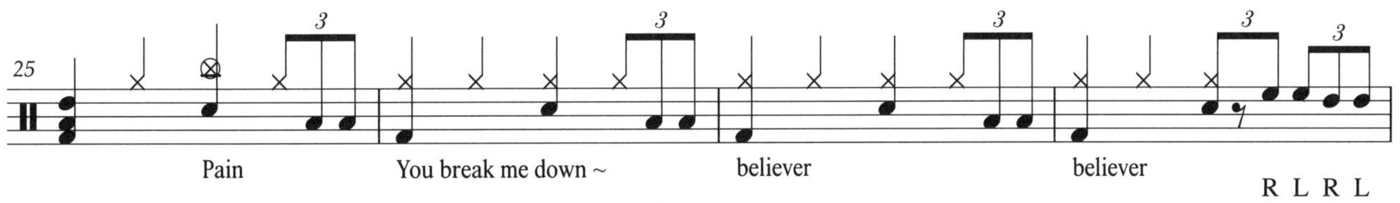
25
Pain   You break me down ~   believer   believer
R L R L

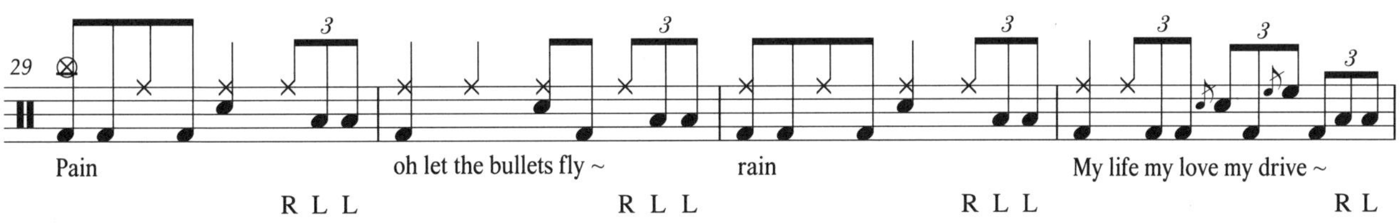
29
Pain   oh let the bullets fly ~   rain   My life my love my drive ~
R L L   R L L   R L L   R L

33
Pain   You made me a ~   believer   believer

[절]
〈HH closed〉

37
Third things third send a   prayer to the ones   above All the hate that you've   heard has turned your spirit to a
R R   R R L R R L R L   R R   R R L R R L R L   R R   R R L R R L R L   R R   R R L R R   R R

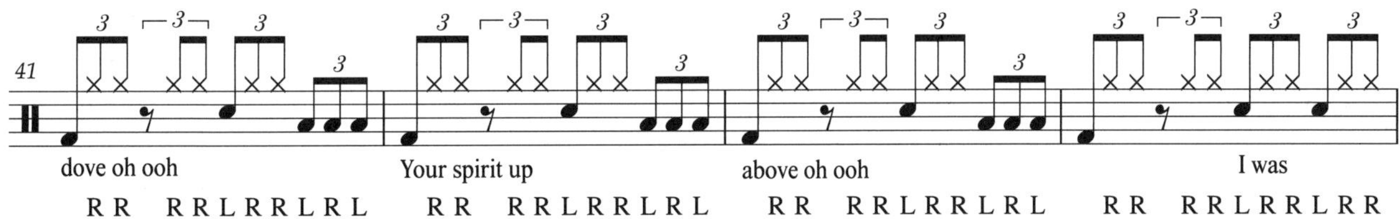
41
dove oh ooh   Your spirit up   above oh ooh   I was
R R   R R L R R L R L   R R   R R L R R L R L   R R   R R L R R L R L   R R   R R L R R L R R

[T브릿지]

choking in the crowd ~
L R R L R R L R R L R L
rain up in the cloud ~
R R L R R L R R L R L
ashes to the ground ~
R R L R R L R R L R L
feelings they would drown ~
R R L R R L R R L R R

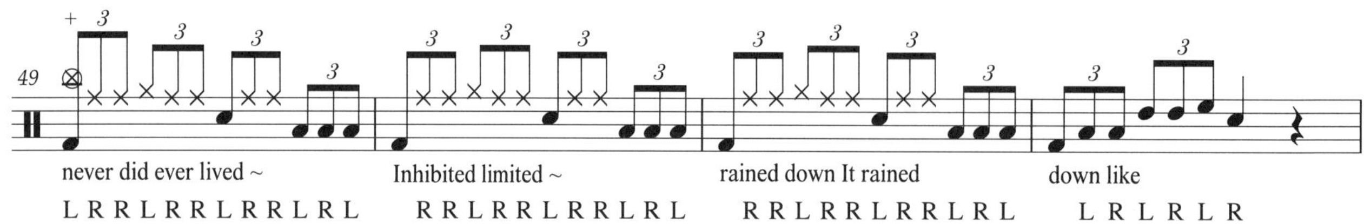
never did ever lived ~
L R R L R R L R R L R L
Inhibited limited ~
R R L R R L R R L R L
rained down It rained
R R L R R L R R L R L
down like
L R L R L R

[후렴]

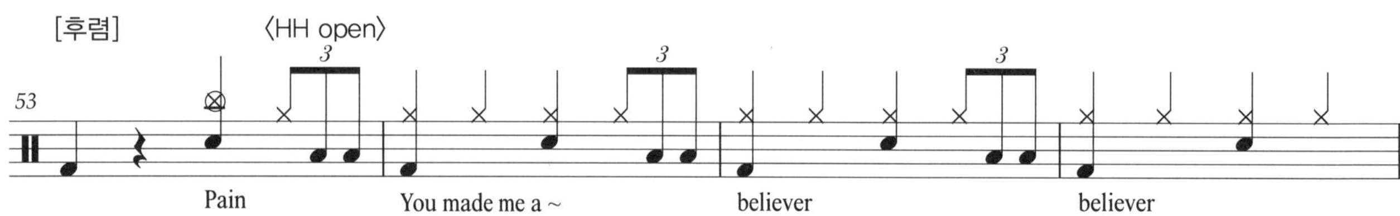
〈HH open〉
Pain
You made me a ~
believer
believer

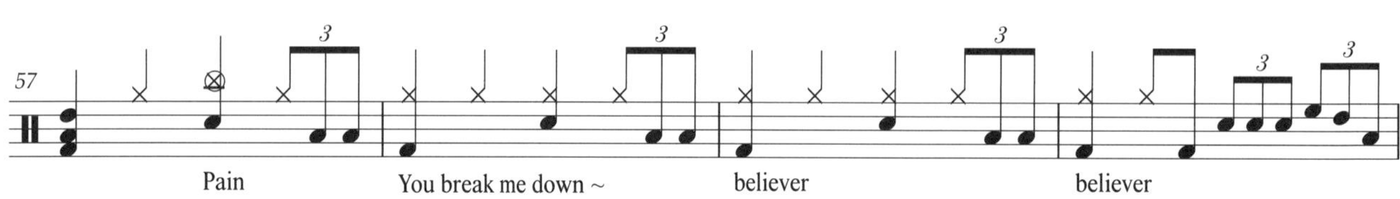
Pain
You break me down ~
believer
believer

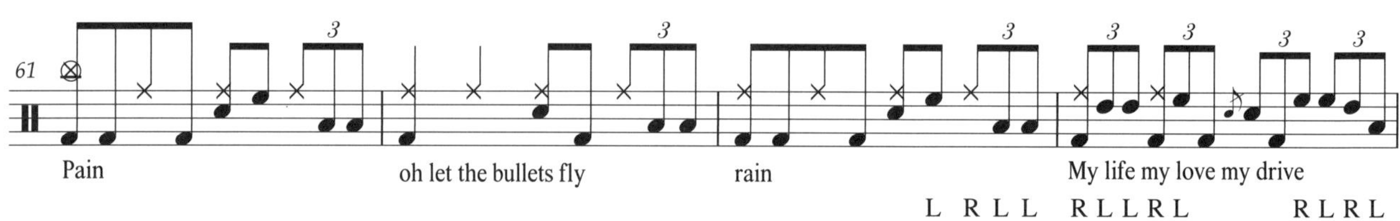
Pain
oh let the bullets fly
rain
My life my love my drive
L R L L R L L R L   R L R L

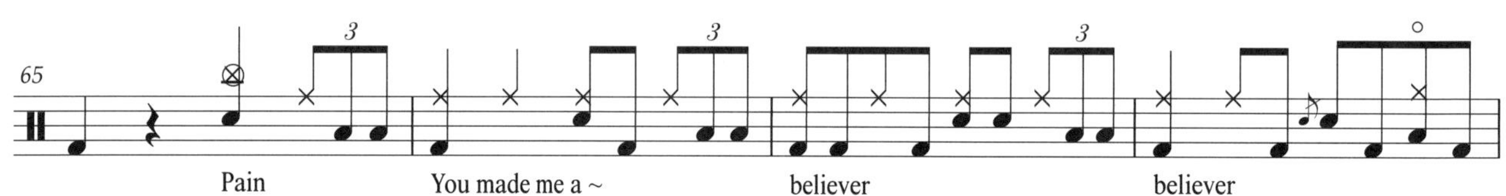
Pain
You made me a ~
believer
believer

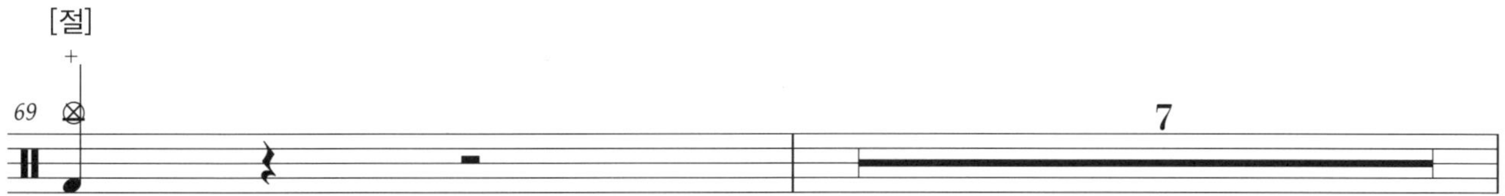

Last things last By the grace of the fire and the flames ~

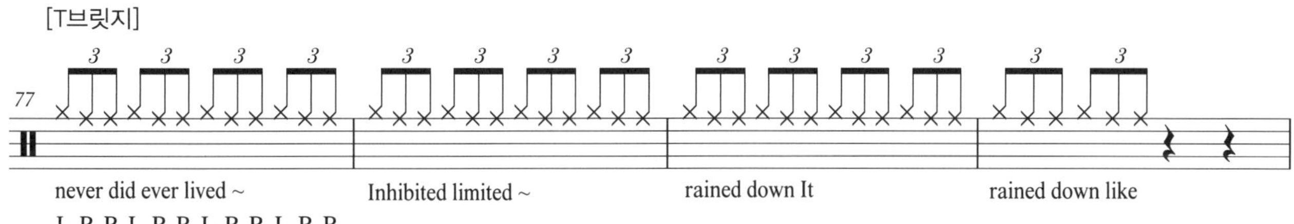

never did ever lived ~   Inhibited limited ~   rained down It   rained down like
L R R L R R L R R L R R

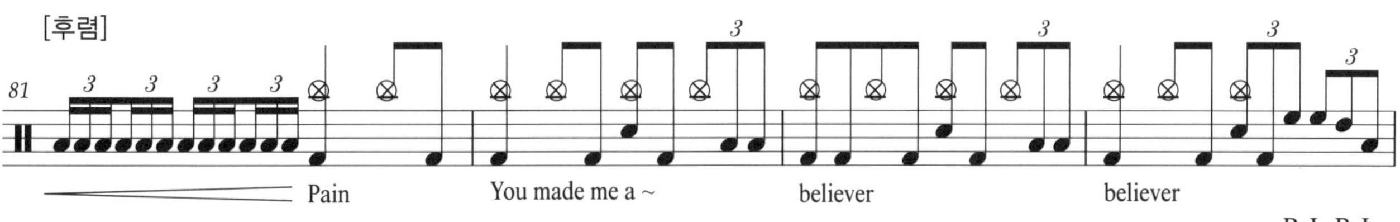

Pain   You made me a ~   believer   believer
R L R L

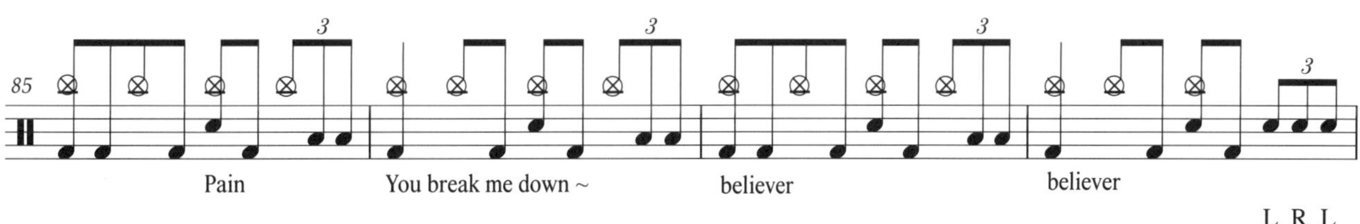

Pain   You break me down ~   believer   believer
L R L

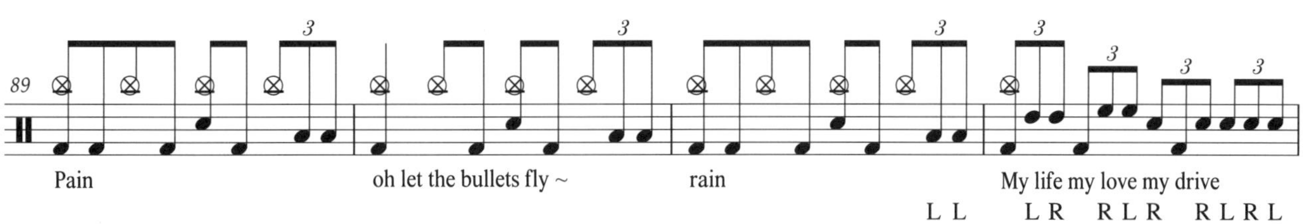

Pain   oh let the bullets fly ~   rain   My life my love my drive
L L   L R   R L R   R L R L

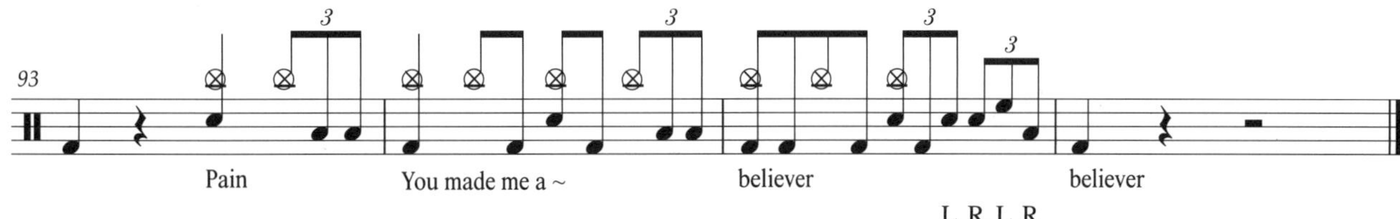

Pain   You made me a ~   believer   believer
L R L R

아래와 같은 리듬을 보통 16비트 셔플리듬 또는 하프타임 셔플리듬이라고 말합니다.

1. 기본 셔플리듬　　　**2. 하프타임 셔플리듬**

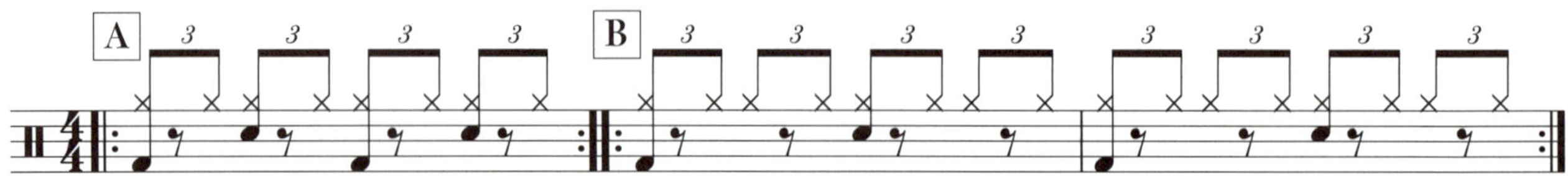

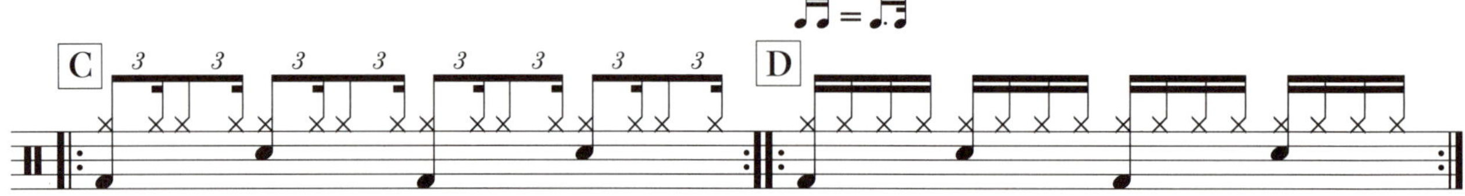

3. 리듬 연습하기　16분음표 간격이 셔플리듬이 되도록 주의하여 연습해 봅시다.

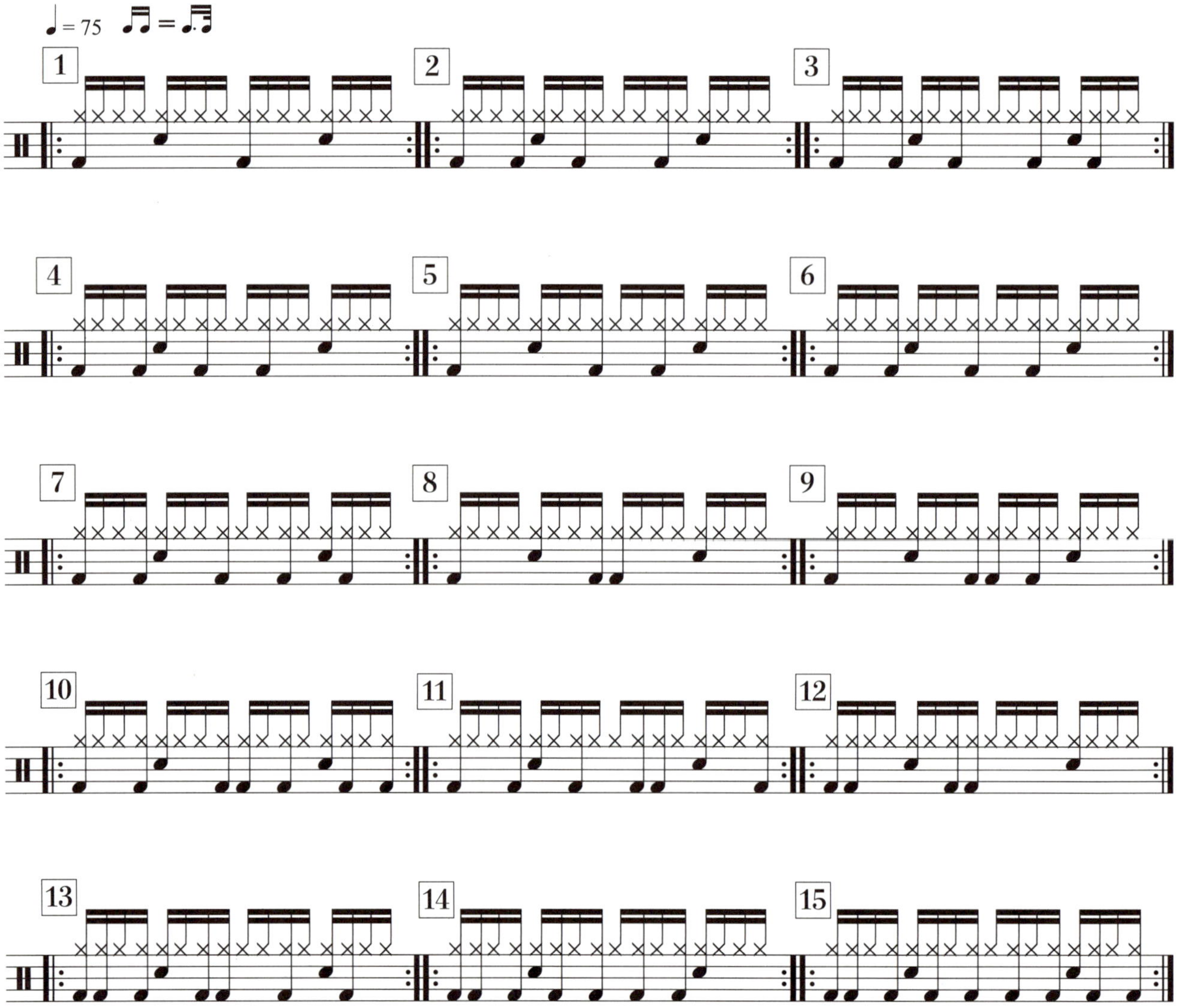

16비트 빠른 셔플리듬

16비트 빠른 셔플리듬의 경우 아래와 같이 하이햇을 간소화하여 연주할 수 있습니다.

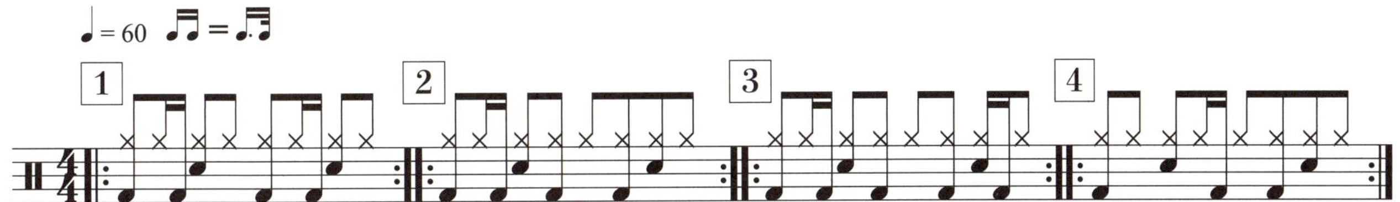

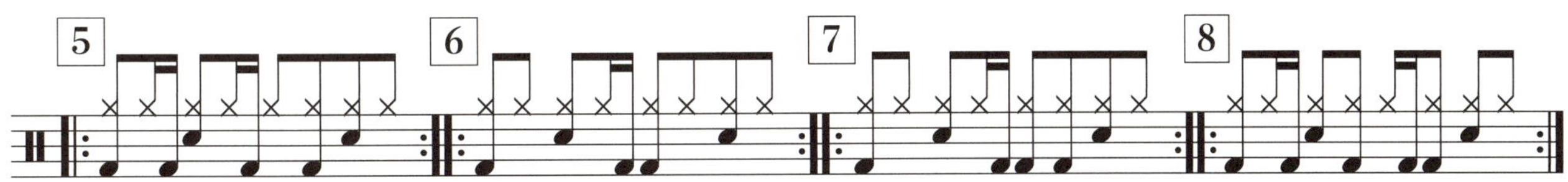

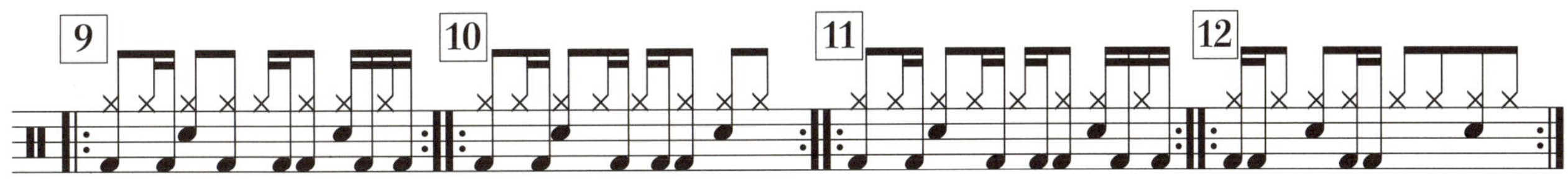

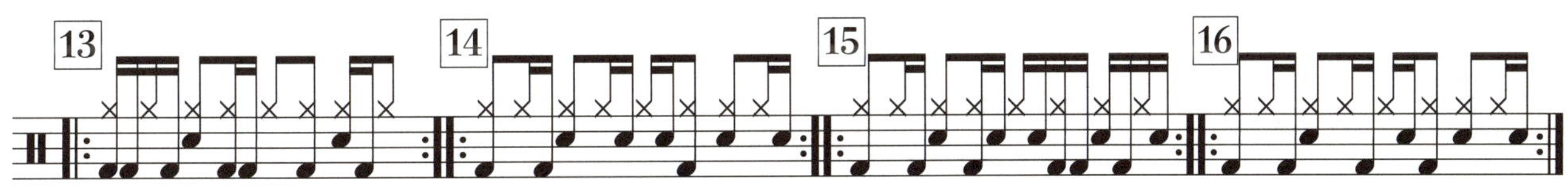

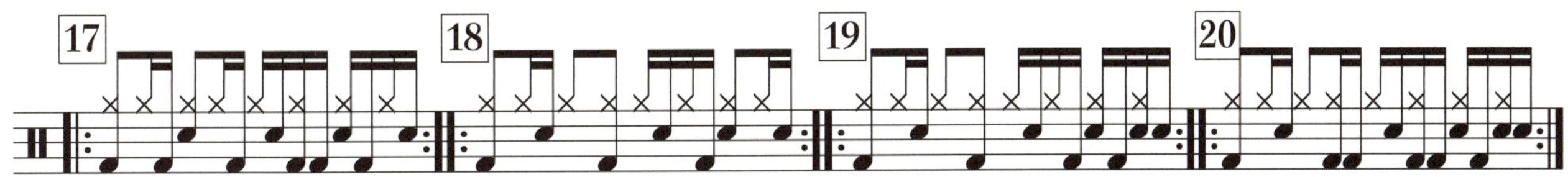

Whatever

GALLAGHER NOEL THOMAS 작사
GALLAGHER NOEL THOMAS 작곡
Oasis 노래

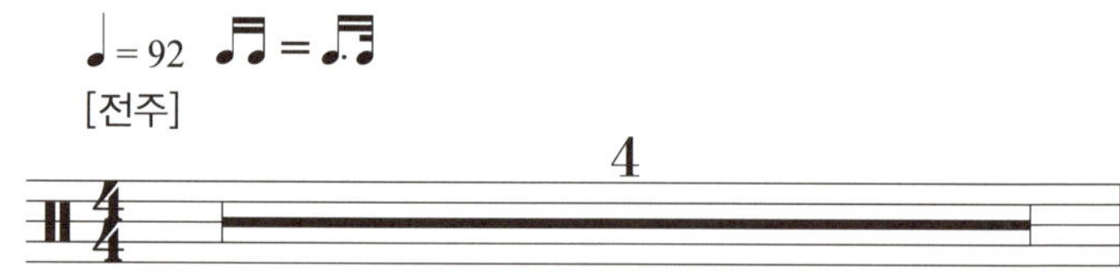

[절]
25
free   to be   whatever I   Whatever I choose And I'll sing the blues   if I want

[기타 솔로]
29

[브릿지]
33
Here in my mind   You know you might find

37
Something that you   You thought you once   knew But now it's all

41
gone And you know it's no fun ~   Yeah I know it's no fun   Oh I know it's no fun

[간주]
45
2
I'm

[절]
50
free to be   whatever I   Whatever I choose And I'll sing the blues   if I want   I'm

54
free to be   whatever I   Whatever I choose And I'll sing the blues   if I want

[후주]
58

Whatever you do   Whatever you say   Yeah I know it's alright

Whatever you do   Whatever you say   Yeah I know it's alright

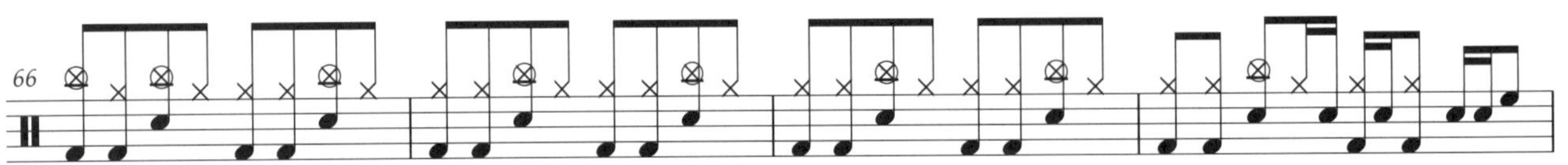

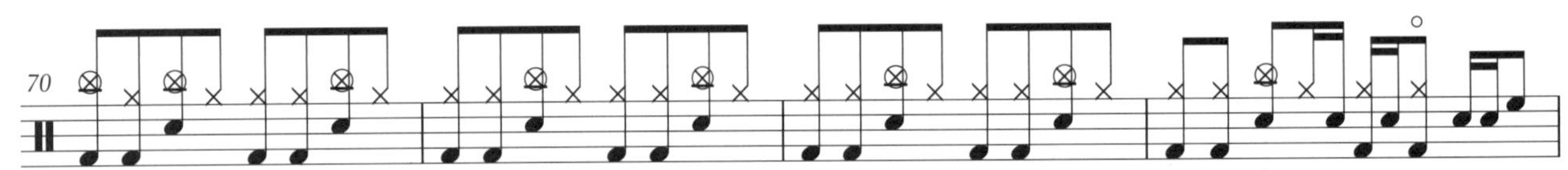

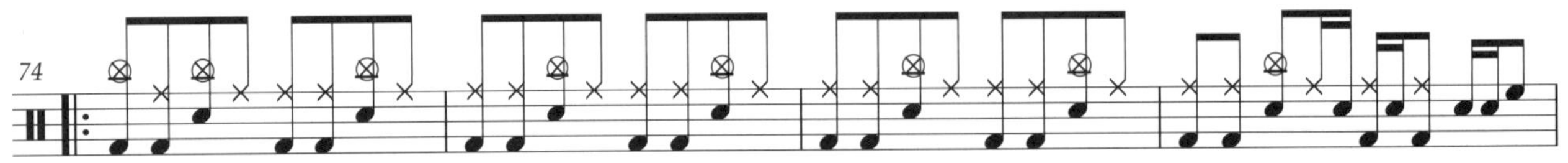

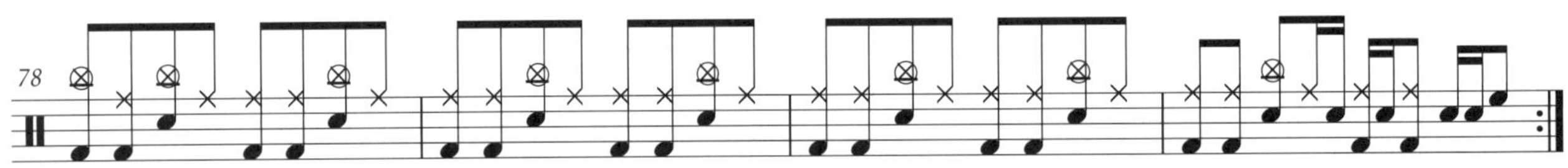

16비트 셔플

16분음표 간격이 셔플리듬이 되도록 주의하여 연습해 봅시다.
각 번호의 2마디는 리듬 표기법을 적용하여 연습해 보세요.

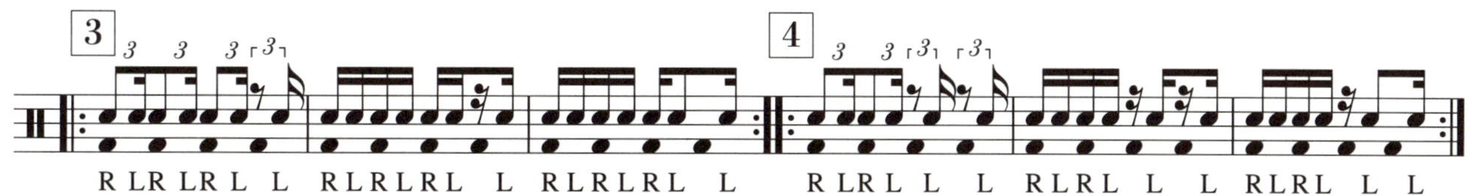

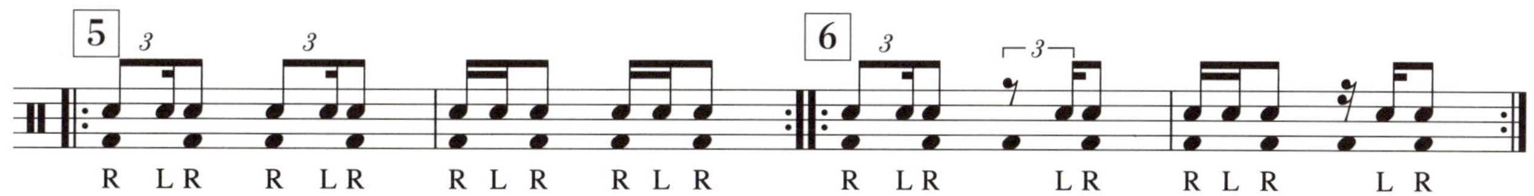

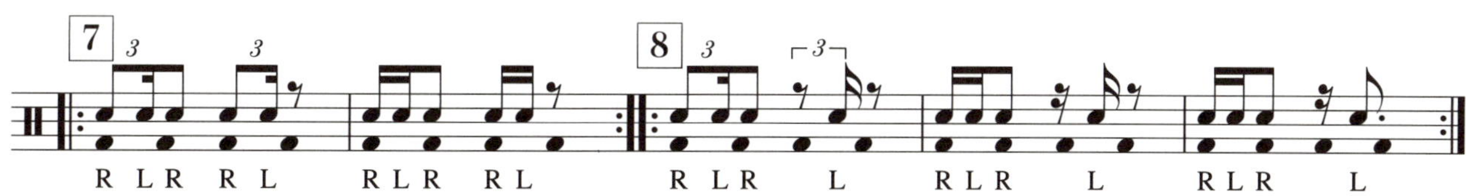

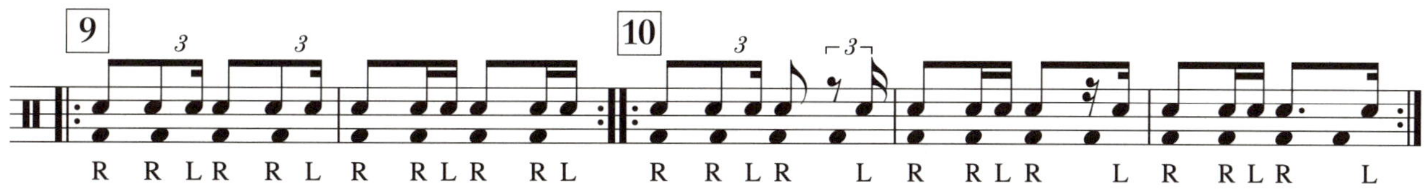

ONCE

유다빈 작사
유다빈 외 2명 작곡
유다빈밴드 노래

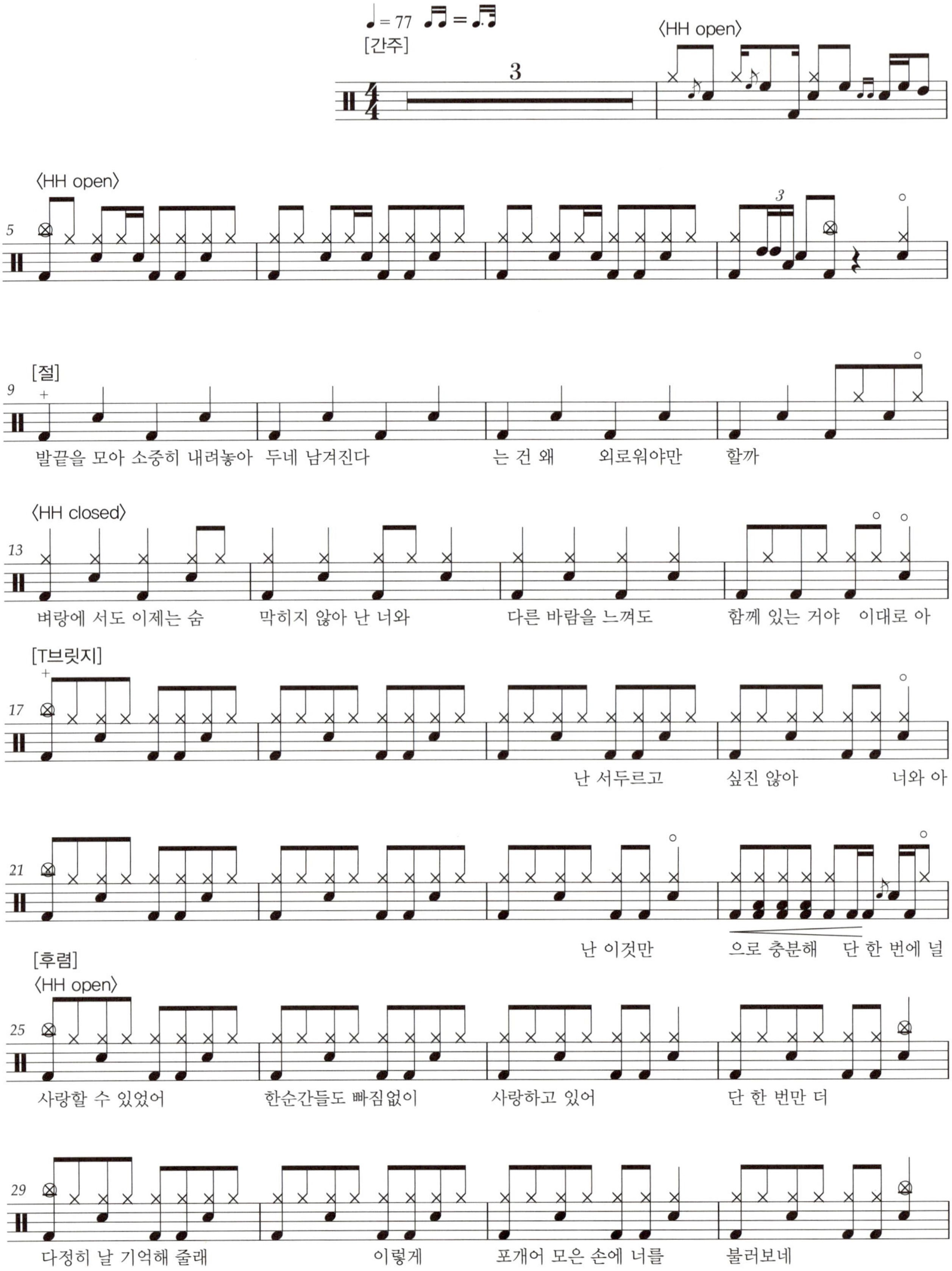

[간주]
[절]
버릴 수 없는 후회와 밀려   오는 나날 멀어진다   는 건 왜 익숙할 수   없을까
눈물을 닦아내고서   내일에 외치네 우리는   언제나 그랬듯이   함께 있을 거야   이대로 아
[T브릿지]
난 서두르고   싶진 않아   너와 아
난 이것만으로   충분해   단 한 번에 널
[후렴]
〈HH open〉
사랑할 수 있었어 한   순간들도 빠짐없이   사랑하고 있어   단 한 번만 더
다정히 날 기억해 줄래   마지막으로   포개어 모은 손에 너를   불러보네
[후주]

 # Level 20 — 8분의 6박자 셔플리듬 

8분의 6박자에서 셔플리듬을 배워 봅시다.
각 번호의 2마디는 리듬 표기법을 적용하여 연습해 보세요.

*(A)와 (B)는 표기는 다르지만 같은 리듬입니다.

빠른 8분의 6박자 셔플리듬

8분의 6박자 빠른 셔플리듬의 경우 아래와 같이 하이햇을 간소화하여 연주할 수 있습니다.
각 번호의 2마디는 리듬 표기법을 적용하여 연습해 보세요.

The Only Exception

BELLAMY MATTHEW JAMES 작사
FARRO JOSHUA NEIL 작곡
Paramore 노래

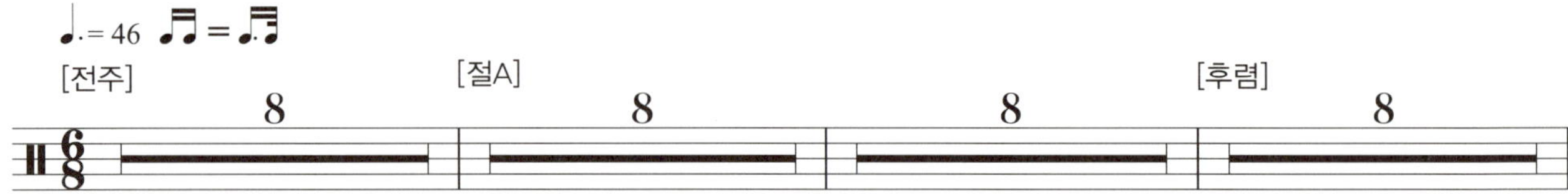

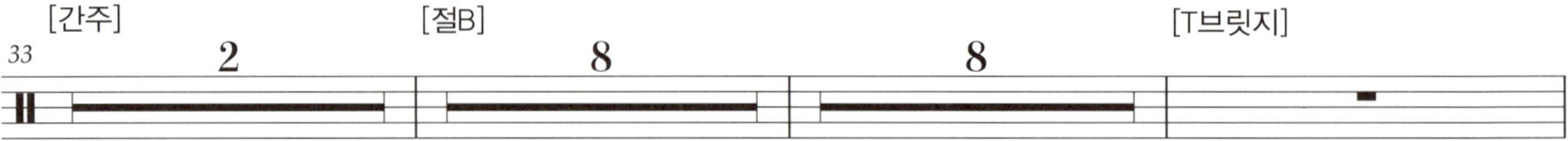

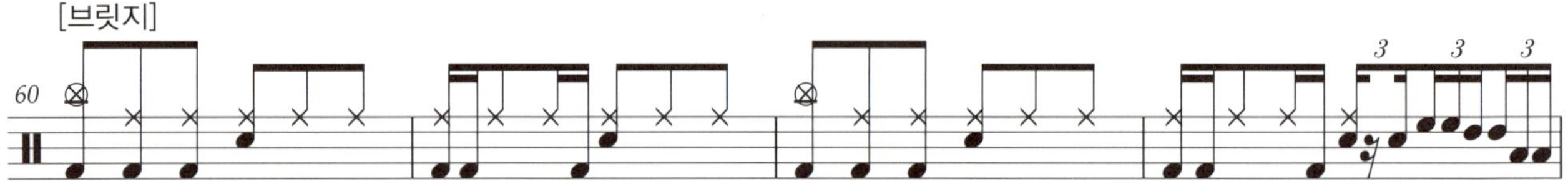

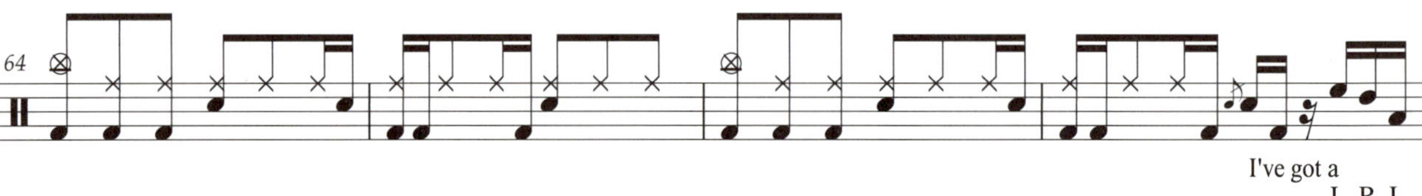

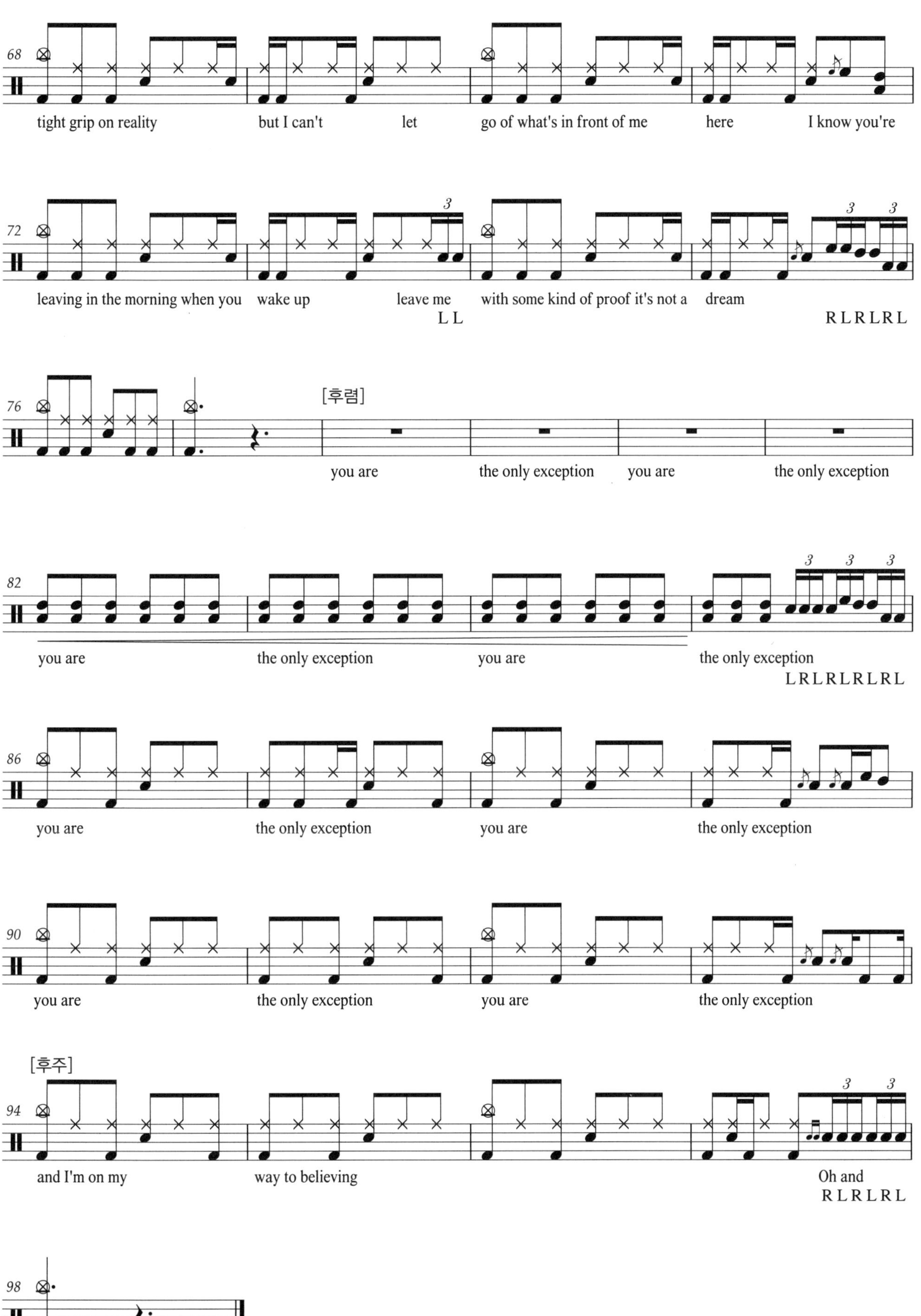

68
tight grip on reality   but I can't   let   go of what's in front of me   here   I know you're
72
leaving in the morning when you   wake up   leave me   with some kind of proof it's not a   dream
L L
R L R L R L
76
[후렴]
you are   the only exception   you are   the only exception
82
you are   the only exception   you are   the only exception
L R L R L R L R L
86
you are   the only exception   you are   the only exception
90
you are   the only exception   you are   the only exception
[후주]
94
and I'm on my   way to believing   Oh and
R L R L R L
98
I'm on my way to believing

04
Track list

45. **Somewhere I Belong** - Linkin Park
46. **Stand By Me** - Oasis
47. **슬픔이여안녕** - 잔나비
48. **Shiver** - Coldplay
49. **Welcome To The Jungle** - Gun N' Roses
50. **내 이름 맑음** - QWER
51. **Misery Business** - Paramore
52. **Otherside** - Red Hot Chili Peppers
53. **Can't Stop** - Red Hot Chili Peppers
54. **박하사탕** - YB
55. **TOMBOY** - 혁오

56. **Californication** - Red Hot Chili Peppers
57. **개화** - LUCY
58. **주저하는 연인들을 위해** - 잔나비
59. **피었습니다** - 엔플라잉
60. **난춘** - 새소년
61. **Smoke On The Water** - Deep Purple

04
테크닉 편

좀 더 전문적인 연주를 위해 필요한 악센트, 더블 스트로크, 파라디들, 고스트
노트, 드래그와 러프 등 다양한 기술들을 배워보고, 음악과 함께 어떻게 사용
되는지 이해해 봅시다.

싱글 악센트 패턴

짝수, 홀수의 개념으로 악센트 패턴 경우의 수를 익혀보면, 대부분의 악센트 패턴을 연주할 수 있습니다.

1. 워밍업 악센트는 강하게, 나머지는 최대한 작게 연주해 차이를 극대화하며 연습해 봅시다.

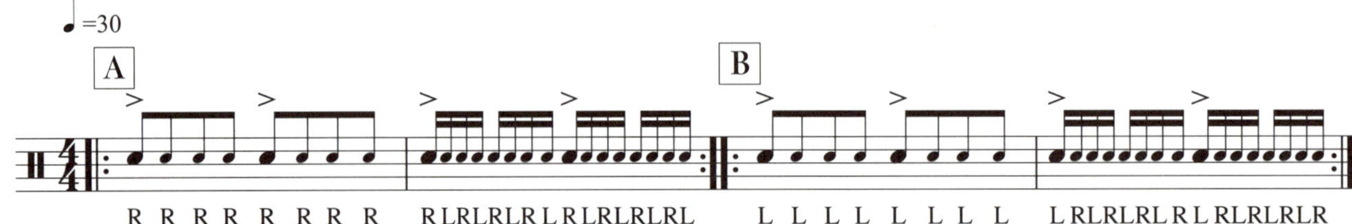

2. 짝수 패턴(16분음표)

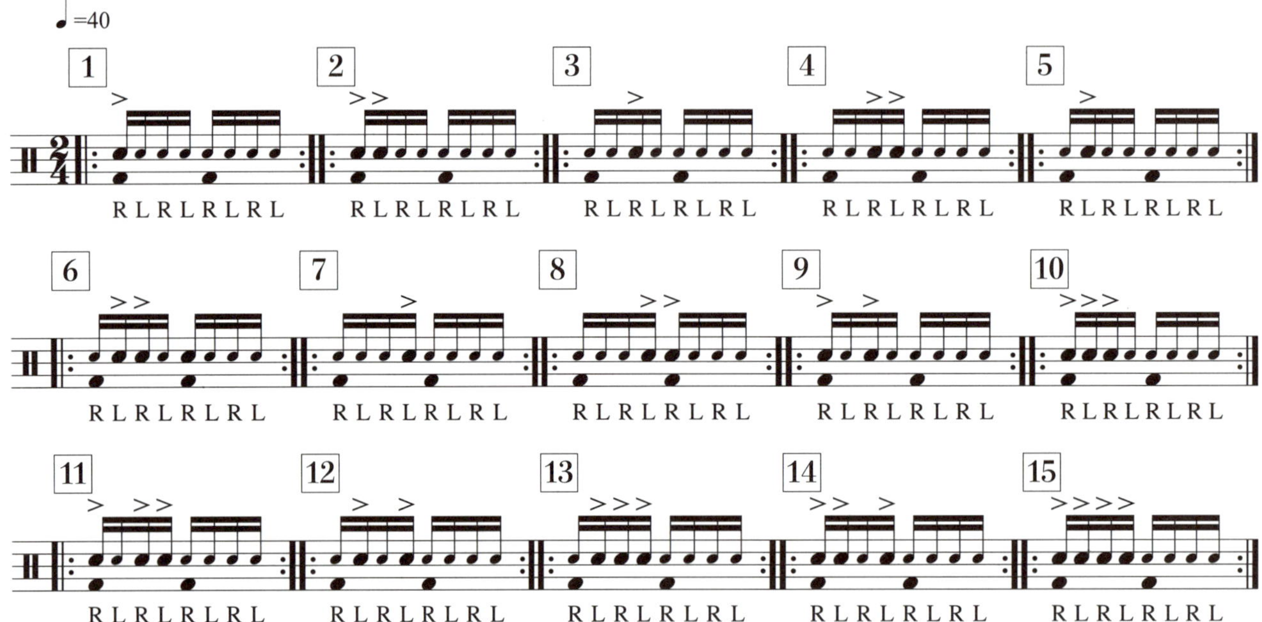

3. 홀수 패턴(셋잇단음표)

싱글 악센트 패턴 응용

강약의 동작을 충분히 숙달할 수 있도록, 움직임에 집중하며 천천히 반복해 연습해 보세요.
아래 예제들은 필인으로도 활용할 수 있으니, 탐탐 등을 사용해 다양하게 응용해 봅시다.

짝수 패턴(16분음표)

홀수 패턴(셋잇단음표)

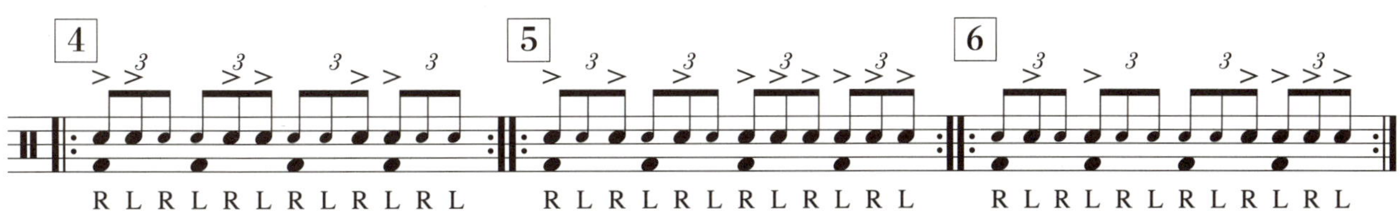

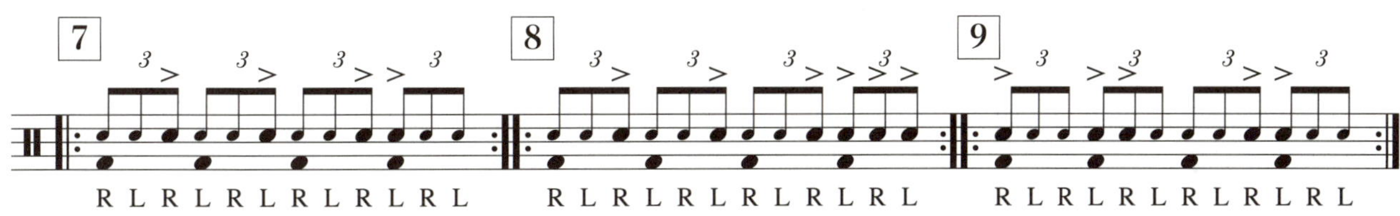

고스트 노트

고스트 노트란, 거의 들리지 않을 정도로 작게 연주하는 음을 말합니다.
고스트 노트를 활용하여 그루브한 리듬 느낌으로 연습해 봅시다.

패턴 1

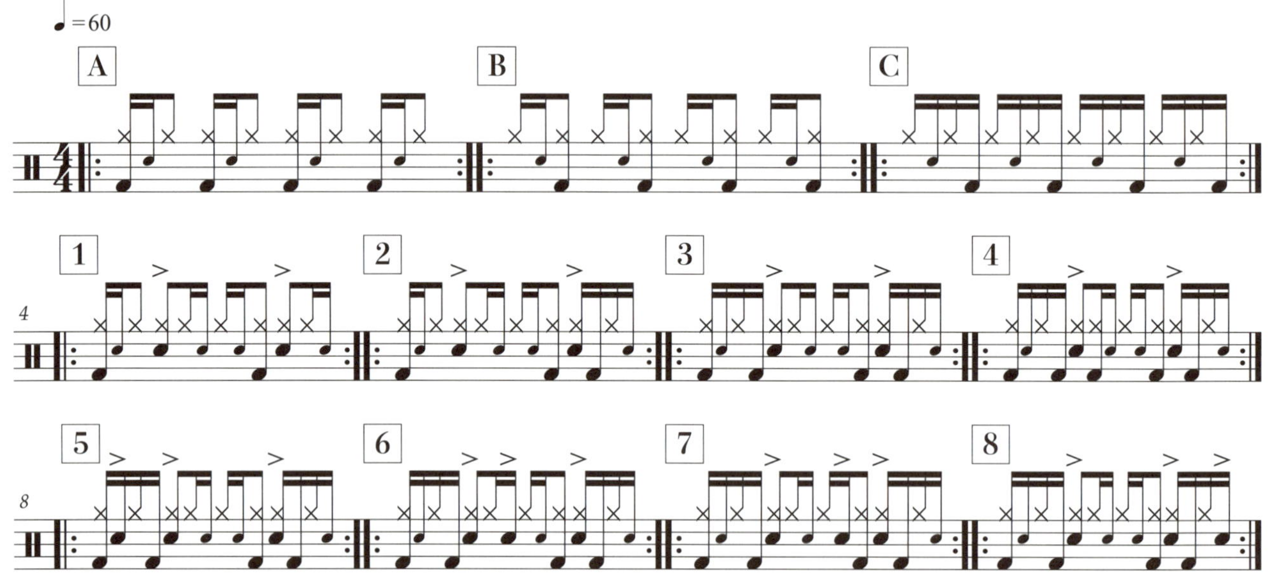

패턴 2

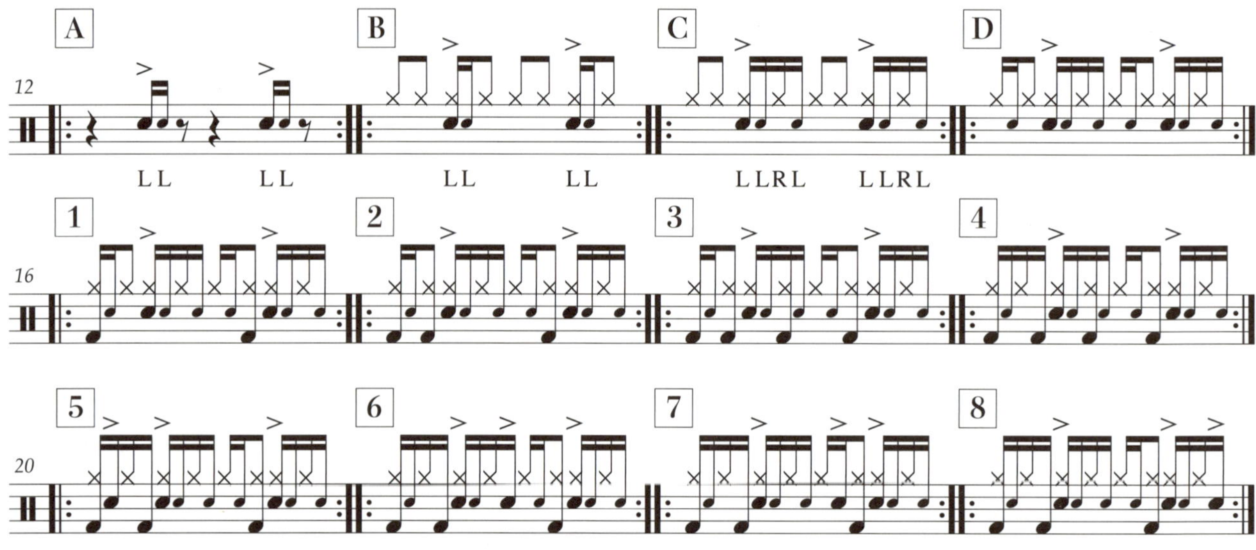

더블 스트로크 응용 패턴

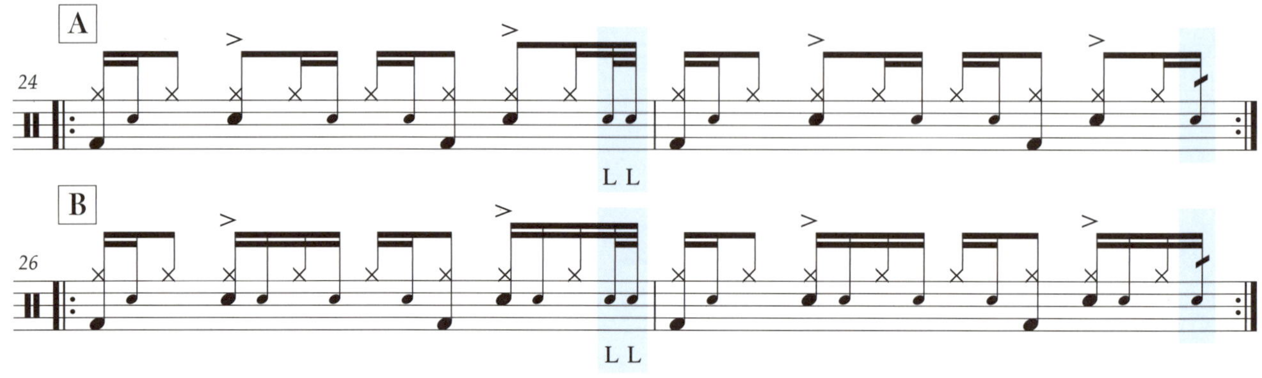

Somewhere I Belong

SHINODA MIKE 외 5명 작사
SHINODA MIKE 외 5명 작곡
Linkin Park 노래

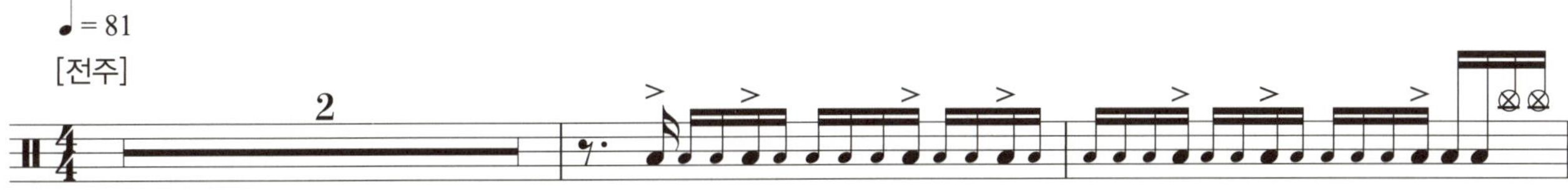

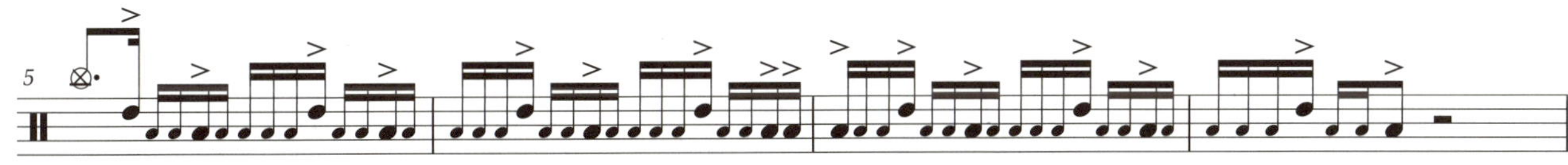

[절]
15
RLRL
RLRRL
I had nothing to say And~
lost in the nothingness inside~
And I let it all out to find That I'm
not the only person with these~

19
all the vacancy the words~
the only real thing that I've got~
Just stuck hollow and alone~
the fault is my own And the fault~

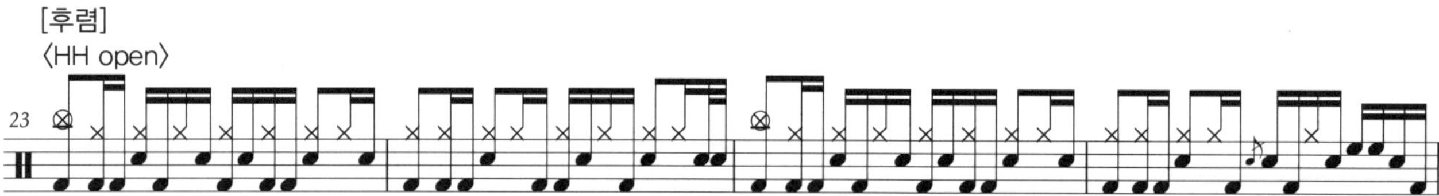

[후렴]
〈HH open〉
23
heal I wanna feel what I
thought was never real I wanna to
let go of the pain I've felt so long
I wanna

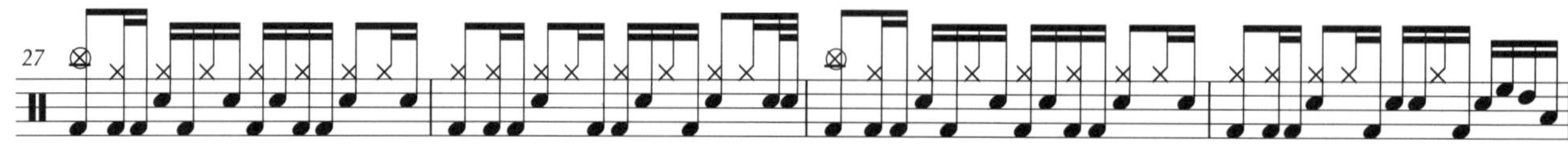

27
heal I wanna feel like I'm close to
something real I wanna
find something I've wanted all along Somewhere I belong

[절]
31
and I've got Nothing to say I can't
believe I didn't fall right down~
looking everywhere Only~
not the way I had imagined it all~

35
What do I have but negativity~
I can't Justify the way everyone
Nothing to gain hollow and~
the fault is my own and the fault~

[후렴]
〈HH open〉
heal I wanna feel what I
thought was never real I wanna
let go of the pain I've felt so long
I wanna
heal I wanna feel like I'm close to
something real I wanna
find something I've wanted all along   Somewhere I belong
[브릿지]
I will never know
myself until I do this on my own   And I will never feel
anything else until my wounds~
I will never be
anything 'Till I break away from me   I will break away I'll
find myself today
I wanna
[후렴]
〈HH open〉
heal I wanna feel what I
thought was never real I wanna
let go of the pain I've felt so long
I wanna
heal I wanna feel like I'm close to   something real I wanna
find something I've wanted all along   Somewhere I belong
I wanna heal I wanna
feel like I'm Somewhere I belong
I wanna heal I wanna
fell like I'm Somewhere I belong
[후주]
Somewhere I belong

Stand By Me

GALLAGHER NOEL THOMAS 작사
GALLAGHER NOEL THOMAS 작곡
Oasis 노래

♩ = 85

[전주]

[절]

[브릿지]

[후렴]

33
Stand by me   Nobody knows   the way it's gonna be
37
Stand by me   Nobody knows   Nobody knows
41
the way it's gonna be   D.S. al Coda
45
the way it's gonna be   Maybe I can see
RLRLRL
49
RLRLRLRLRLRL   Don't you know the
[브릿지]
53
cold and wind and rain don't know They only seem to come and go   away
[후렴]
57
Stand by me   Nobody knows   the way it's gonna be   3x
61
Stand by me   Nobody knows   God only knows
65
the way it's gonna be

슬픔이여안녕

잔나비 JH 작사
잔나비 JH 외 1명 작곡
잔나비 노래

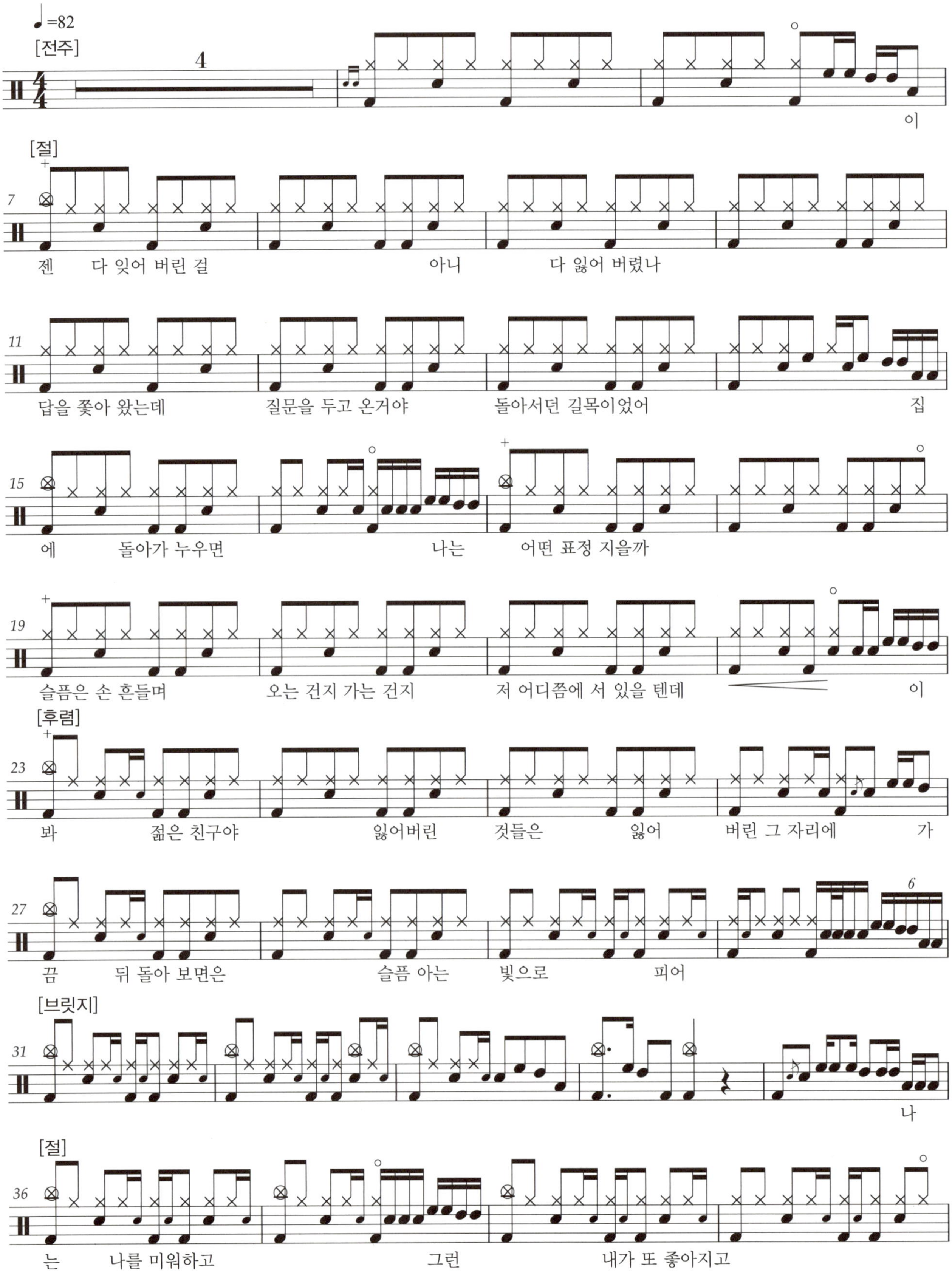

40
자꾸만 아른대는	행복이란 단어들에	몸서리 친 적도 있어요	이
[후렴]
44
봐	젊은 친구야	잃어버린	것들은	잃어	버린 그 자리에	가
48
끔	뒤 돌아 보면은	슬픔 아는	빛으로	피어
[간주]
52
저
[후렴]
56
봐	손을 흔들잖아	슬픔이여	안녕
[후주]
60
바람	불었고	눈 비	날렸고	한 계절 꽃도 피웠고	안녕	안녕
64
구름	하얗고	하늘	파랗고	한 시절 나는 자랐고	안녕	안녕
68
바람	불었고	눈 비	날렸고	한 계절 꽃도 피웠고	안녕	안녕
72
구름	하얗고	하늘	파랗고	한 시절 나는 자랐고	안녕	안녕
76

Shiver

BERRYMAN GUY RUPERT 외 3명 작사
BERRYMAN GUY RUPERT 외 3명 작곡
Coldplay 노래

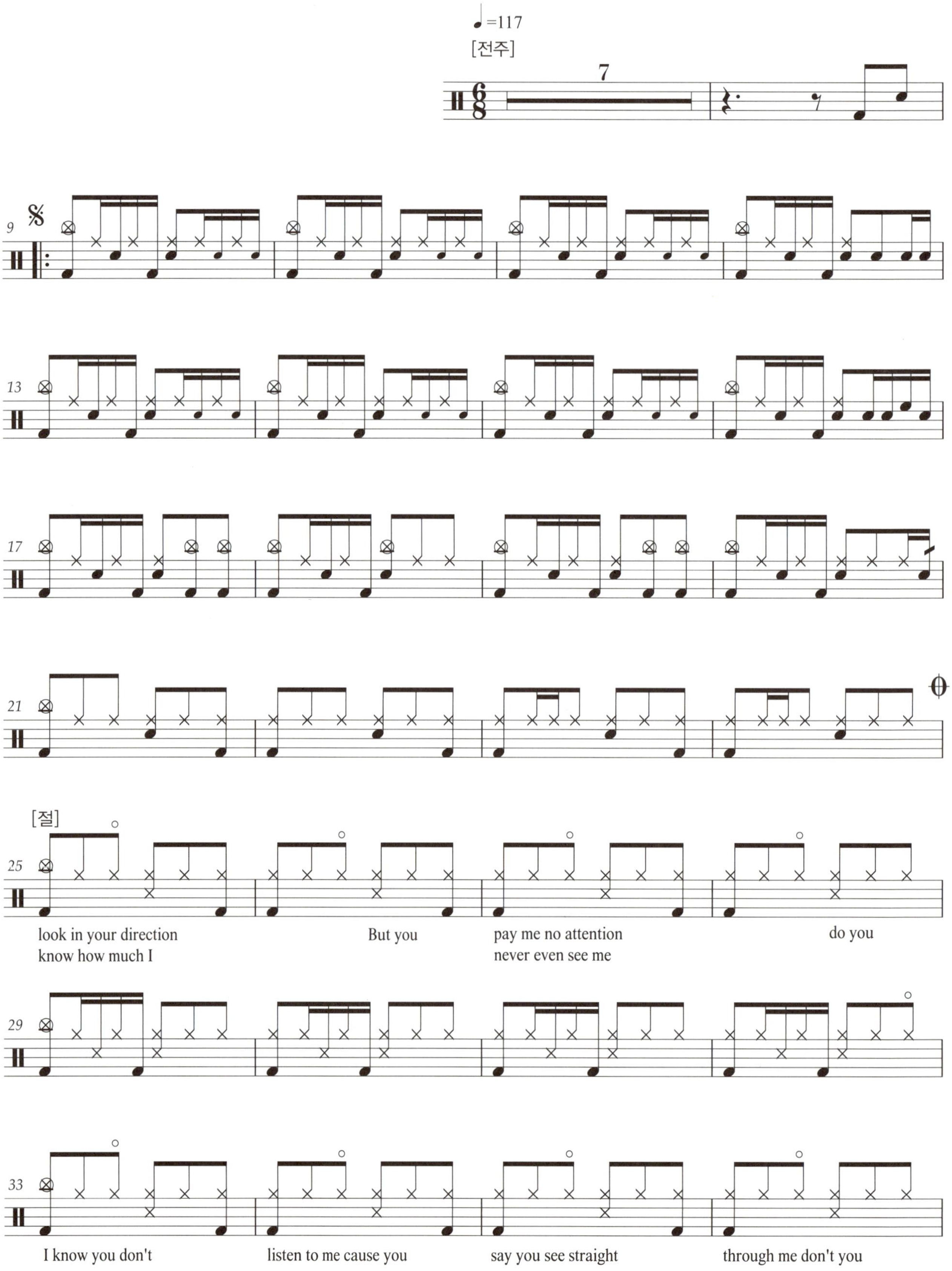

But on and on
[T브릿지]
from the
moment I wake
To the
moment I sleep
I'll be
there by your side
Just you
try and stop me
I'll be
waiting in line
Just to
see if you care
[후렴]
Did you
want me to change
Well I
changed for good
And I
want you to know
That you'll
always get your way
I
wanted to
say
Don't you shiver
D.S. al Coda

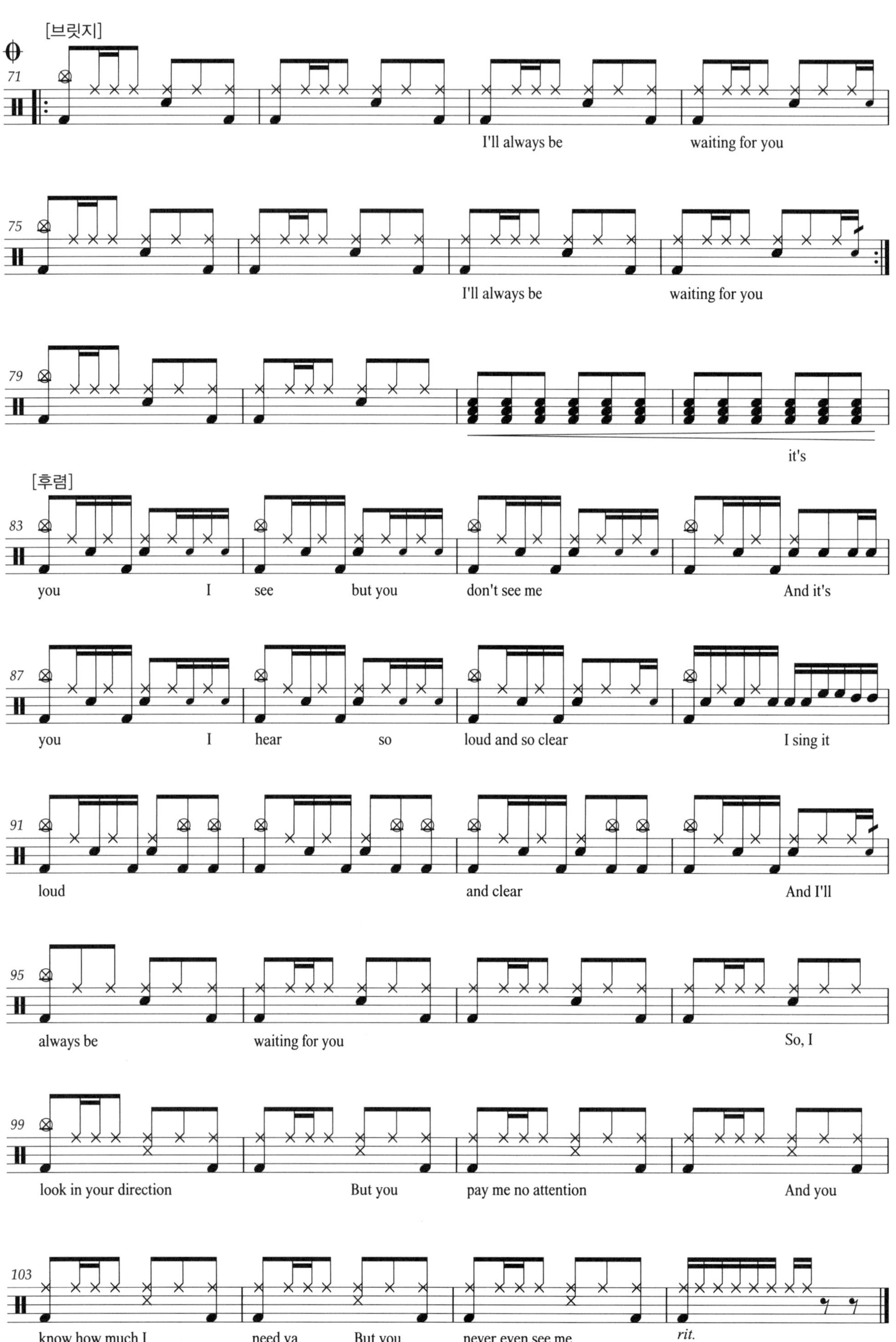

[브릿지]
71
I'll always be   waiting for you
75
I'll always be   waiting for you
79
it's
[후렴]
83
you   I   see   but you   don't see me   And it's
87
you   I   hear   so   loud and so clear   I sing it
91
loud   and clear   And I'll
95
always be   waiting for you   So, I
99
look in your direction   But you   pay me no attention   And you
103
know how much I   need ya   But you   never even see me   rit.

Welcome To The Jungle

STRADLIN IZZY 외 4명 작사
STRADLIN IZZY 외 4명 작곡
Guns N' Roses 노래

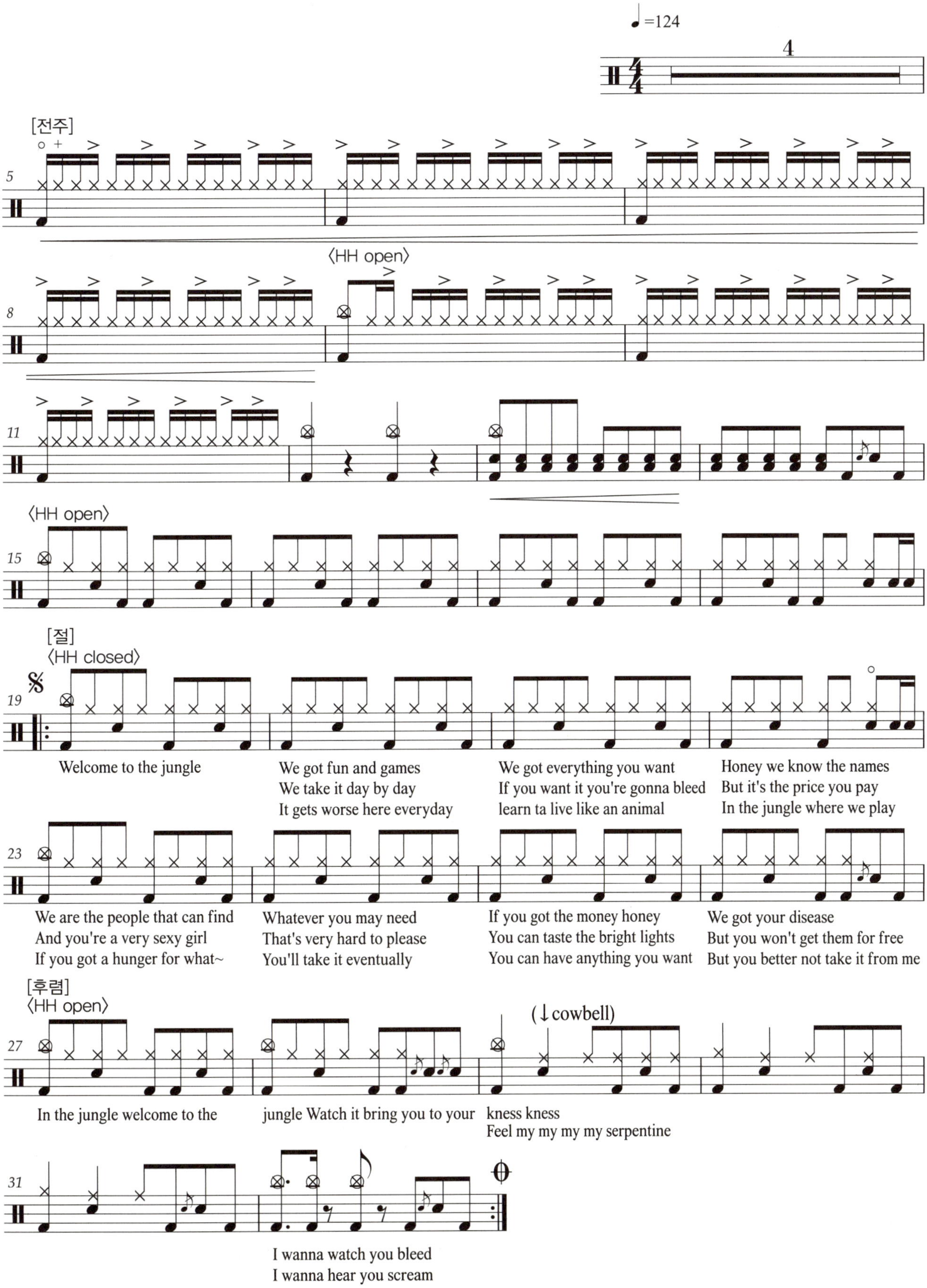

[간주]
〈HH open〉
33
37
D.S. al Coda
[브릿지]
41
45
when you're   high you never   Ever wanna come   down   come
49
down   come down   come   down
〈HH open〉
52
56
60
64

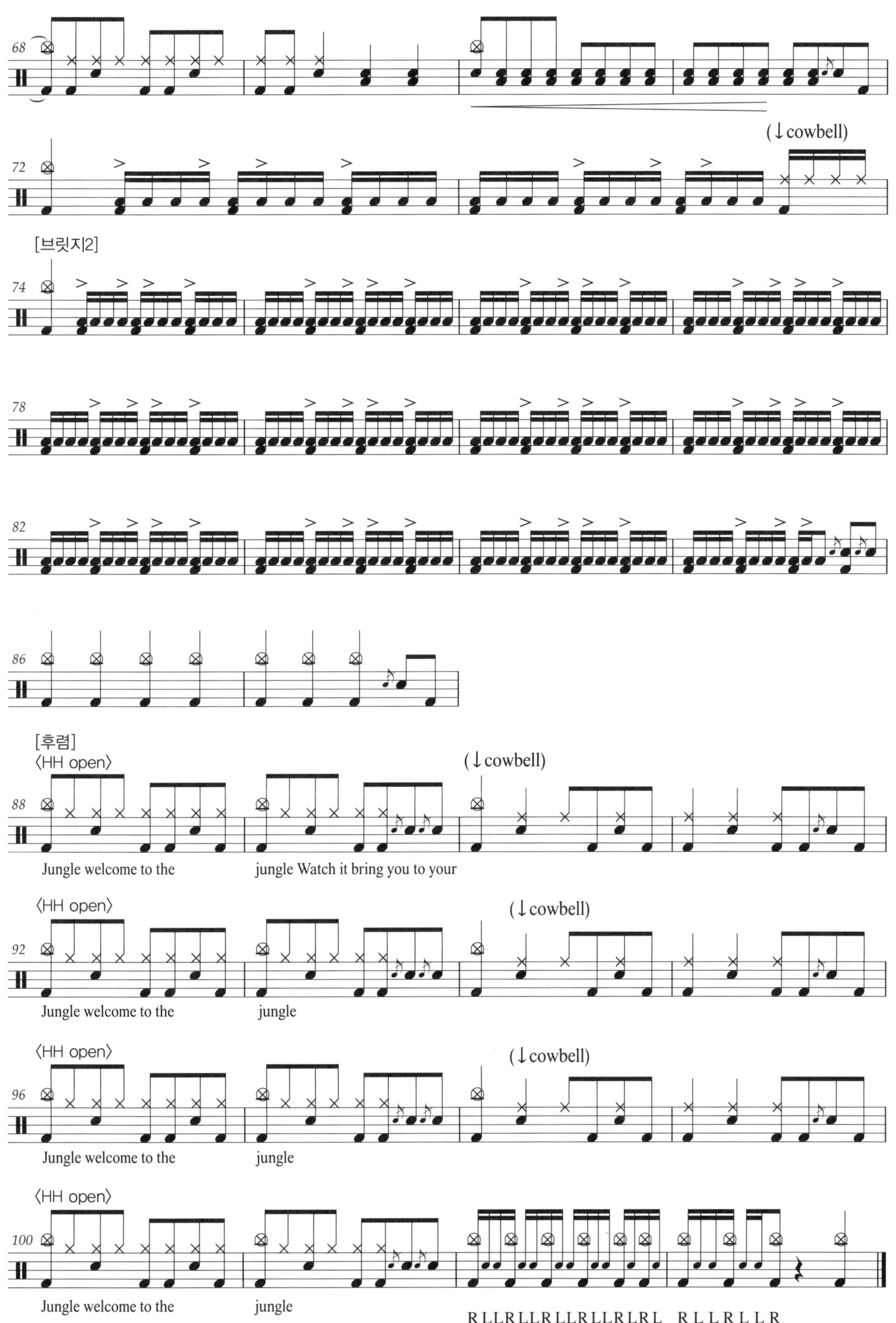
(↓ cowbell)
[브릿지2]
[후렴]
〈HH open〉
(↓ cowbell)
Jungle welcome to the jungle Watch it bring you to your
〈HH open〉
(↓ cowbell)
Jungle welcome to the jungle
〈HH open〉
(↓ cowbell)
Jungle welcome to the jungle
〈HH open〉
Jungle welcome to the jungle
R L L R L L R L L R L L R L R L   R L L R L L R

파라디들

파라디들(Paraddidle)이란 싱글(Para)과 더블(Diddle)을 섞여서 연주하는 것을 말합니다.
파라디들 패턴을 익힘으로써 싱글 스트로크에서의 움직임을 벗어나 좀 더 자유로운 움직임과 패턴을 만들 수 있습니다.
아래 패턴들을 연습해 보고, 악센트를 탐탐이나 심벌 등으로 옮기며 응용해 보세요.

워밍업 파라디들은 아래 (A)~(E)까지의 조합으로 만들어 집니다.

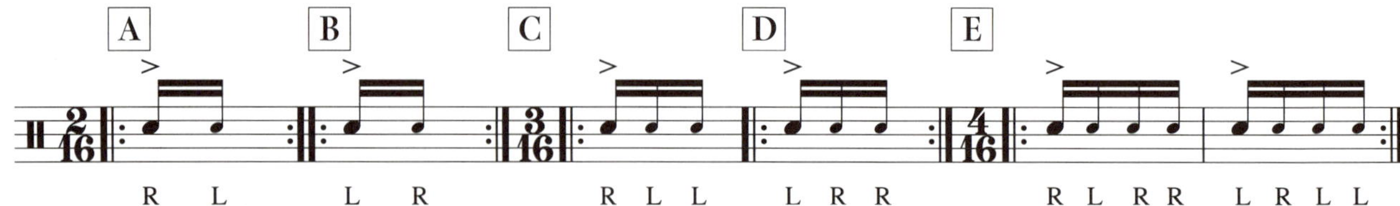

응용 연습 빠르지 않더라도 자연스럽게 연결될 수 있도록 연습해 봅시다.

내 이름 맑음

소연 작사
POP TIME, DAILY, 라경, 소연 작곡
QWER 노래

[브릿지]
무심코 던진   니 말에 하루   종일 설레어   간직했다

아무도 못 보게   일기장에 적어   단단히 잠궜었   는   데   어쩌다
꼬깃꼬깃 구겨   씹어 다 삼켰었   는   데

[후렴]
고작 그   마음도 못 참고   멍청하게   다 던졌는지

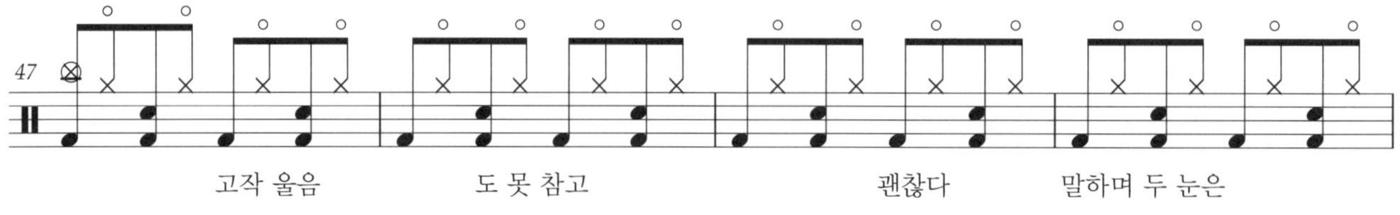
꾹꾹 참고 또   꼭꼭 숨겨서   이제   까지 잘해 왔잖아   그러다

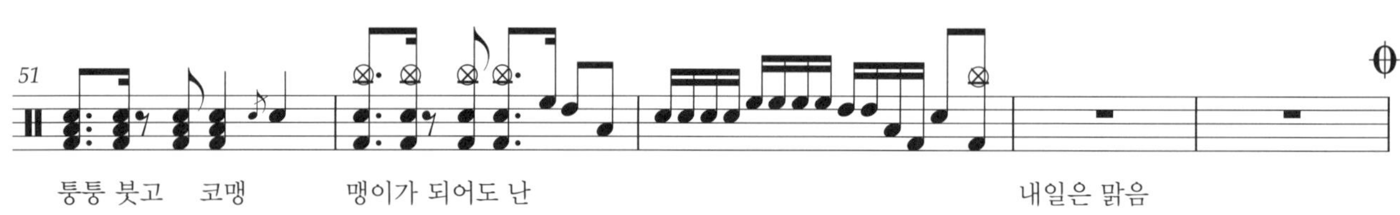
고작 울음   도 못 참고   괜찮다   말하며 두 눈은

퉁퉁 붓고   코맹   맹이가 되어도 난   내일은 맑음

[절]
예전처럼 옆에서 밥   먹어도 우연히   눈이 살짝 마주쳐도   걱정 마   날

안아줘 아니
사랑해줘
이건
꿈에서만
하니까
D.S. al Coda
[후렴]
사실 나
아주 오래
울 것 같아
고작 친구도 못 되니까
툭툭 털고 활짝
웃을 만큼 나는
그리 강하지가 않아
그러다
고작 사랑이
뭐라고
괜찮다 말하는 날까지
꾹꾹 참고 또
일기나 쓰고 있어 나
내 이름 맑음
[후주]

Misery Business

WILLIAMS HAYLEY NICHOLE 외 1명 작사
WILLIAMS HAYLEY NICHOLE 외 1명 작곡
Paramore 노래

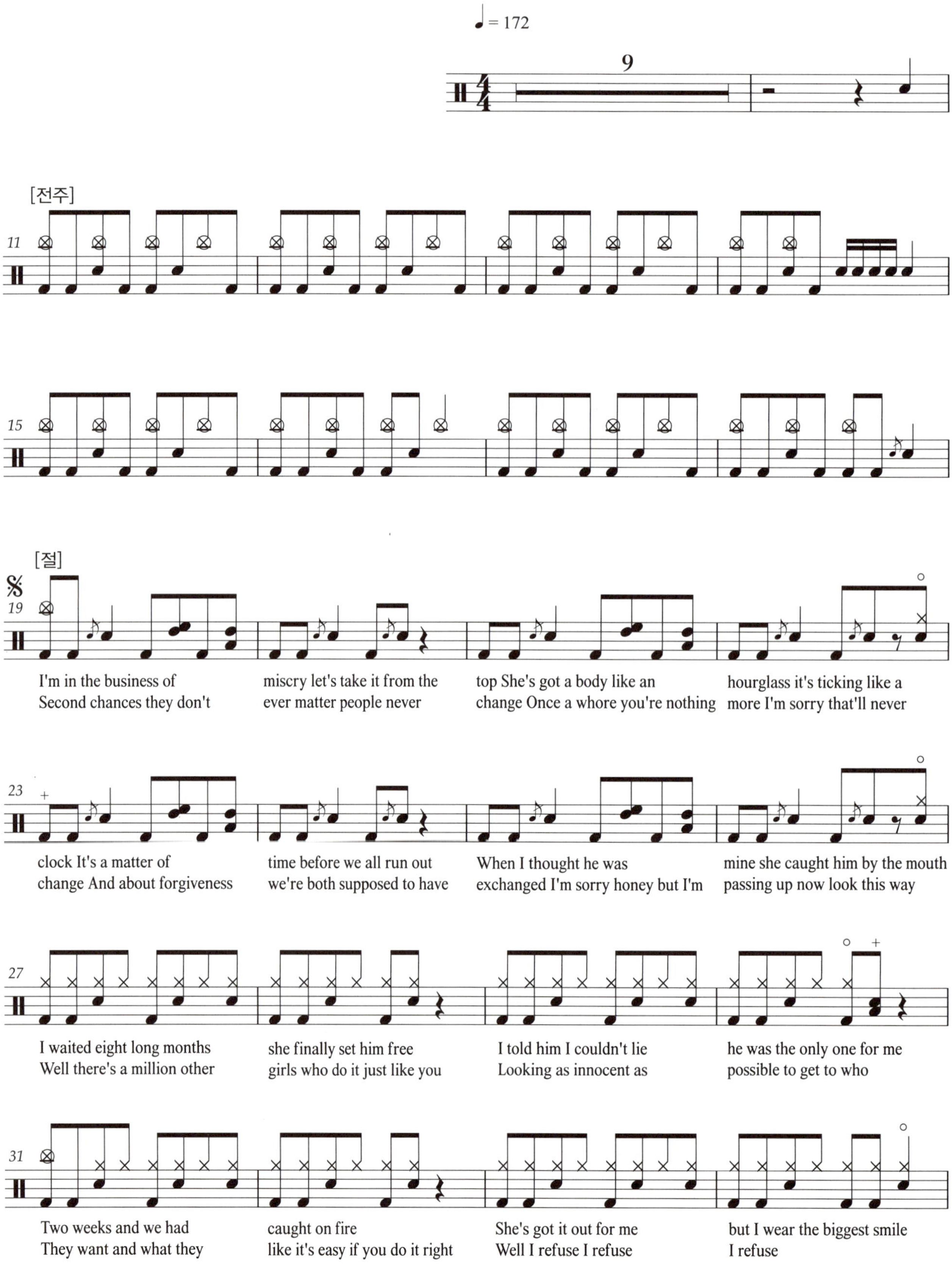

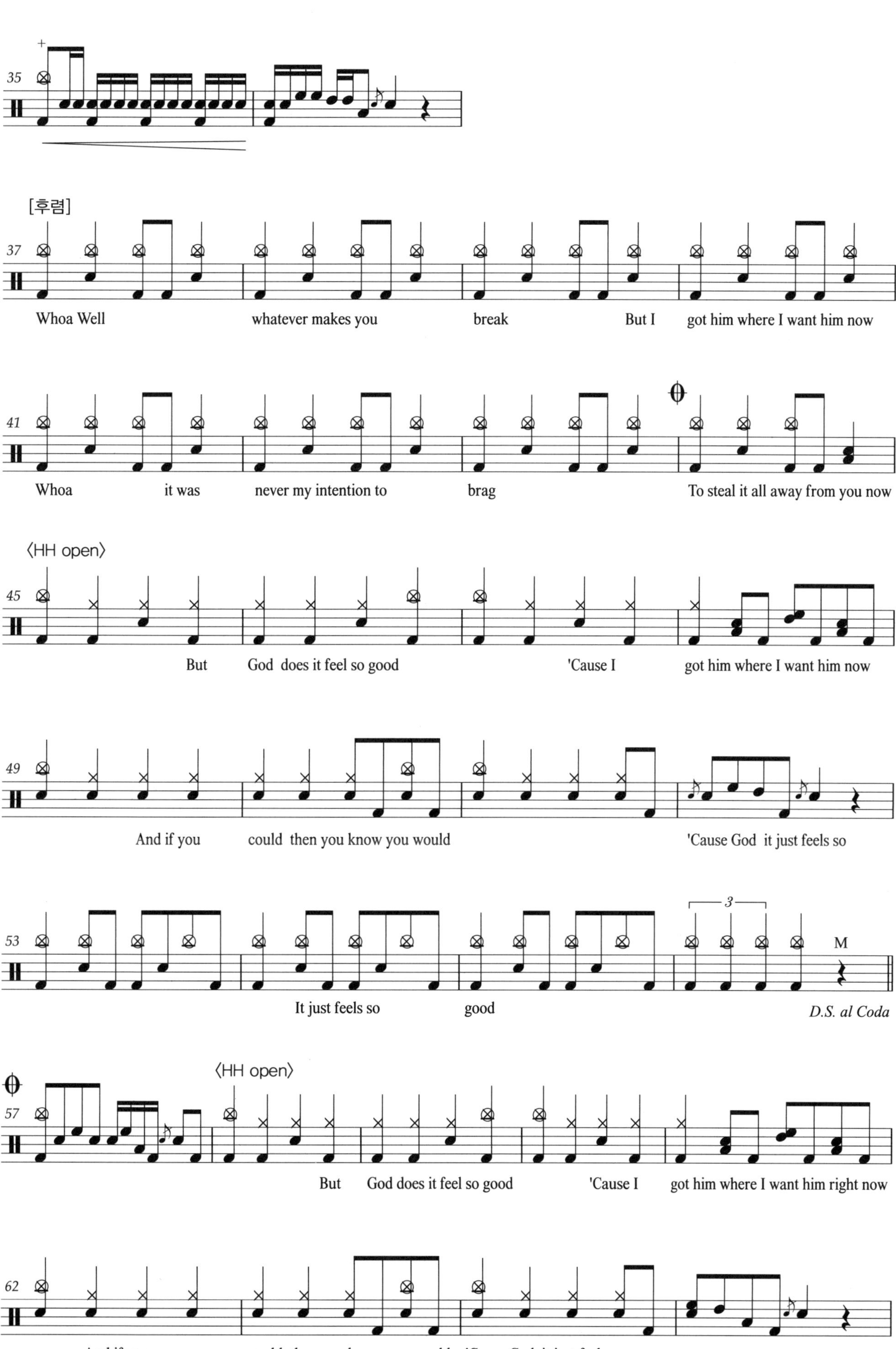

[후렴]
Whoa Well whatever makes you break But I got him where I want him now
Whoa it was never my intention to brag To steal it all away from you now
〈HH open〉
But God does it feel so good 'Cause I got him where I want him now
And if you could then you know you would 'Cause God it just feels so
It just feels so good
D.S. al Coda
〈HH open〉
But God does it feel so good 'Cause I got him where I want him right now
And if you could then you know you would 'Cause God it just feels so

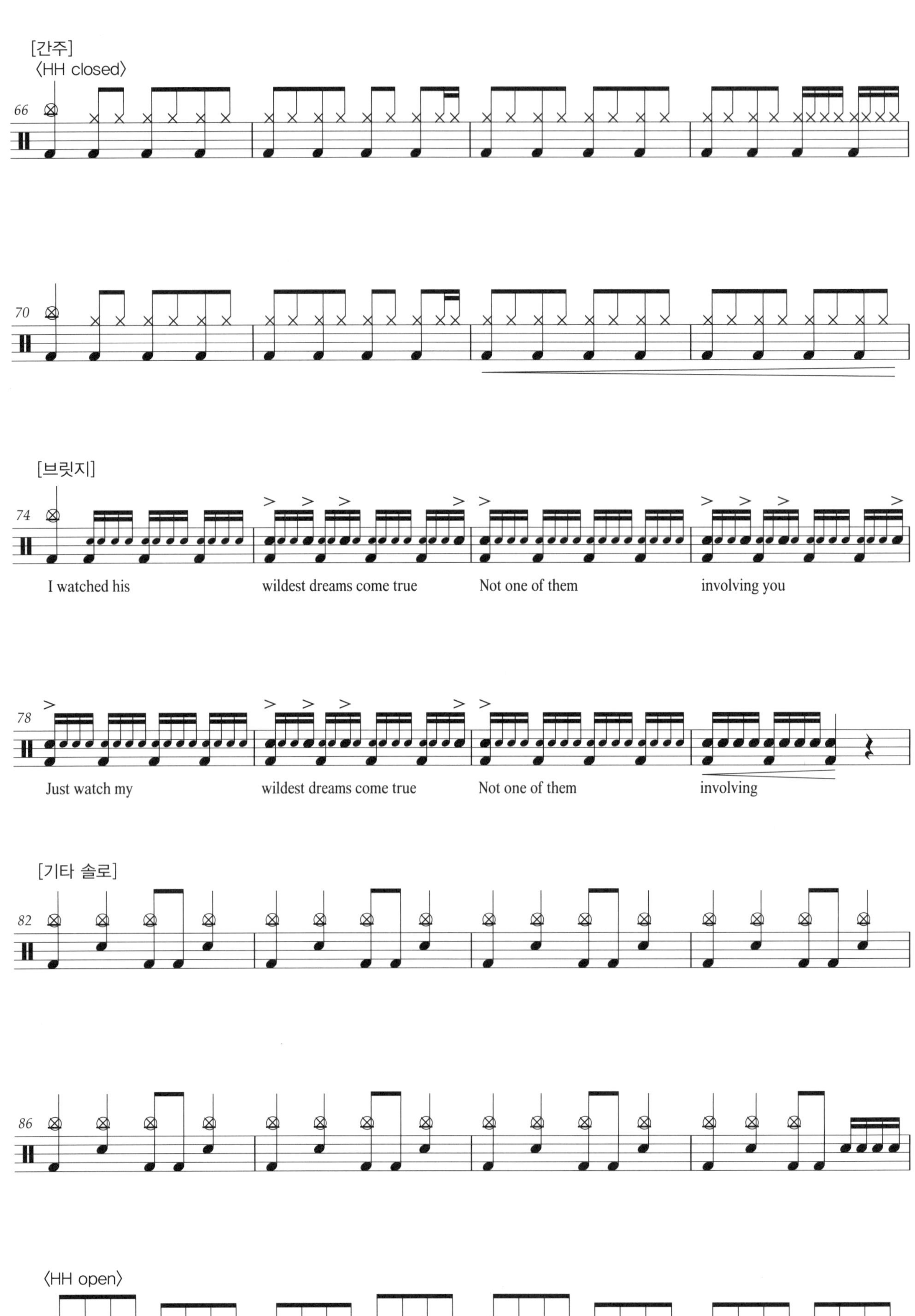

[간주]
〈HH closed〉
66
70
[브릿지]
74
I watched his
wildest dreams come true
Not one of them
involving you
78
Just watch my
wildest dreams come true
Not one of them
involving
[기타 솔로]
82
86
〈HH open〉
90

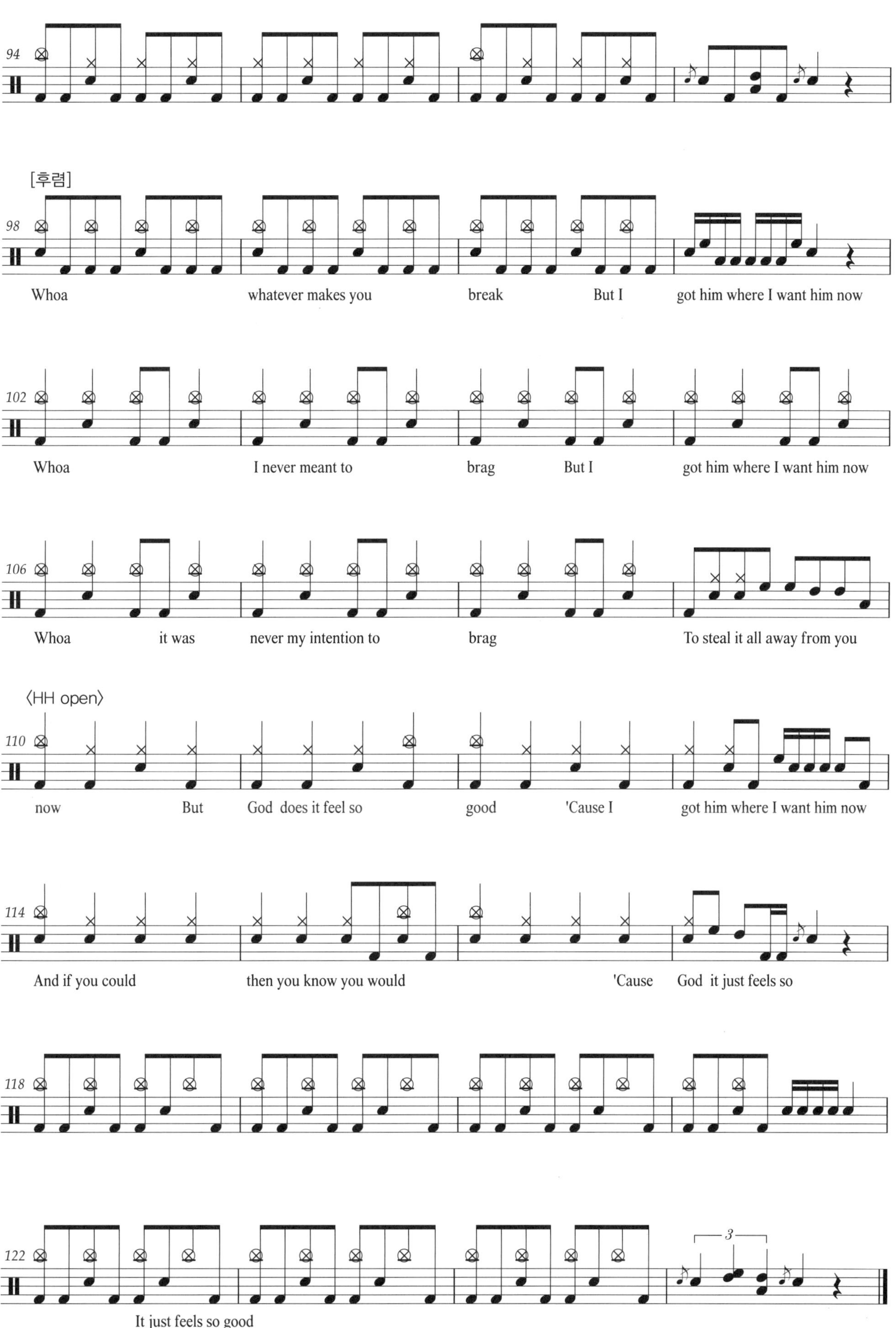

[후렴]
Whoa whatever makes you break But I got him where I want him now
Whoa I never meant to brag But I got him where I want him now
Whoa it was never my intention to brag To steal it all away from you
〈HH open〉
now But God does it feel so good 'Cause I got him where I want him now
And if you could then you know you would 'Cause God it just feels so
It just feels so good

더블 스트로크

더블 스트로크란, 한번의 동작에 두개의 타를 연주하는 방법을 말합니다.
아래 예제들을 통해 연습해 봅시다.

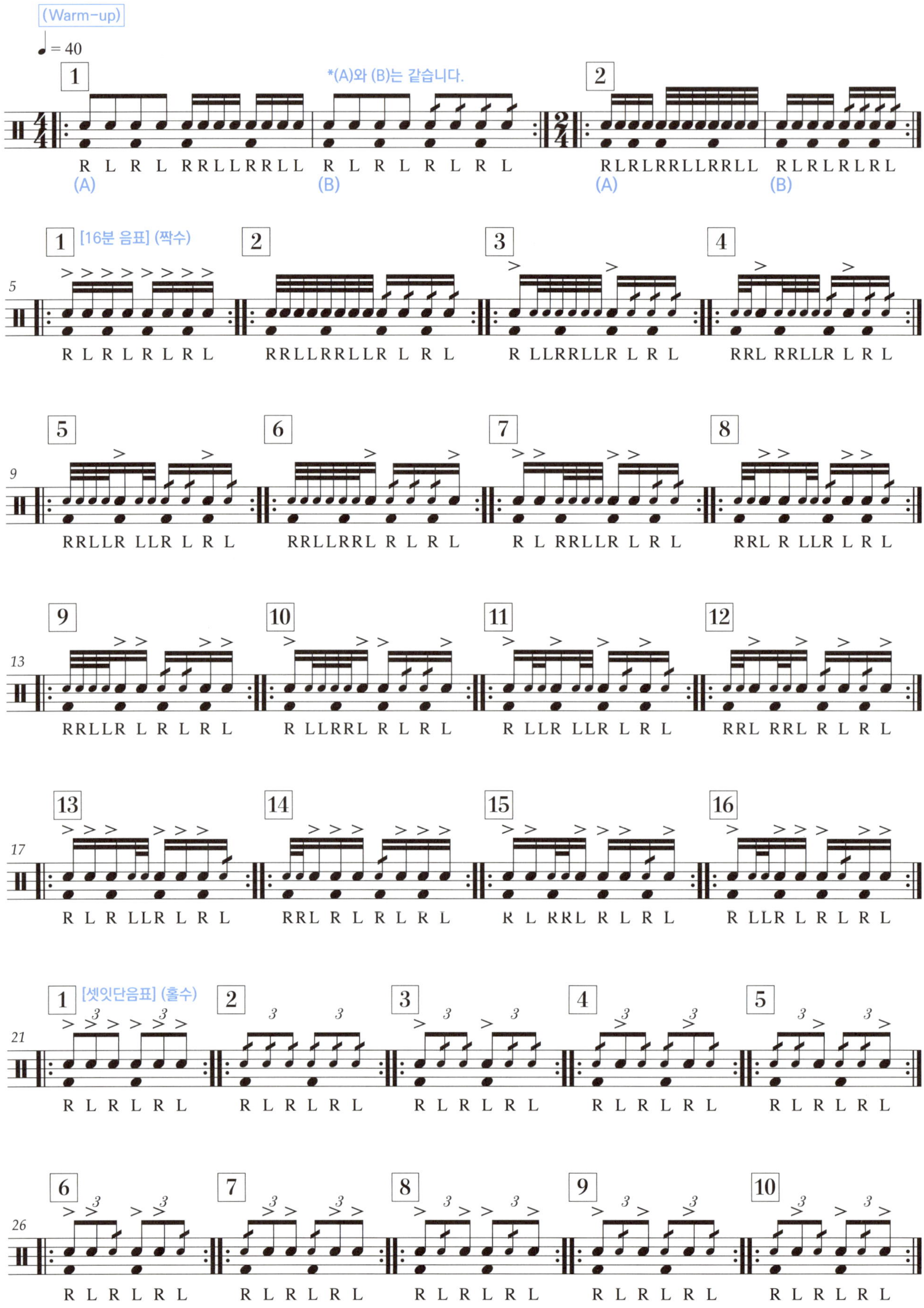

(Warm-up)

♩ = 40

Otherside

SMITH CHAD GAYLORD 외 3명 작사
SMITH CHAD GAYLORD 외 3명 작곡
Red Hot Chili Peppers 노래

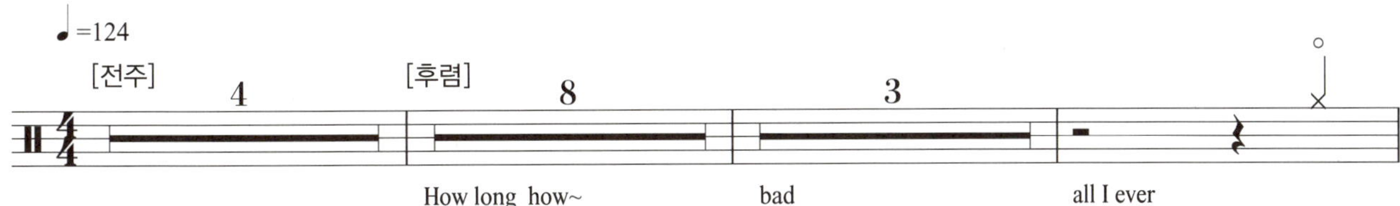

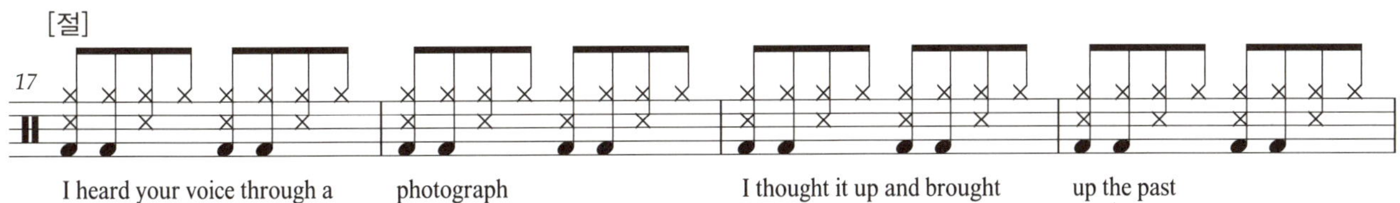

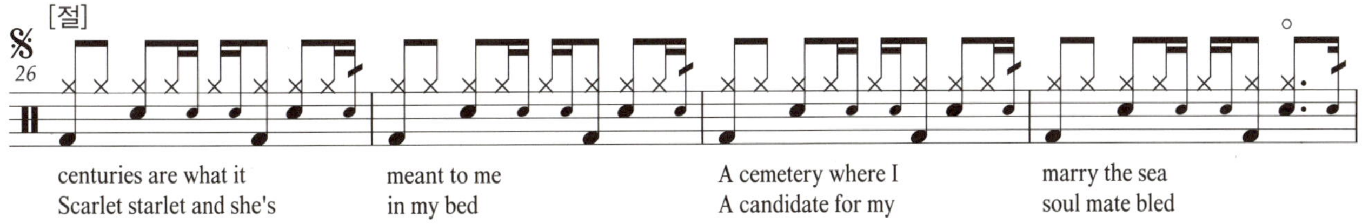

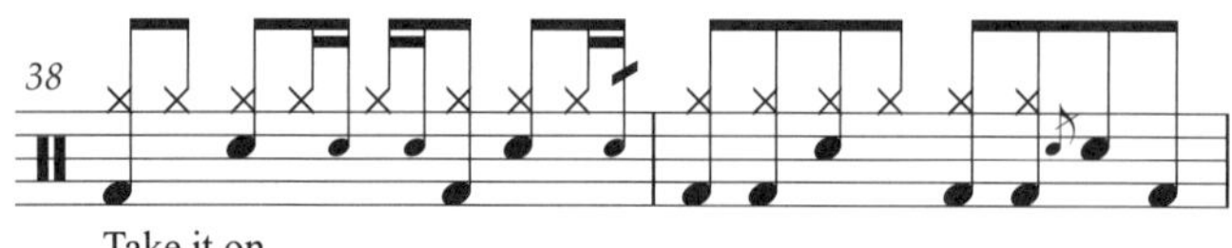

38
Take it on

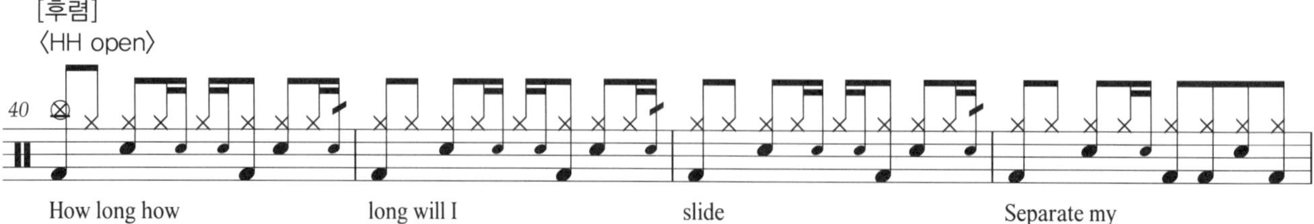

[후렴]
〈HH open〉
40
How long how   long will I   slide   Separate my

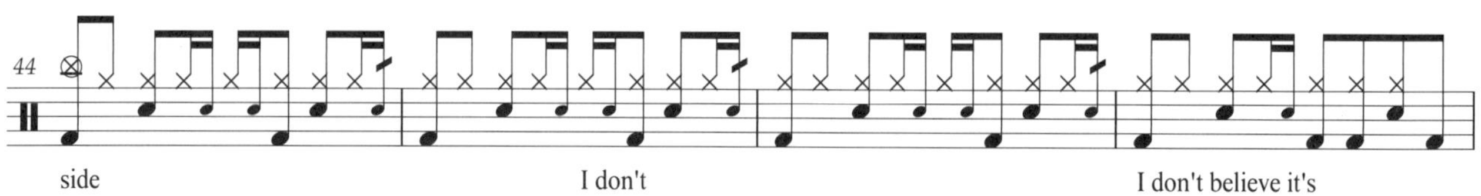

44
side   I don't   I don't believe it's

48
bad   Slit my throat it's   all I ever

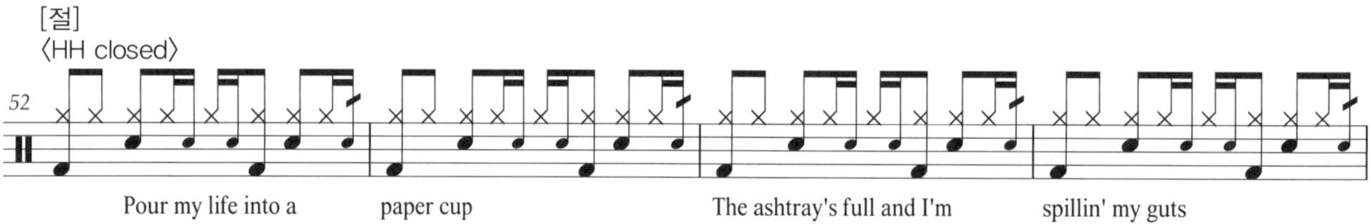

[절]
〈HH closed〉
52
Pour my life into a   paper cup   The ashtray's full and I'm   spillin' my guts

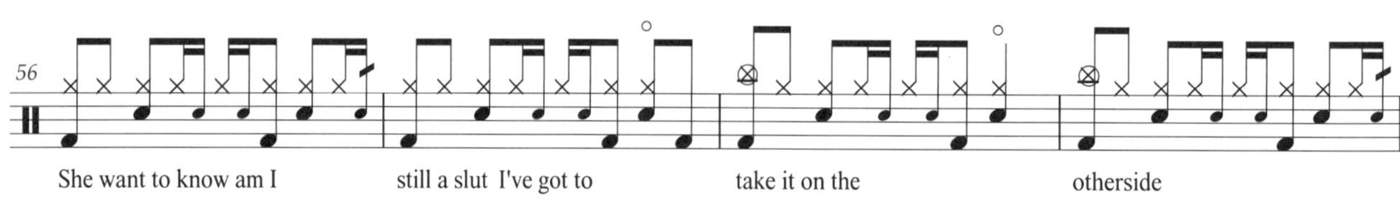

56
She want to know am I   still a slut I've got to   take it on the   otherside

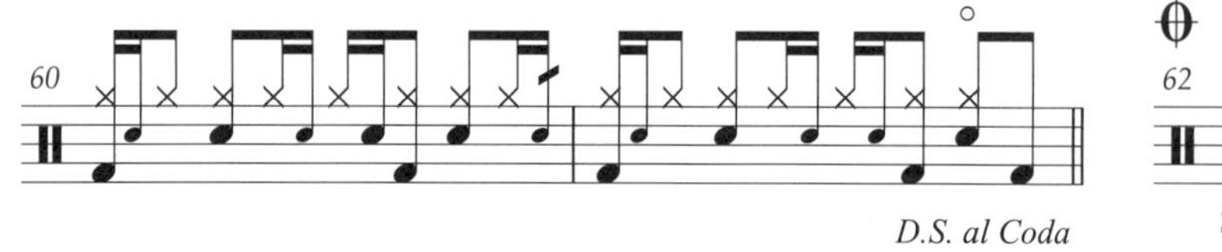

60
D.S. al Coda

62
Slit my throat It's   all I ever

[브릿지]
64
Turn me on take me   for a hard ride   Burn me out leave   me on the otherside   3x

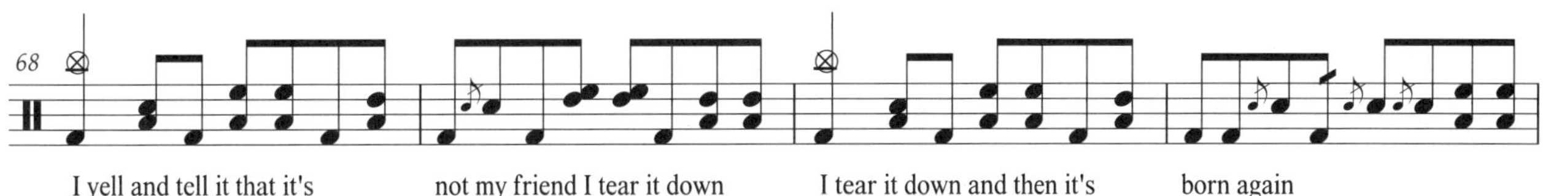
68
I yell and tell it that it's   not my friend I tear it down   I tear it down and then it's   born again

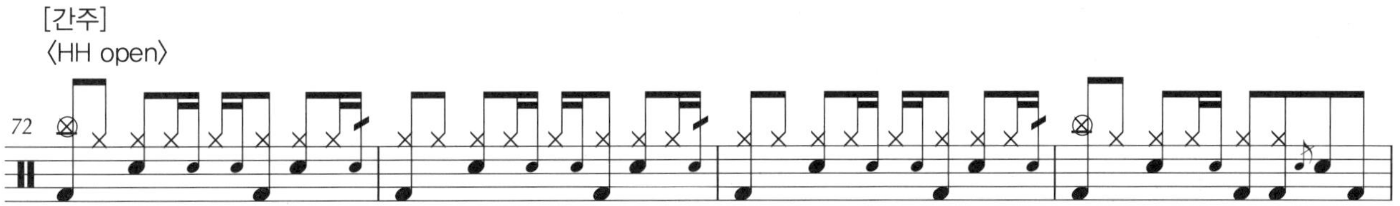
[간주]
〈HH open〉
72

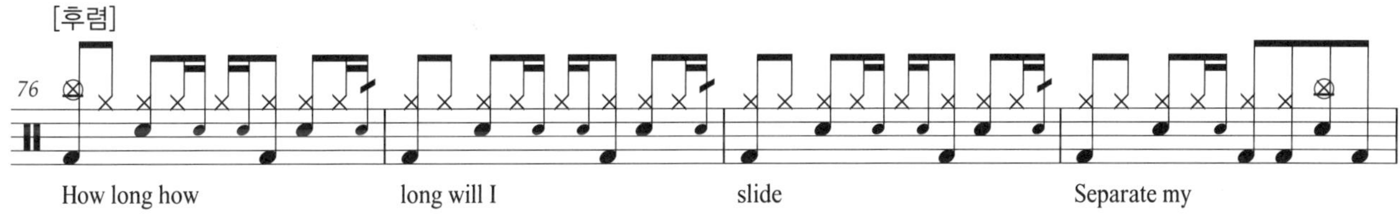
[후렴]
76
How long how   long will I   slide   Separate my

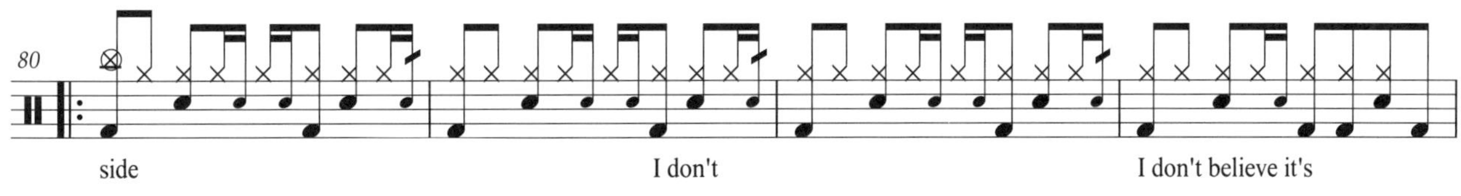
80
side   I don't   I don't believe it's

84
bad   Slit my throat it's   all I ever

드래그와 러프

드래그(Drag)는 음표 앞에 꾸밈음이 2개인 것을 말하고, 러프(Ruff)는 꾸밈음이 3개 이상인 것을 말합니다.

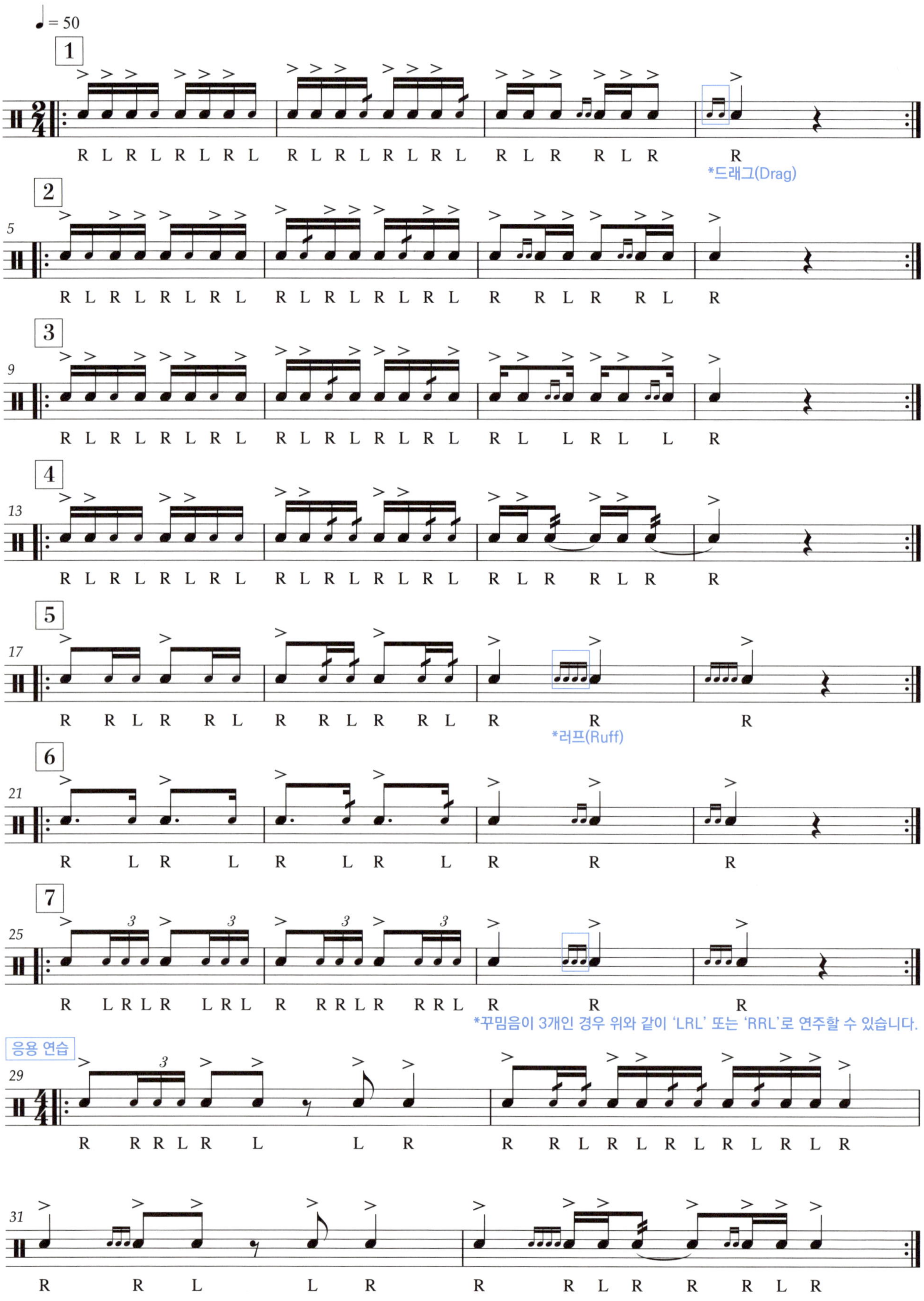

더블 스트로크과 6연음

6연음의 경우 손의 순서는 같지만 리듬이 다르므로 주의해서 연습해 봅시다.

Can't Stop

SMITH CHAD GAYLORD 외 3명 작사
SMITH CHAD GAYLORD 외 3명 작곡
Red Hot Chili Peppers 노래

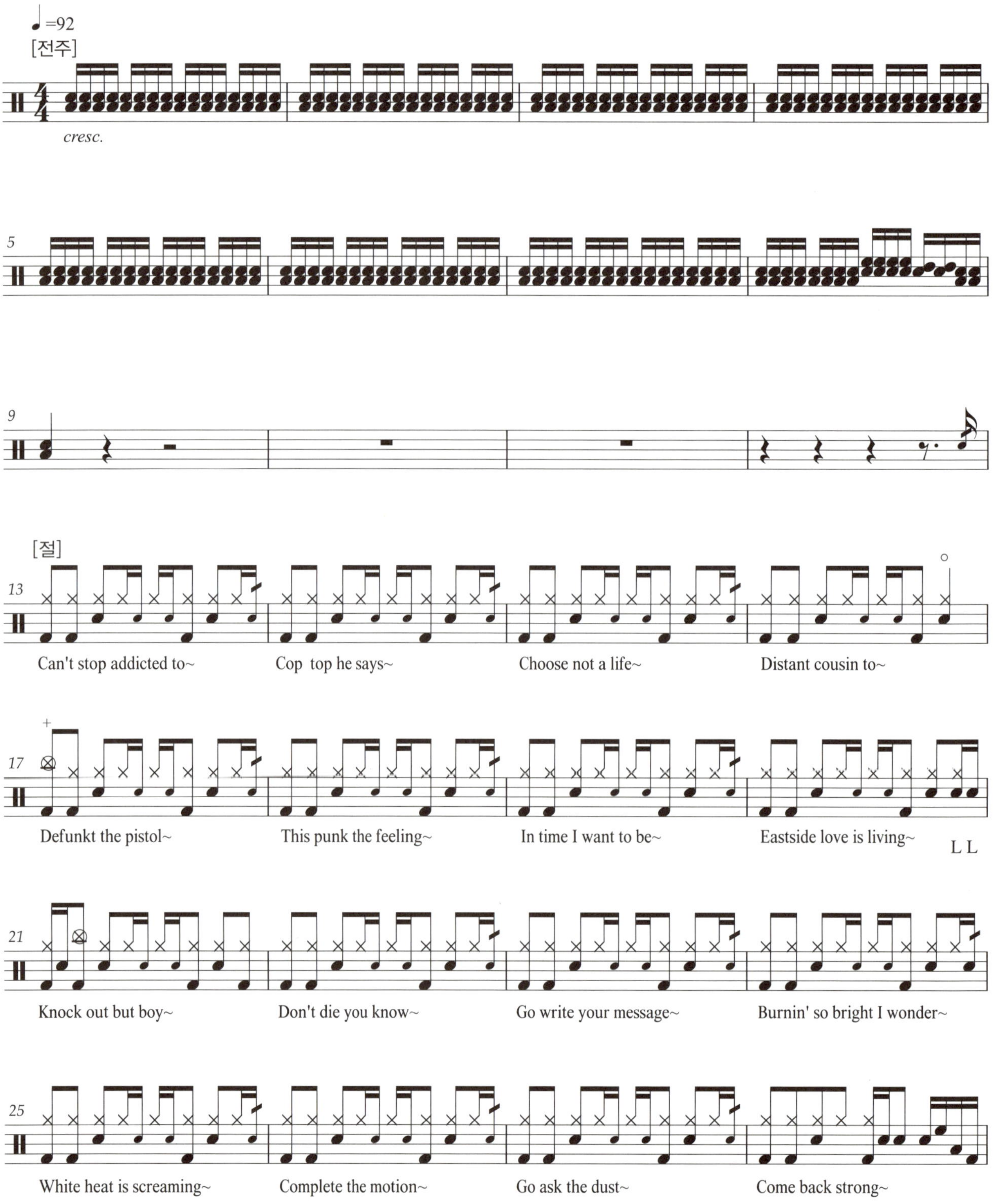

[후렴]
〈HH open〉
29
The world I~
To be part of~
Ever wonder if it's
all for you
33
The world I love~
To be part of
Come and tell me when it's
time to
[절]
〈HH Closed〉
37
Sweetheart is bleeding~
So smart she's leading~
Music the great~
Use two sticks to make~
41
I'll get you into~
The gender of a generation~
The birth of every~
Worth your weight~
45
This chapter's going to be a~
Smoke rings I know~
All on a spaceship~
Use my hands for everything~
49
Can't stop the spirits~
Mop tops are happy~
J Butterfly is in the treetop
Birds that blow the meaning~
[후렴]
〈HH open〉
53
The world I love~
To be part of~
Ever wonder if it's
all for you
57
The world I love~
To be part of~
Come and tell me when it's
time to

[브릿지]
〈HH Closed〉
61
Wait a minute~
passin' out~
just like you
65
Far more shocking Than
anything I ever knew
How about you
69
10 more reasons Why
I need somebody new
just like you
73
〈HH open〉
Far more shocking
anything I ever knew
Right on cue
[간주]
77
[절]
〈HH Closed〉
81
Can't stop addicted to~
Cop top he says~
Choose not a life~
Distant cousin~
85
Defunkt the pistol~
This punk the feeling~
In time I want to be~
Eastside love is living~
89
Knock out but boy~
Don't die you know~
Go write your message~
Burnin' so bright I wonder~
93
Kick start the golden~
Sweet talk but don't~
Can't stop the gods~
Feel no need for~

228

박하사탕

윤도현 작사
김진원 작곡
YB 노래

[후렴]
〈HH open〉
29
열어줘 제발   다시 한번만   두려움에 떨고 있어
33
열어줘 제발   다시 한번만   단 한번만이라도
37
나 돌아갈래   어릴 적 꿈에
41
나 돌아갈래   그 곳으로
[간주]
45
49
남아 있는건   아무것도 없어   그 시간들도   다시 오지 않아
53
어지러워   눈을 감고싶어   내 갈 곳은   다시 못올 그 곳뿐이야
57
[후렴]
59
열어줘 제발   다시 한번만   두려움에 떨고 있어

열어줘 제발
다시 한번만
단 한번만이라도
나 돌아갈래
어릴 적 꿈에
나 돌아갈래 그곳으로
[기타 솔로]
3
LRLR
[후렴]
나 돌아갈래
어릴 적 꿈에
나 돌아갈래
그곳으로
나 돌아갈래
어릴 적 꿈에
나 돌아갈래
그곳으로

TOMBOY

오혁 작사
오혁 외 1명 작곡
혁오 노래

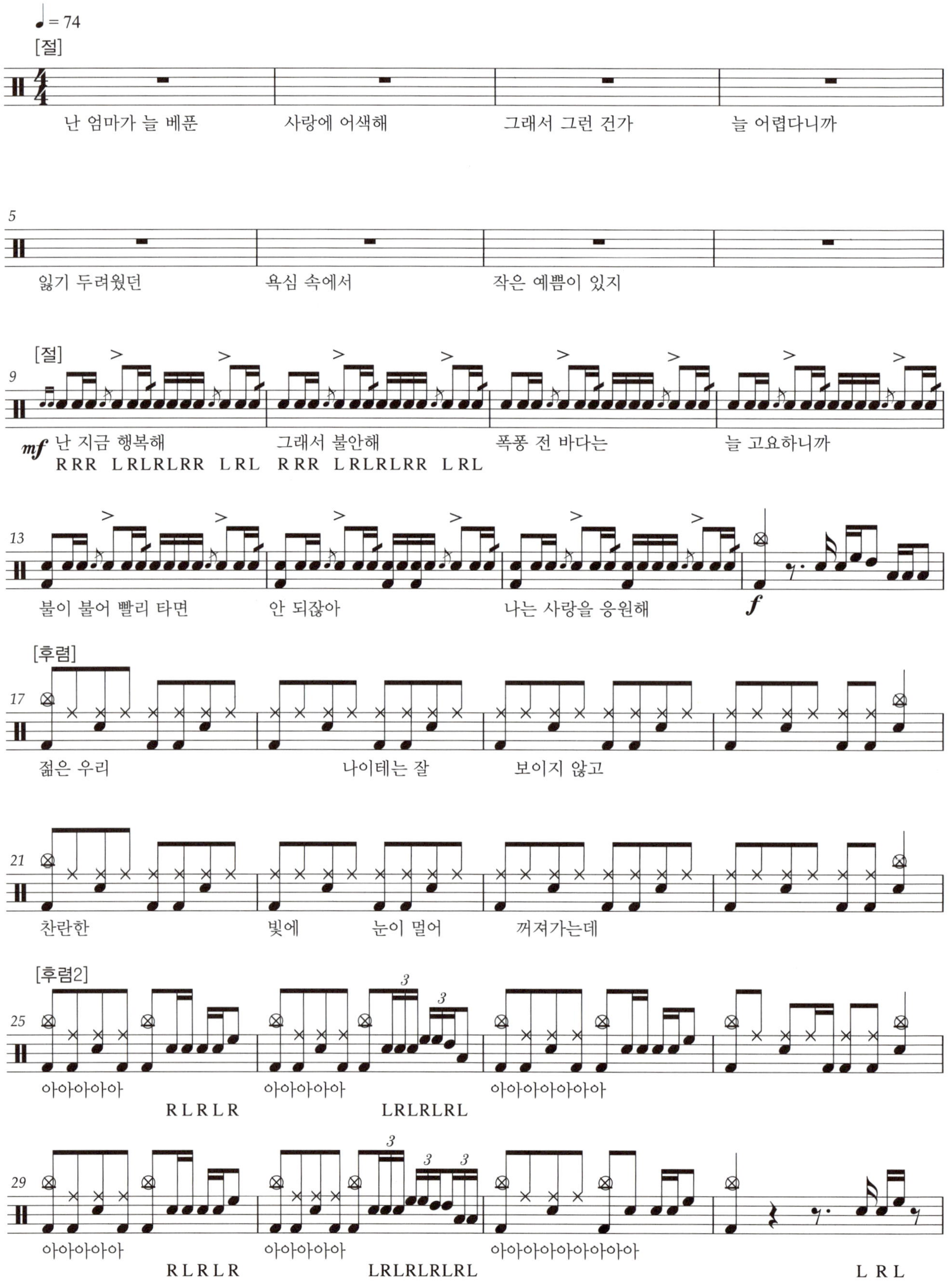

♩ = 74

[절]

난 엄마가 늘 베푼 | 사랑에 어색해 | 그래서 그런 건가 | 늘 어렵다니까

잃기 두려웠던 | 욕심 속에서 | 작은 예쁨이 있지

[절]

난 지금 행복해 | 그래서 불안해 | 폭풍 전 바다는 | 늘 고요하니까
RRR LRLRLRR LRL RRR LRLRLRR LRL

불이 불어 빨리 타면 | 안 되잖아 | 나는 사랑을 응원해

[후렴]

젊은 우리 | 나이테는 잘 | 보이지 않고

찬란한 | 빛에 | 눈이 멀어 | 꺼져가는데

[후렴2]

아아아아아 | 아아아아아 | 아아아아아아아
RLRLR LRLRLRL

아아아아아 | 아아아아아 | 아아아아아아아아아아
RLRLR LRLRLRLRL LRL

232

[절]
슬픈 어른은 늘
뒷걸음만 치고
미운 스물을 넘긴
넌 지루해 보여
불이 불어 빨리 타면
안 되니까
우리 사랑을 응원해
L R L R R L R
[후렴]
젊은
우리
나이테는 잘
보이지 않고
찬란한
빛에
눈이 멀어
꺼져가는데
[브릿지]
그래 그때 나는
잘 몰랐었어 우린
다른 점만 닮았고
철이 들어 먼저
떨어져 버린 너와
이젠 나도 닮았네
L R L R R L R L
[후렴2]
젊은
우리
나이테는 잘
보이지 않고
찬란한
빛에
눈이 멀어
꺼져가는데
아아아아아
아아아아아
아아아아아아아
아아아아아
아아아아아
아아아아아아아아

Californication

SMITH CHAD GAYLORD 외 3명 작사
SMITH CHAD GAYLORD 외 3명 작곡
Red Hot Chili Peppers 노래

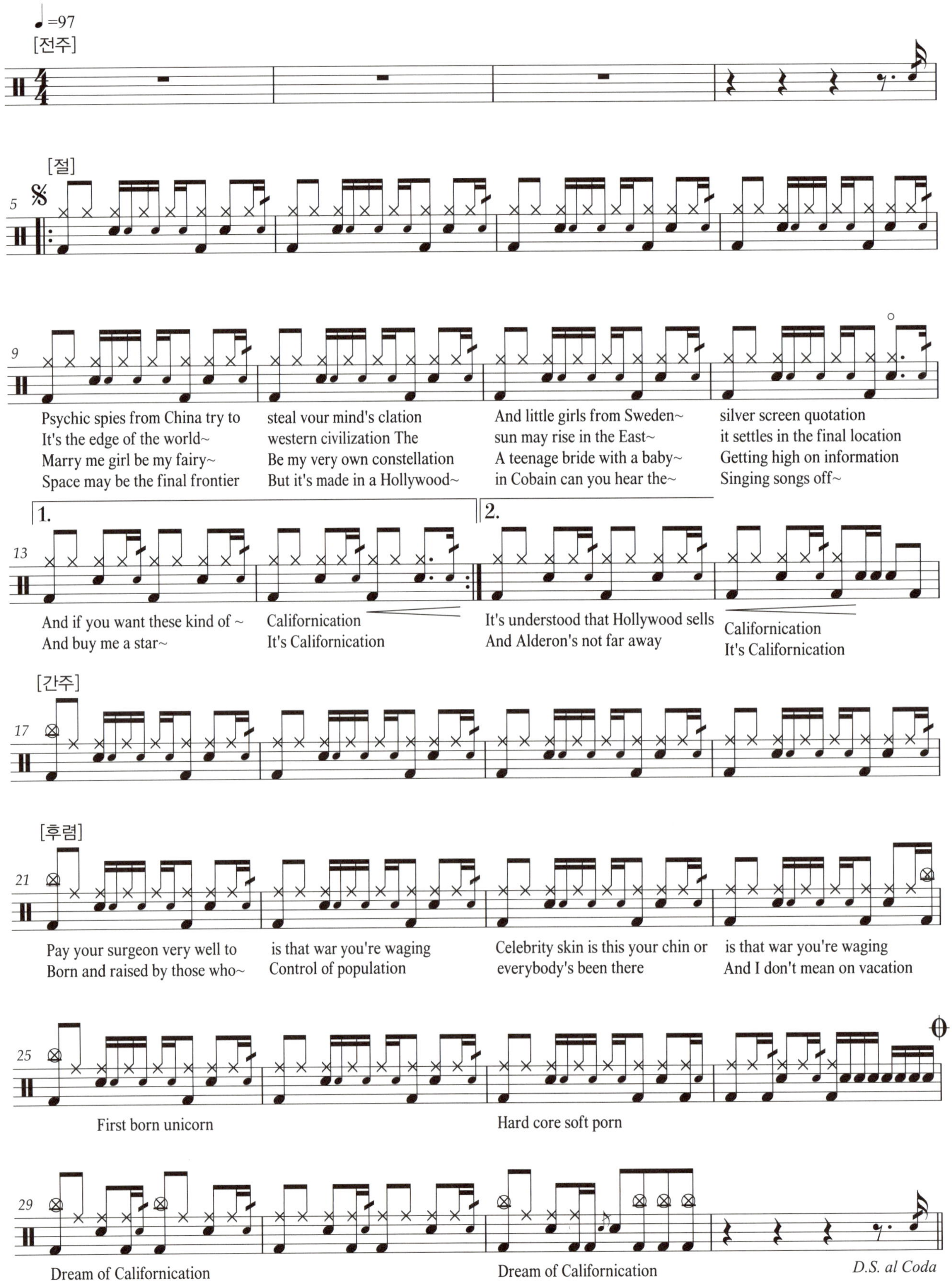

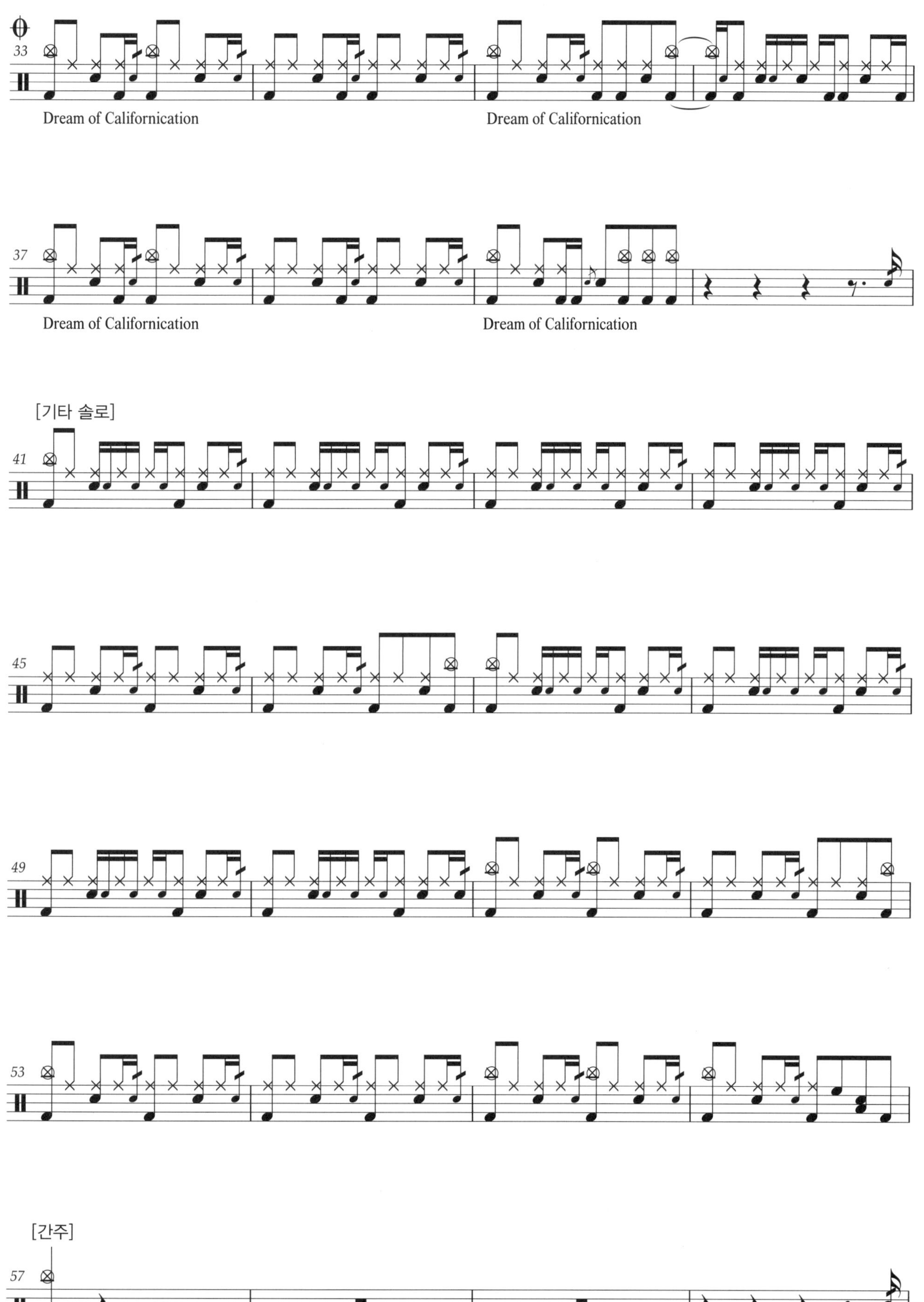

Dream of Californication
Dream of Californication
Dream of Californication
Dream of Californication
[기타 솔로]
[간주]

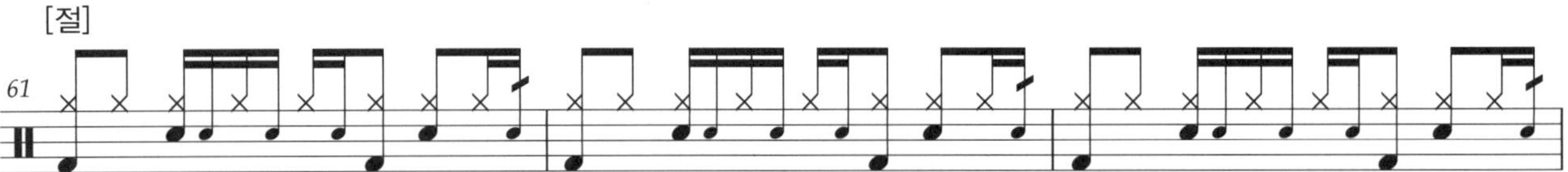
[절]
61
Destruction leads to a very rough road But it also breeds creation   And earthquakes are to a girl's guitar They're

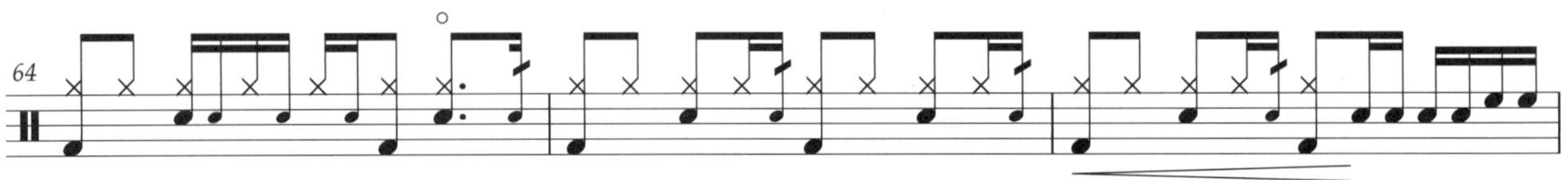
64
just another good vibration   And tidal waves couldn't save the world from   Californication

[간주]
67

[후렴]
71
Pay your surgeon very well To   break the spell of aging   Sicker than the rest there is no test but   this is what you're craving

75
First born unicorn   Hard core soft porn

79
Dream of Californication   Dream of Californication

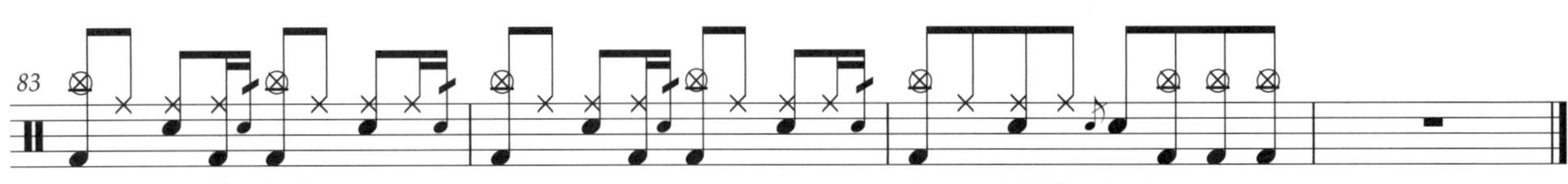
83
Dream of Californication   Dream of Californication

236

조원상 외 1명 작사
조원상 외 1명 작곡
LUCY 노래

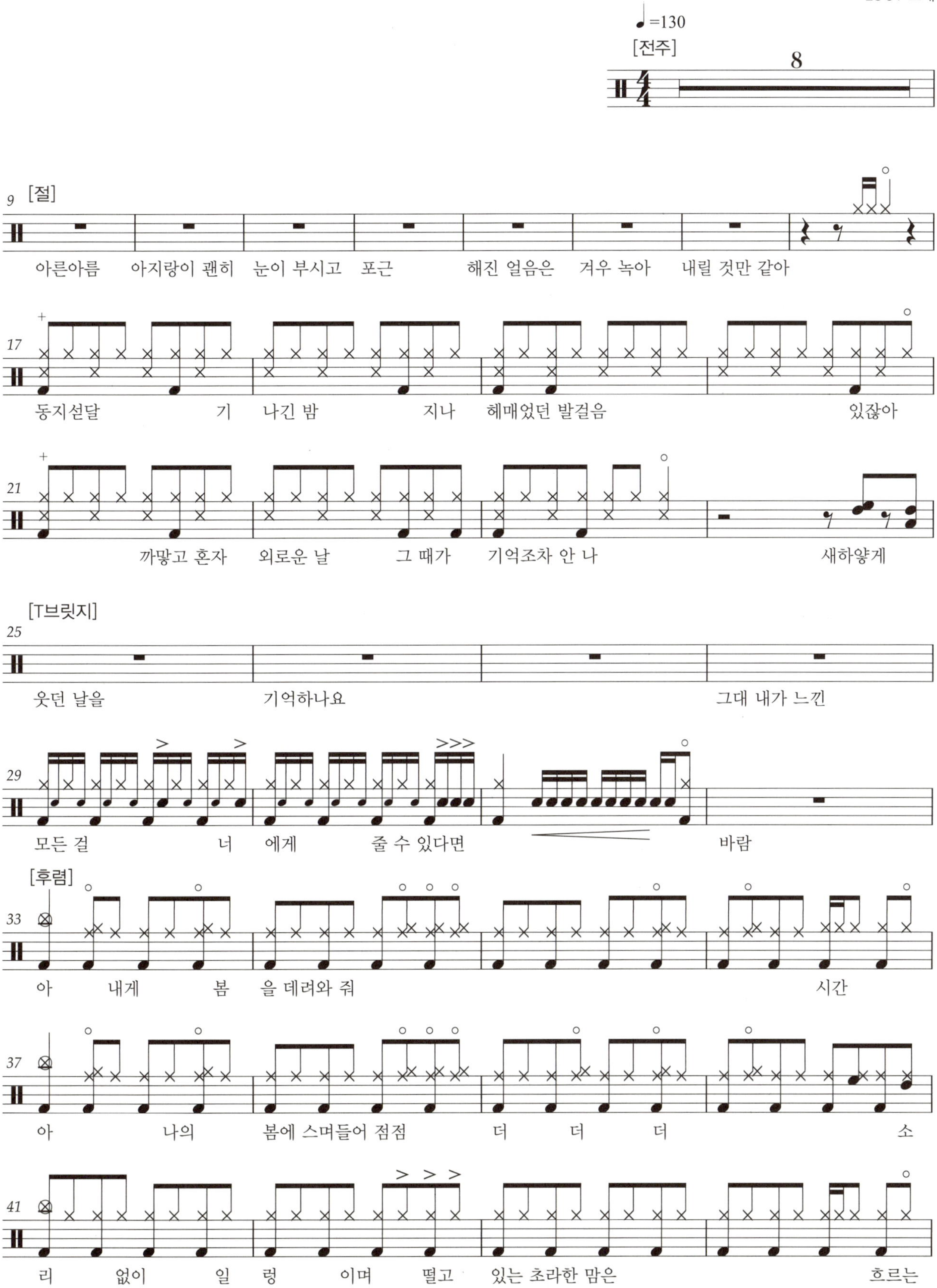

♩=130
[전주]

[절]
아른아름   아지랑이 괜히   눈이 부시고 포근   해진 얼음은   겨우 녹아   내릴 것만 같아

동지섣달   기   나긴 밤   지나   헤매었던 발걸음   있잖아

까맣고 혼자   외로운 날   그 때가   기억조차 안 나   새하얗게

[T브릿지]
웃던 날을   기억하나요   그대 내가 느낀

모든 걸   너   에게   줄 수 있다면   바람

[후렴]
아   내게   봄   을 데려와 줘   시간

아   나의   봄에 스며들어 점점   더   더   더   소

리   없이   일   렁   이며   떨고   있는 초라한 맘은   흐르는

45
물의 연 꽃처럼 전부 멀어져 갈 거야 넌 그저
〈HH open〉
49
그 자리에 그대로 아름다워 새하얗게
[T브릿지]
53
웃던 날을 기억하나요 그대 내가 느낀
57
모든 걸 너에게 줄 수 있다면 바람
[후렴]
61
아 내게 봄 을 데려와 줘 벚꽃 잎이 흩날리듯이 시간
65
아 나의 봄 에 스며들어 점점 더 더 더 햇살에
〈HH open〉
69
깜빡깜빡 미끄러지듯이 우린 사르르르르 기지개 피듯
73
두 팔 벌린 꽃들처럼 그대 꿈도 on and on Fine
[브릿지]
77
아무것도 할 수 없을 것 같은 그 마음

혼자만 남아
시들지는 않을까
괜찮아
〈HH open〉
언젠가
파랗게
피어날 거야
나는
그런 널
기억할 거야
[간주]
새하얗게
[후렴2]
웃던날을
기억하나요
그대
내가 느낀
모든 걸
너에게 줄 수 있다면
바람
D.S. al Fine

주저하는 연인들을 위해

잔나비 JH 작사
잔나비 JH 외 3명 작곡
잔나비 노래

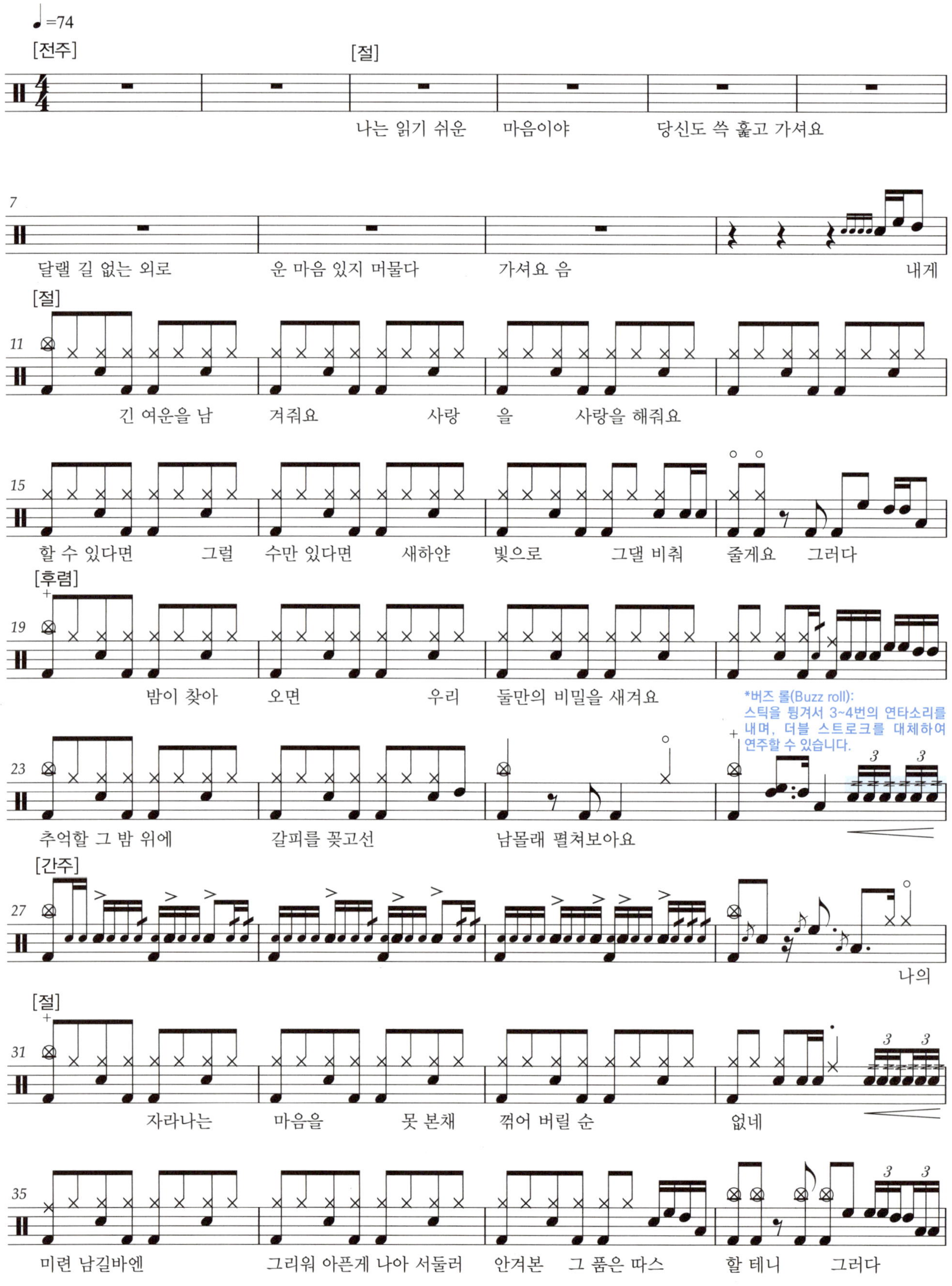

[후렴]
밤이 찾아   오면   우리   둘만의 비밀을 새겨요
〈HH open〉
추억할 그 밤 위에   갈피를 꽂고선   남몰래 펼쳐보아요   언젠가
또 그날이 온   대도   우린   서둘러 뒤돌지 말아요
마주보던 그대로   뒷걸음치면서   서로의 안녕을 보아요
[간주]
[후렴2]
피고 지는   마음을 알아요   다시 돌아온   계절도
난 한 동안   새 활짝 피었다 질래   또 한번   영원히
그럼에도 내 사랑은   또 같은 꿈을   꾸고
그럼에도 꾸던 꿈을   난 또 미루진 않을 거야   Fade out

피었습니다

이승협 작사
이승협 작곡
엔플라잉 노래

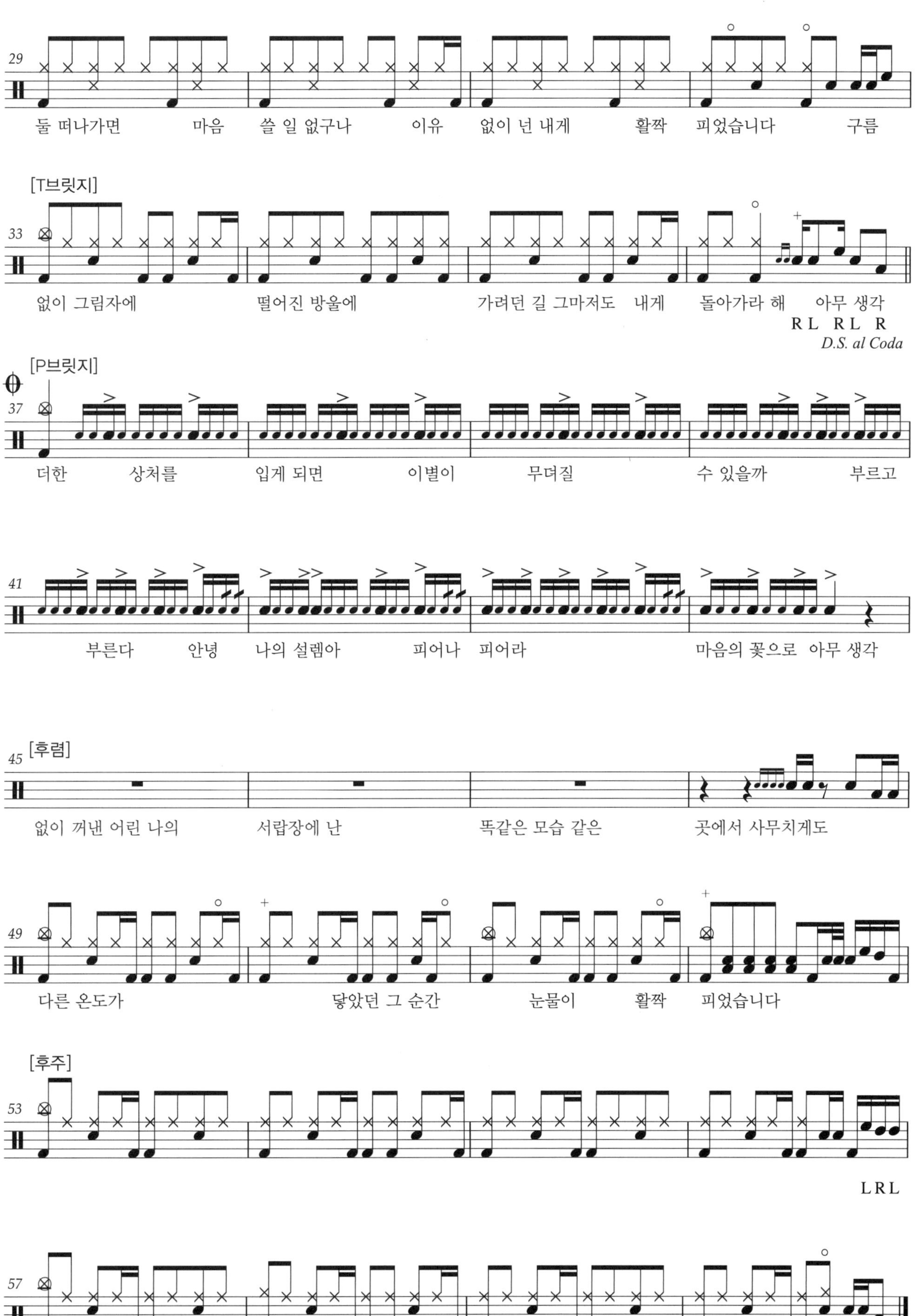

둘 떠나가면 마음 쓸 일 없구나 이유 없이 넌 내게 활짝 피었습니다 구름
[T브릿지]
없이 그림자에 떨어진 방울에 가려던 길 그마저도 내게 돌아가라 해 아무 생각
R L R L R
D.S. al Coda
[P브릿지]
더한 상처를 입게 되면 이별이 무뎌질 수 있을까 부르고
부른다 안녕 나의 설렘아 피어나 피어라 마음의 꽃으로 아무 생각
[후렴]
없이 꺼낸 어린 나의 서랍장에 난 똑같은 모습 같은 곳에서 사무치게도
다른 온도가 닿았던 그 순간 눈물이 활짝 피었습니다
[후주]
L R L

난춘

황소윤 작사
황소윤 작곡
새소년 노래

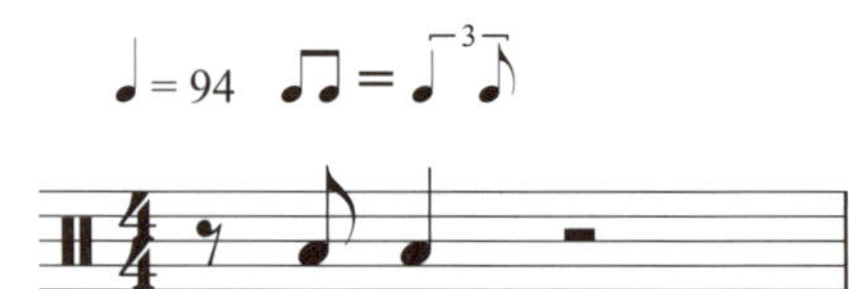

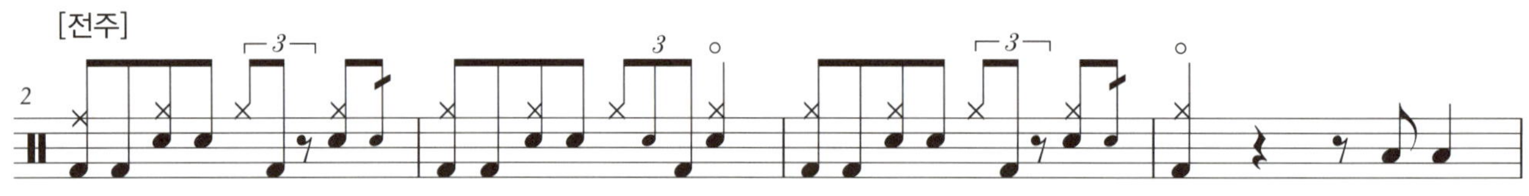

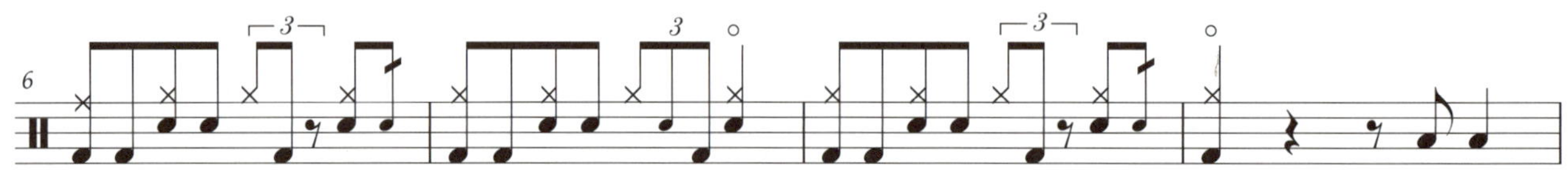

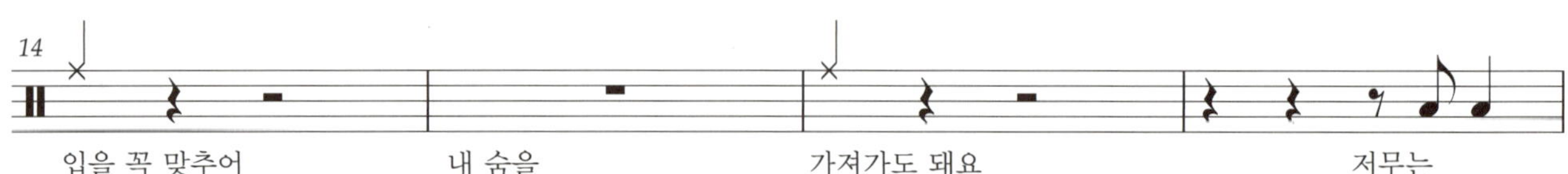

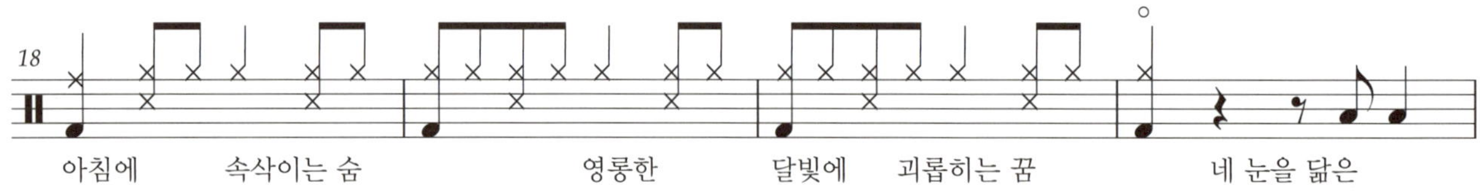

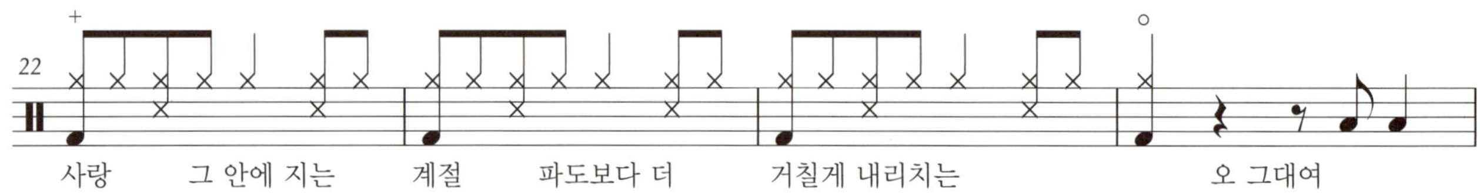

부서지지마
바람새는 창틀에 넌
추워지지마
이리와
나를 꼭 안자
오늘을 살아내고 우리
내일로 가자
L R R L
내가 너의
R
작은 심장에
귀 기울일 때에
입을 꼭 맞추어
어제에
도착했습니다
L R
[기타 솔로]
오 그대여

58
부서지지마
바람새는 창틀에 넌
추워지지마
이리와
62
나를 꼭 안자
오늘을 살아내고 우리
내일로 가자
그대여
L L R L R
66
부서지지마
L
바람새는 창틀에 넌
추워지지마
이리와
70
나를 꼭 안자
오늘을 살아내고 우리
내일로 가자
[후주]
74
78
RLR L R L
82
86

Smoke On The Water

LORD JON 외 4명 작사
LORD JON 외 4명 작곡
Deep Purple 노래

♩=112

[전주]

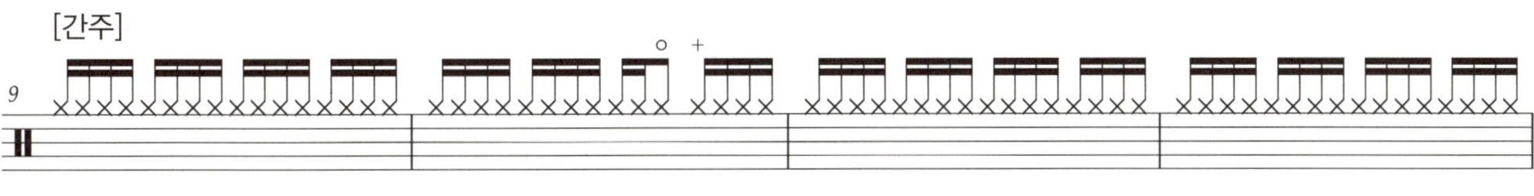

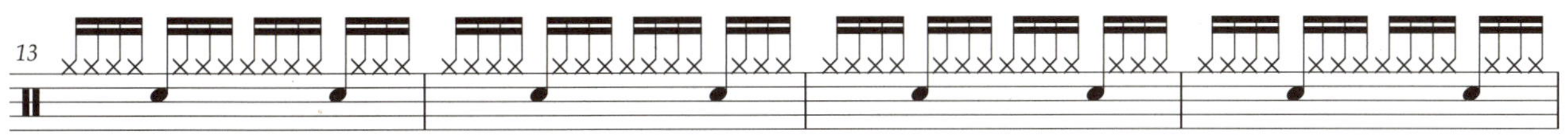

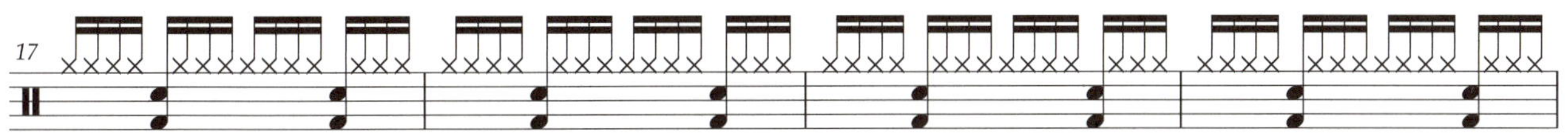

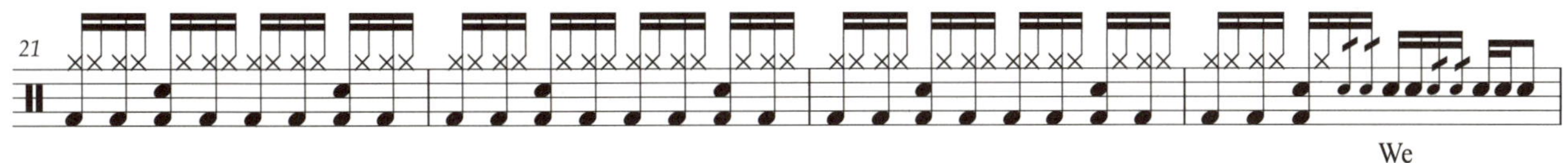

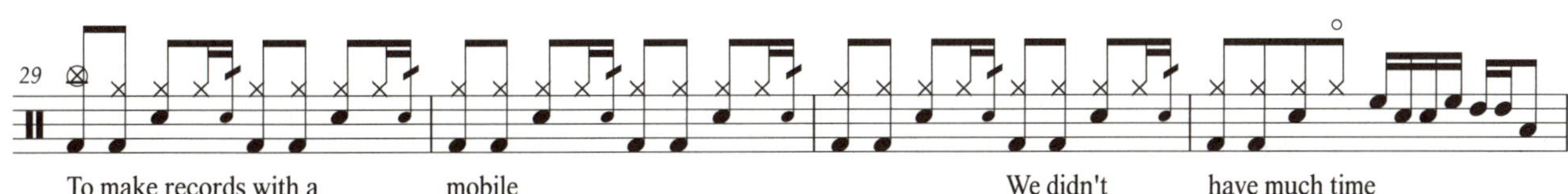

33
Frank Zappa and the   Mothers   Were at the best place around

37
But some stupid with a   flare gun   Burned the place to the   ground
RLLRRLRLLRRLR L R L RLR

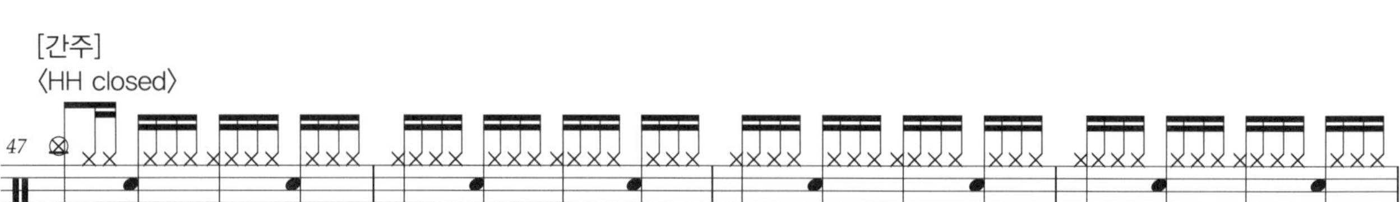

[후렴]
〈HH open〉
41
Smoke on the   water   fire in the sky   Smoke on the   water

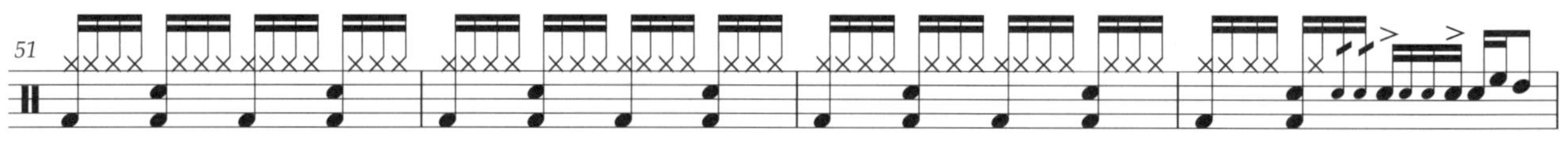

[간주]
〈HH closed〉
47

51

[절]
55
They burned down the   gambling house   It died with an   awful sound

59
Funky Claude   was running in and out   pulling kids out the ground

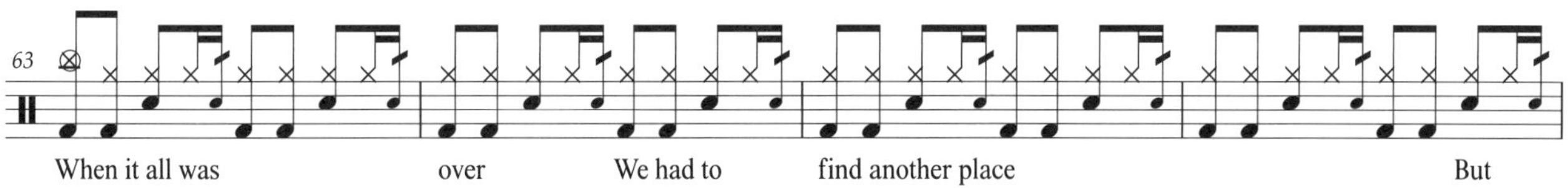

63
When it all was   over   We had to   find another place   But

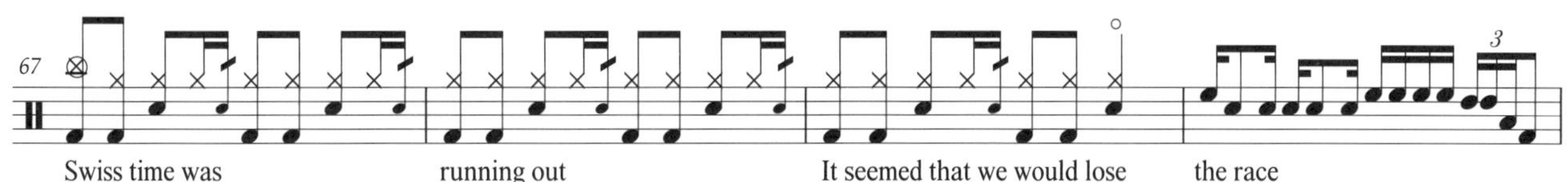

67
Swiss time was   running out   It seemed that we would lose   the race
3

[후렴]
〈HH open〉
71
3
Smoke on the water   fire in the sky   Smoke on the water
3

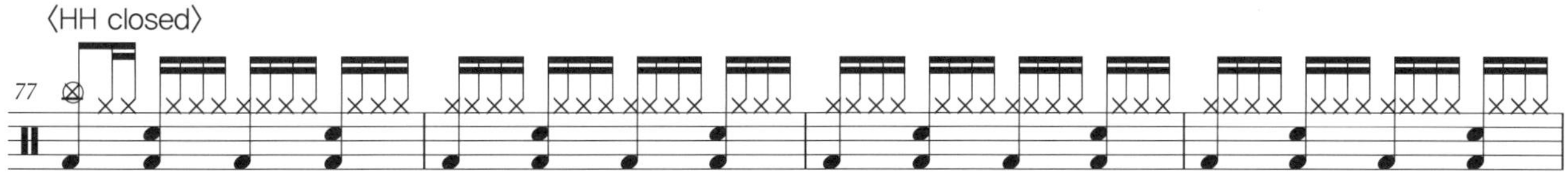

〈HH closed〉
77

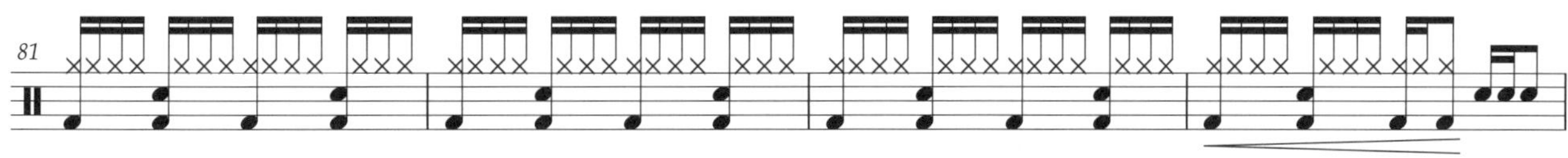

81

[기타 솔로]
85

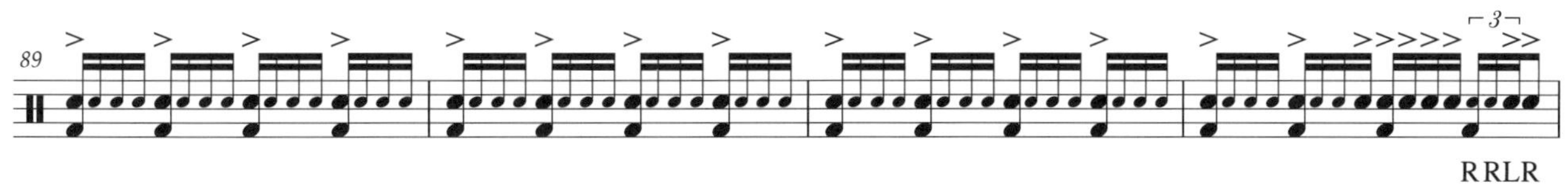

89
3
RRLR

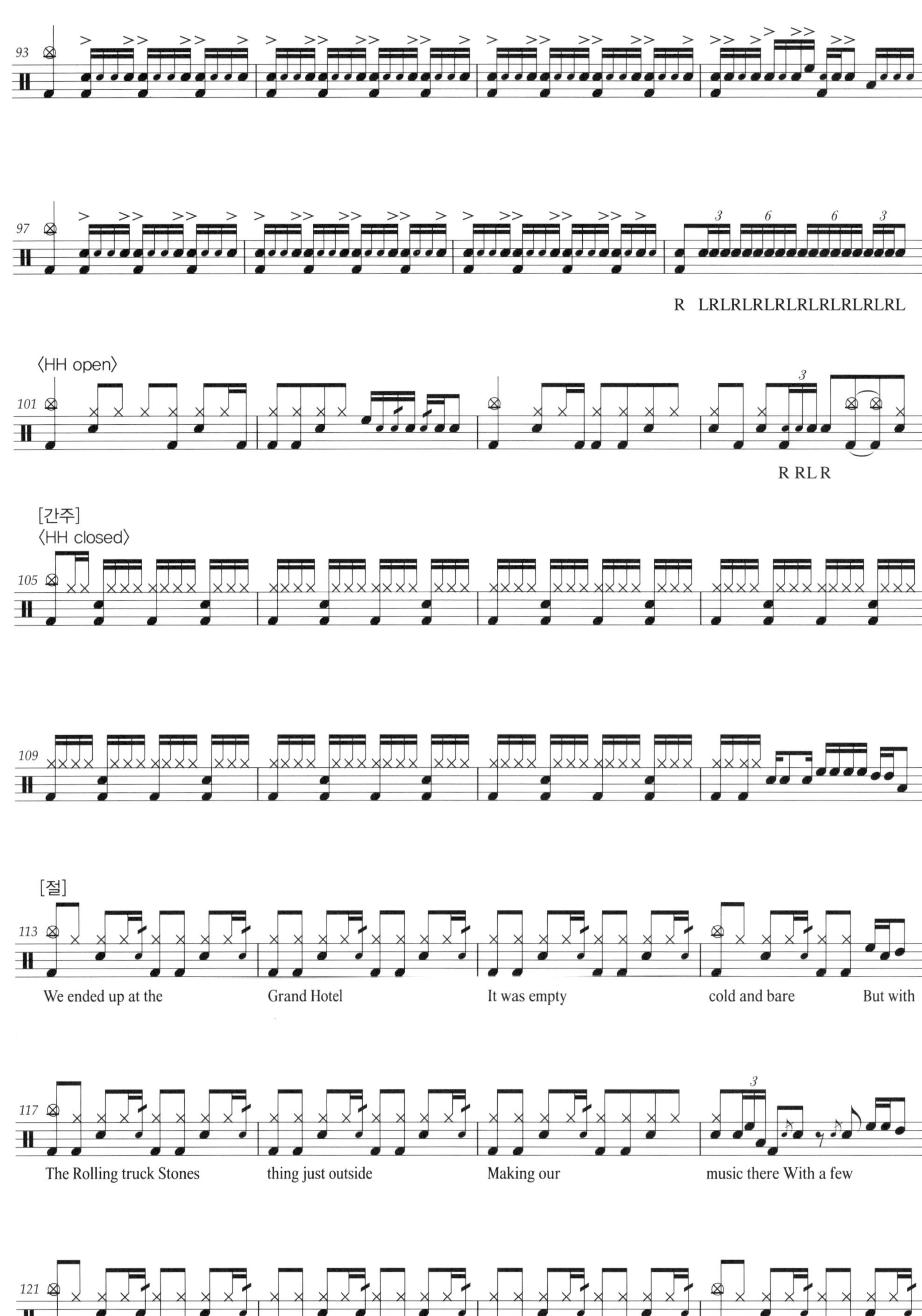
93
97
R LRLRLRLRLRLRLRLRL
〈HH open〉
101
R RL R
[간주]
〈HH closed〉
105
109
[절]
113
We ended up at the   Grand Hotel   It was empty   cold and bare   But with
117
The Rolling truck Stones   thing just outside   Making our   music there With a few
121
red lights   and a few old beds   We make a place to sweat

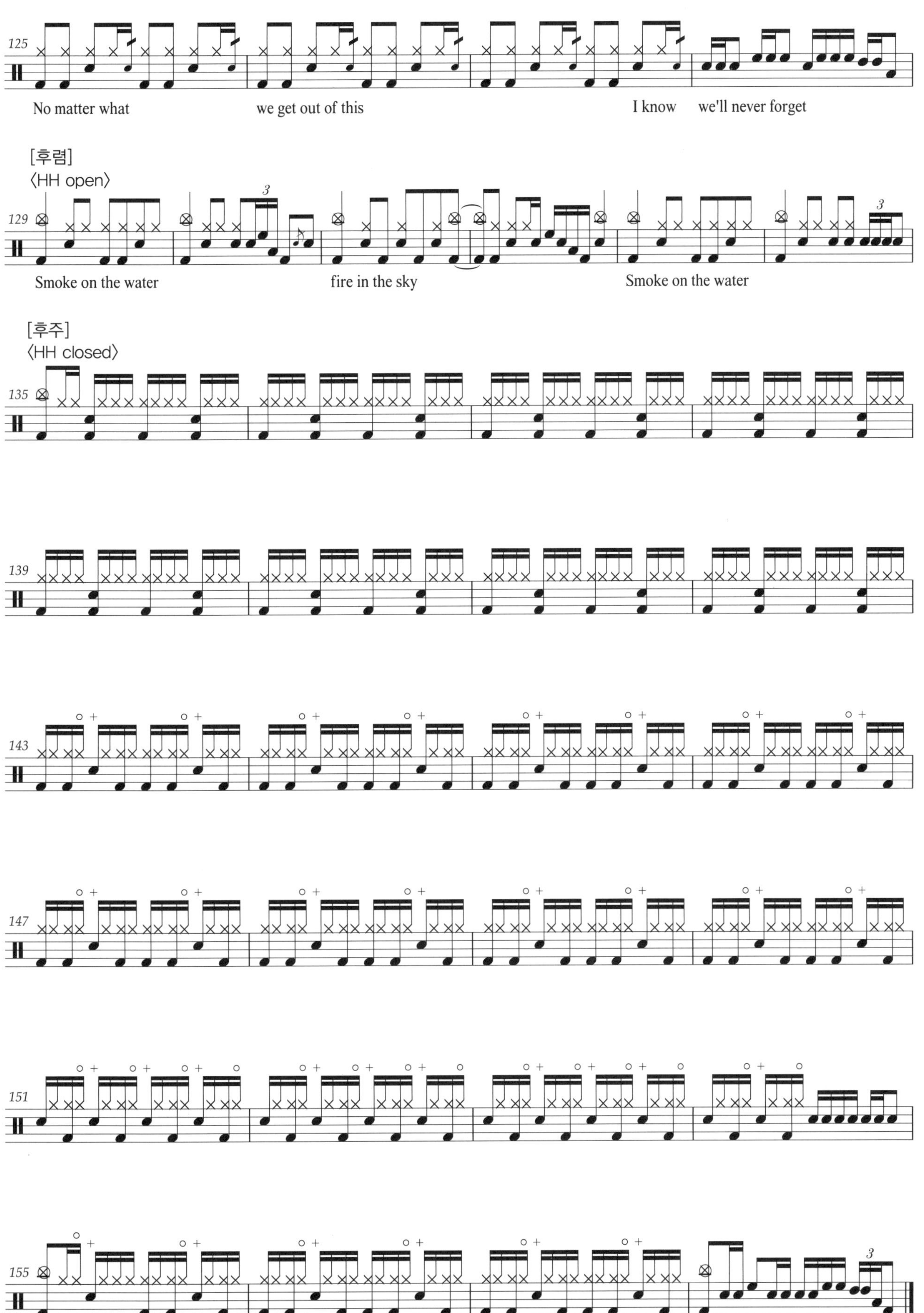

No matter what   we get out of this   I know   we'll never forget
[후렴]
〈HH open〉
Smoke on the water   fire in the sky   Smoke on the water
[후주]
〈HH closed〉

저자 약력

김요한

· 단국대학교 졸업
· 육군사관학교 군악대 제대
· Centennial College 졸업
· 전) 드럼메이트 드럼전문학원 운영
· 현) 드럼메이트(www.drummate.net) 온라인 드럼악보 대표

저서
· 미치도록 쉬운 드럼 1~3 (삼호ETM)
· 미치도록 쉬운 드럼 CCM편 (삼호ETM)
· 미치도록 쉬운 드럼 성인가요편 (삼호ETM)
· 미치도록 쉬운 드럼 밴드 곡 모음편 (삼호ETM)
· 왕! 초보 드럼 (삼호ETM)

미치도록,
쉬운 드럼
밴드 곡 모음 편

발행인 김두영
저자 김요한
전무 김정열
콘텐츠기획개발부 김가람
디자인기획개발부 김세연
제작 유정근
마케팅기획개발부 신찬, 송다은, 김지연
경영지원개발부 한재현, 김아영

발 행 일 2025년 7월 25일(1판 1쇄)

발 행 처 삼호ETM (http://www.samhomusic.com)
경기도 파주시 문발로 175
마케팅기획개발부   전화 1577-3588   팩스 (031) 955-3599
콘텐츠기획개발부   전화 (031) 955-3589   팩스 (031) 955-3598
등   록 2009년 2월 12일 제 321-2009-00027호

ISBN   978-89-6721-571-2